Union Deutsche Verlagsgesellschaft

Bibliothek der Unterhaltung und des Wissens

Jahrgang 1891, erster Band

Union Deutsche Verlagsgesellschaft

Bibliothek der Unterhaltung und des Wissens
Jahrgang 1891, erster Band

ISBN/EAN: 9783743491731

Hergestellt in Europa, USA, Kanada, Australien, Japan

Cover: Foto ©ninafisch / pixelio.de

Manufactured and distributed by brebook publishing software (www.brebook.com)

Union Deutsche Verlagsgesellschaft

Bibliothek der Unterhaltung und des Wissens

Bibliothek

der

Unterhaltung

und des

Wissens.

Mit Original-Beiträgen

der

hervorragendsten Schriftsteller und Gelehrten.

Jahrgang 1891.

Erster Band.

Stuttgart, Berlin, Leipzig.

Union Deutsche Verlagsgesellschaft

(früher Hermann Schönleins Nachfolger).

Inhalts-Verzeichniß.

Der Spion.

Roman aus dem nordamerikanischen Bürgerkriege.

Von

Balduin Möllhausen.

———

Erstes Kapitel.

Auf dem Friedhofe einer kleinen Stadt in der Provinz Neu-Meriko befanden sich zu Ende der fünfziger Jahre zwei Gräber, an welchen kaum Jemand vorüberging, ohne sich zu bekreuzen und im Stillen ein Ave Maria für das Seelenheil der in denselben Schlummernden zu sprechen.

Zu Häupten des einen erhob sich ein mit Rost über-zogenes eisernes Kreuz mit der mühsam zu entziffernden Inschrift: „Conde Pablo del Armigo. Verunglückt am 22. Mai 1845. Friede seiner Asche." Das andere, hart neben demselben gelegene Grab erkannte man als solches nur noch durch eine wenig erhöhte unregelmäßige Gras-narbe. Wurde ein Fremder vom Zufall dorthin geführt und er fragte den ihm etwa begegnenden redseligen alten Kirchendiener nach der Ursache der auffälligen Vernach-lässigung und Verschiedenartigkeit der beiden Ruhestätten, so erhielt er gewöhnlich zur Antwort, daß es Keinen mehr gebe, der sich um die dort Ruhenden kümmere. Er fügte auch wohl die Erklärung hinzu, daß mit dem Tode des Conde Pablo del Armigo, des Nachkommen eines stolzen spanischen Geschlechtes, die nach Meriko ausgewanderte Linie erloschen sei. Das Kreuz habe die junge Wittwe

ihm errichten lassen, wogegen sie selbst, als sie ihrem
Gatten wenige Jahre später nachfolgte und neben ihn
gebettet wurde, mit einem einfachen Hügel sich begnügen
mußte.

„Es war am besten so," fuhr der alte Mann, einmal
im Erzählen begriffen, regelmäßig fort, „denn der Name
Sullivan, so hieß nämlich ihr zweiter Gatte, wäre eine
Unzierde für den ganzen Friedhof gewesen, möchte sogar
ihren ersten in seinem seligen Schlaf gestört haben. Was
Sullivan verbrach, ist mehr, als selbst unser Herrgott nach
tausendjährigem Büßen in Fegefeuer und Hölle verzeihen
könnte. Er war es auch, welcher Don Pablo auf dem
verhängnißvollen Jagdausfluge begleitete, von welchem er
nicht mehr lebendig heimkehren sollte. Es hieß zwar, er
sei mit seinem Pferde in einen Abgrund gestürzt, und die
während des Fallens sich entladende Büchse habe sein
jähes Ende herbeigeführt; allein heute nach den vielen
langen Jahren schwört noch Jeder darauf, daß Sullivan
ihn hinterrücks ermordete. Der Verdacht wurde verschärft,
als dieser ein Jahr später die junge Wittwe heirathete
und bald darauf deren Töchterchen, um des ehelichen
Friedens willen, wie er behauptete, zu seinen Verwandten
nach den Vereinigten Staaten brachte. Wie es mit dem
ehelichen Frieden bestellt gewesen sein mag, weiß allein
unser Herrgott. Es verlautete indessen, daß die junge
Frau die schrecklichsten Qualen zu erdulden hatte, bis
endlich der Himmel sich ihrer erbarmte und sie zu sich
nahm. Dadurch erhielt Sullivan freie Hand. Er begann
damit, das ererbte ansehnliche Vermögen mit ruchlosen
Genossen zu vergeuden, und eine verhältnißmäßig kurze
Reihe von Jahren dauerte es dann nur, bis er mit Allem
fertig wurde. Außerdem häufte er so viele Schulden an,
daß sie den Werth der Hacienda sammt allen Liegen=
schaften weit überstiegen, und er sich schließlich gezwungen

fah, mit Schimpf und Schande heimlich das Weite zu suchen. Was aus ihm geworden ist, ahnt kein Mensch. Vielleicht fand er als Pferdedieb irgendwo am Galgen sein Ende, und das wäre noch eine gelinde Strafe für die von ihm begangenen Verbrechen gewesen."

Auf die naheliegende Frage nach dem Kinde antwortete der alte Mann unabänderlich, daß es in der Ferne noch vor seiner Mutter gestorben sei, sicher das beste Loos, welches unter den obwaltenden Verhältnissen der All= erbarmer dem unschuldigen Opfer eines Teufels in Men= schengestalt hätte zusprechen können. War er bei einiger= maßen guter Laune, so führte er den betreffenden Fremden vor das Kirchenregister, um ihm die Namen Armigo's und der Seinigen zu zeigen. Denselben beigefügt war ein gerichtlich beglaubigtes Dokument, laut dessen die kleine Condesa Cliva del Armigo in ihrem vierten Jahre in einer Stadt des Ostens einer epidemischen Krankheit erlag.

"So ist Alles dahin, was einst auf dem felsenfesten Boden eines dauernden Glückes begründet zu sein schien," schloß der greise Kirchendiener dann seinen Bericht. "Die Menschen sind gestorben, es zerfallen die Mauern der veröbeten Hacienda. In den Gärten, auf Wegen und Höfen wuchern Unkraut und Gras. Fremdes Vieh weidet auf den gewissermaßen zum Gemeingut gewordenen Wiesen. Man fürchtet den Fluch, der auf der Besitzung lastet, oder es hätte sich längst Jemand gefunden, nach Vereinbarung mit den betrogenen Gläubigern sie neu zu beleben."

So lauteten die Mittheilungen des freundlichen alten Mannes. Waren sie geeignet, eine regsame Phantasie zu beschäftigen, so erweckten sie nicht minder die Neigung, nach weiteren Quellen zur Vervollständigung des Erlauschten zu forschen.

＊　　　＊　　　＊

Die Zeiten überstürzen sich. Welterschütternde Begebenheiten, die kaum fünfundzwanzig Jahre weit zurück-
liegen, verblassen, als ob deren hundert darüber hinweg-
gerauscht wären. Wie Märlein, ersonnen und erdacht in
behaglichen Mußestunden, klingen die Schilderungen altern-
der Häupter aus jenen Tagen herüber. Und doch hört
man sie gern. Sie regen die Phantasie an, zu ergänzen,
im sorgsamen Aneinanderreihen der verschiedenartigsten
Ereignisse ein einheitliches Ganzes zu schaffen. —

Bevor der Staat Missouri in seiner westlichen Ausdehnung in die baumlose Ebene, die große Prairie, über-
geht, gewinnen die Landschaften erhöhte Reize durch die
liebliche Abwechselung von Grasfluren, Hain und Wald.
Je weiter gegen Sonnenuntergang, in demselben Maße
überwiegen Wiesenflächen, bis sie endlich den Horizont
ringsum begrenzen. Diese Landschaften sind gewissermaßen
das Eldorado des betriebsamen Ackerbauers und Vieh-
züchters. Sie bevölkerten sich verhältnißmäßig schnell,
obwohl nicht in einer Weise, daß die Pflege des nachbar-
lichen Verkehrs sehr erleichtert gewesen wäre. Dazwischen
sprangen dann wieder größere Ansiedelungen auf, in welche
langsam aber sicher zunehmender Wohlstand seinen Ein-
zug hielt.

Doch der Friede, der mit dem Emporblühen Hand in
Hand ging, sollte nicht von Bestand sein. Seit Beginn
des furchtbaren Bürgerkrieges (1861—1865) ruhte es wie
ein böser Bann auf allen Gemüthern. Es litten diese
Landestheile in um so höheren Grade, weil sie abgelegen
von den Gefilden, auf welchen zwar Schlachten geschlagen
und Truppenbewegungen in großem Maßstabe vollzogen
wurden, dagegen die militärische Disziplin den Bewohnern
mehr oder minder Schutz gewährte. Die nächste Folge
war, daß jene aus entlaufenen Söldlingen, arbeitsscheuen
Vagabunden und Wegelagerern, kurz aus den verworfensten

Elementen zusammengesetzten Guerrillabanden das Land
verheerten, Raub, Brand und Mord in die wehrlosen An=
siedelungen trugen und vor keinem Verbrechen zurück=
schreckten, wenn es galt, sträflichen Leidenschaften zu fröh=
nen. Obwohl ohne jegliches politisches Glaubensbekenntniß
und in den Bewegungen von nicht minder verworfenen
und raubgierigen Befehlshabern abhängig, nannten sie sich
Verfechter der seccessionistischen Grundsätze, dazu aus=
erkoren, den Boden für die angeblich siegreich vordringen=
den Rebellenheere vorzubereiten und zu säubern.

Die Schandthaten, welche unter diesem Deckmantel
verübt wurden, sind ebenso zahlreich wie grauenhaft. Im
Bewußtsein der durch Uebermacht gesicherten Straflosig=
keit ging man mit um so größerer Verwegenheit und
Ruchlosigkeit zu Werke. Denn die Bandenchefs besaßen
zum Theil militärische Kenntnisse, infolge dessen man
kleinere Truppenabtheilungen nicht zu fürchten brauchte.
Beim Herannahen überlegener dagegen zerstreute sich die
gesetzlose Horde und verschwand, wozu die schmalen, mehr
oder minder bewaldeten, tief ausgespülten Thäler der
Wasserläufe, wie die zerrissenen Regenschluchten die gün=
stigste Gelegenheit boten, um auf einer anderen Stelle
plötzlich wieder aufzutauchen und das Zerstörungswerk von
Neuem zu beginnen.

Die Nachmittagssonne eines heißen Hochsommertages
des Jahres 1864 lachte auf die eben beschriebenen Land=
schaften nieder. Sie vergoldete die bereits mit vereinzelten
Herbstlichtern geschmückten Baumwipfel, während sie auf
den angrenzenden Wiesenflächen deren Schatten verlängerte,
als in dem engen Thale eines südlichen Zuflusses des
Kansas eine kleine Reisegesellschaft rastete. Inmitten der
dichten Strauch= und Baumvegetation hatte sie eine vom
Zufall geschaffene Lichtung zu ihrem Aufenthalt gewählt,

die gerade umfangreich genug war, den angepflöckten
Pferden ein erträgliches Futter zu gewähren.

Um das mit trockenem Holz genährte rauchlose Feuer
saßen vier Männer, deren Physiognomien sowohl wie ihre
Bekleidung davon zeugten, daß das Leben im Freien ihnen
zur Gewohnheit geworden, Beschwerden, Entbehrungen
und Gefahren keinen anderen Eindruck auf sie ausübten,
als das sich regelmäßig wiederholende Tagewerk auf einen
gewissenhaften Arbeiter. So beschränkten sich auch ihre
Reisebedürfnisse auf das geringste Maß. Außer den Kleidern, welche sie auf dem Körper trugen, und den Waffen,
kam auf Jeden, neben dem Inhalt der Satteltaschen, nur
eine wollene Decke, welche des Nachts als Bett und am
Tage zeitweise als Sitz diente. Ihre Beschäftigung bestand darin, daß sie an dünnen Stäben Fleischschnitte
rösteten, die sie einem in der Nähe hängenden, bereits arg
verstümmelten Hirsch entnahmen, und abwechselnd aßen
und aus ihren kurzen Thonpfeifen rauchten.

Wer, vom Ungefähr dorthin geführt, den ersten Blick
auf die verwitterten und bestaubten Gestalten geworfen
hätte, dessen Aufmerksamkeit würde zunächst durch einen
Mann gefesselt worden sein, der, etwas über eine gute
Mittelgröße hinausragend, in Haltung und Bewegung
ungewöhnliche Kraft und Gewandtheit verrieth. Sein
bräunliches, wohlgebildetes Gesicht, für das Alter von
fünfunddreißig Jahren fast zu finster, mit den beweglichen
dunklen Augen, dem starken, schwarzen, trotzig emporgedrehten Schnurrbart und dem kurz gehaltenen Vollbart
zeugte für seine mexikanische Abstammung. Die äußere
Ausstattung, das verschossene rothe Flanellhemd, die kurzen
Lederbeinkleider nebst Gamaschen und Mokassins vervoll-
ständigte dagegen die Erscheinung eines texanischen Grenzers, eines jener wilden Reiter, in deren Faust der ge-
schwungene Lasso eine mindestens ebenso gefährliche Waffe

ist, wie die Pistole in der Hand eines etwaigen Gegners.
Trotzdem umwebte ihn ein gewisser vornehmer Anstand,
wohl geeignet, die Meinung anzuregen, daß er nicht für
das rauhe Gewerbe eines Hirten und Viehtreibers geboren
und erzogen worden sei.

Ihm zur Seite saß ein schlanker junger Mann, augen=
scheinlich ein Deutscher, in der Uniform eines Vereinigte=
Staaten=Kapitains. Mit seinem hübschen blondbärtigen,
sonnverbrannten Antlitz, dessen Ausdruck neben heiterer
Sorglosigkeit durch eine gewisse kaltblütige Ueberlegung
bestimmt wurde, veranschaulichte er einen Feldsoldaten,
der seine letzte Ausbildung im wilden Schlachtengetümmel
erhielt. Diesen Beiden gegenüber auf der anderen Seite
des Feuers kauerten ein uniformirter Irländer, offenbar
der Diener des Offiziers, und ein junger Indianer vom
Stamme der Otoes, jener zusammengeschmolzenen Nation,
welche damals noch oberhalb der Mündung des Nebraska
die Feuer ihrer Wigwams unterhielt. Nach indianischer
Sitte bekleidet, führte er, neben Bogen, gefülltem Köcher
und Kriegsbeil, Büchse nebst Kugeltasche und Pulverhorn.
Auch dem Bemalen des Gesichtes hatte er noch nicht ent=
sagt, wie der Vorliebe, den von dem kahl geschorenen
Haupte nach hinten niederhängenden, fest geflochtenen
Skalpzopf mit Eulenfedern zu schmücken. Er wie der
Irländer waren wortkarg und schienen nur Sinn für das
unter ihren Händen röstende Fleisch zu besitzen, während
der Grenzer und der Offizier eine lebhafte Unterhaltung
führten.

„Ich kann mich der Ueberzeugung nicht verschließen,"
bemerkte Letzterer im Laufe des Gesprächs, „daß es dennoch
rathsamer gewesen wäre, uns gestern schon nach der An=
siedelung zu begeben. Vielleicht befänden wir uns dann
zur Zeit mit des Colonels Tochter bereits auf dem Wege
nach dem Missouri."

„Ich bedaure, widersprechen zu müssen," versetzte Nico=
demo, wie der Grenzer hieß, gleichmüthig; „zunächst hätten
wir dadurch die Bande des schurkischen Quinch mit ihren
Kundschaftern zwischen uns und den Strom gebracht;
dann aber möchte es schwerlich gelungen sein, unsere Auf=
gabe unbemerkt auszuführen. Die nächste Folge wäre
gewesen, daß Quinch eine Abtheilung seiner Bluthunde
auf unsere Fährte gesetzt hätte, und da möchten wir nicht
weit gekommen sein. Und Miß Lydia Rutherfield wäre
eine zu werthvolle Geisel in den Händen dieses verruchten
Bandenchefs, als daß er nicht alles in seinen Kräften
Stehende aufbieten möchte, sich ihrer zu bemächtigen.
Bevor wir uns über alle Verhältnisse genau unterrichteten,
dürfen wir keinen Schritt thun, oder wir untergraben die
letzte Aussicht auf Erfolg. Ich wundere mich übrigens,
daß der Colonel seine Tochter nicht längst aus dieser ge=
fährdeten Gegend entfernte."

„Wer konnte ahnen, daß die Banden ihre Raubzüge
so weit nördlich ausdehnen würden," erwiederte Ka=
pitain Durlach nachdenklich, „und heute noch glaubte er
Miß Lydia auf seiner Besitzung am sichersten aufgehoben,
wäre er nicht durch einen gewissen Kampbell gewarnt
worden."

„Kennen Sie diesen Kampbell?" fragte Nicodemo, und
ohne seine Haupt zu regen, warf er einen forschenden
Seitenblick auf Durlach.

„Ich weiß nur, daß er den Unionstruppen freiwillig
als Spion dient, dabei aber so listig und vorsichtig zu
Werke geht, daß bis jetzt sich Keiner rühmen kann, so
lauten wenigstens die Gerüchte betreffs seiner, ihn jemals
gesehen zu haben. So ist die Warnung auch nur dem
Zufall zu verdanken. Der Colonel erhielt nämlich zur
weiteren Ausnutzung die kurze schriftliche, nur mit dem
Namen Kampbell unterzeichnete Botschaft — der junge

Otoe überbrachte sie als ihm von einem Unbekannten übergeben — daß Quinch mit seiner Horde sich hierher gewendet habe. Das war allerdings genug, um ihn mit Sorgen zu erfüllen, und dieser Kampbell erwies sich ja zu oft als zuverlässig, als daß noch Zweifel an der drohen= den Gefahr hätten Boden gewinnen können. Ursprünglich mag er erwartet haben, daß Rutherfield mit seinem Re= giment zur Verfolgung der Mordbrenner aufbrechen würde; allein der konnte ebensowenig ohne Befehl von oben aus dem Corpsverbande austreten, wie unter Aufgeben seines Kommando's sich selbst auf den Weg begeben. In seiner Noth wendete er sich an mich, seinen Adjutanten, den zu beurlauben in seiner Machtvollkommenheit lag. Schwer genug wurde es mir freilich, den bevorstehenden Gefechten anscheinend aus dem Wege zu gehen; doch was blieb mir übrig seinen ernsten Befürchtungen und Beschwörungen gegenüber? Ich entschloß mich daher schnell und verließ noch am selbigen Abende mit meinem Burschen das Re= giment, zumal der junge Otoe sich als Führer anbot und zur Eile trieb."

„Nun, Kapitain," wendete Nicodemo ruhig ein, „hätte man Sie zu einer Lustfahrt ausgeschickt, möchte ich Ihre Bedenken gelten lassen; aber Sie befinden sich auf einem Wege, der nicht sicherer, als wenn in der Schlacht Ihnen die Kugeln um die Ohren fliegen. Als kampflustiger Soldat können Sie sich daher den Tausch immerhin ge= fallen lassen; denn gerathen wir in die Hände dieser ver= worfenen Wegelagerer, so mögen wir es als ein Glück preisen, durch Pulver und Blei, anstatt mittelst eines hänfenen Strickes abgethan zu werden, um so mehr, da wir nicht im Stande wären, uns von dem Verdacht, bei den Unionisten Kundschafterdienste zu verrichten, zu reinigen."

„Gefahren, gleichviel welcher Art, fallen bei mir nicht

in's Gewicht," meinte Durlach gleichmüthig, „und ebenso
gern, wie ich meine Haut auf einer anderen Stelle zu
Markte trage, setze ich das Leben für die Rettung einer
hilflosen jungen Lady ein. Doch nebenbei: als wir gestern
zusammentrafen, erstaunte ich über die Sicherheit meines
Führers. Beinah auf die Stunde hatte Schahota unsere
Begegnung vorausgesagt."

„Und dennoch kein Wunder," versetzte Nicodemo mit
einem leichten Anfluge von Spott, „Schahota und sein
Freund Schinges sind zwei so verschlagene Burschen, wie
nur je einer den Skalp von dem Schädel eines Rebellen
streifte. Und es läßt sich ja nicht leugnen: einmal auf
den Kriegspfad gelockt, sind sie in ihrer unbezähmbaren
Feindseligkeit plötzlich wieder zu dem barbarischen Brauch
ihrer Vorfahren zurückgekehrt. Sie befinden sich übrigens
hier auf vertrautem Boden, und da müßte es mit dem
Henker zugehen, sollten sie den Weg verfehlen. Außer=
dem wurden wir von Kampbell angewiesen, Sie oder
vielmehr die Botschaft des Colonels Rutherfield oder eines
anderen Kommandeurs hier zu erwarten."

„Immer wieder dieser Kampbell! Wenn er Ihnen
Rathschläge ertheilte, müssen Sie ihn nothgedrungen näher
kennen."

„Ich sah nicht mehr von ihm, als Sie oder der Colonel.
Ich gehöre allerdings zu Denjenigen, die unter seiner
Leitung arbeiten, dagegen besteht unser ganze Verkehr im
Austausch weniger, jedem Anderen unverständlichen Zeilen
durch die dritte Hand. Als unversöhnlicher Feind der
Rebellen, namentlich der Guerrillabanden, muß er es
wohl für seine Zwecken förderlich halten, sich in undurch=
bringliches Geheimniß zu hüllen. Wir erwarteten übrigens
eine andere Aufgabe, ahnten am wenigsten, daß anstatt
die Bewegungen des Quinch zu überwachen und ihn und
seine Horde gewissermaßen mundgerecht für einen Ueber=

fall durch die Unionisten zu machen, wir beauftragt werden würden, eine junge Lady in Sicherheit zu bringen."

In diesem Augenblick wurde das Gespräch durch das Geräusch unterbrochen, mit welchem sich Jemand durch das dichte Strauchwerk drängte. Die Aufmerksamkeit Aller kehrte sich demselben zu, und gleich darauf trat ein zweiter Indianer auf die Lichtung. Es war Schinges, der Stammesgenosse Schahoka's, äußerlich von diesem vorzugsweise dadurch verschieden, daß sein langes schwarzes Haar tief über Schultern und Rücken niederfiel. Erst nachdem er sich neben Schahoka niedergelassen hatte, redete Nicodemo ihn mit den Worten an:

„Ich hoffe, mein Freund Schinges bringt gute Nach= richten. Als er fortging, begleitete ihn Oliva. Jetzt kommt er allein. Wie soll ich das deuten?" und bei diesen Worten prägte sich in seinen Zügen unzweideutig ängstliche Spannung aus.

„Wir blieben zusammen bis vor einer Stunde," ant= wortete der junge Otoe in verständlichem, wenn auch nicht geläufigem Englisch; „wir sahen die Hunde in der Ferne. Sie marschirten nach der Ansiedelung. Als die Sonne am höchsten stand, rasteten sie. Bleiben sie nicht zu lange liegen, so erschrecken sie die Leute in der An= siedelung vor Abend."

Nicodemo kehrte sich dem Kapitain zu.

„Wir wissen jetzt wenigstens, wo die Gesellschaft weilt, und können ihr daher ausweichen," sprach er erbittert; „anders war es, wenn wir Miß Lydia bereits aufsuchten. Entkamen wir wirklich, so wäre am hellen Tage die Rich= tung unserer Flucht nicht verborgen geblieben." Und wieder zu dem Otoe: „Ich fragte schon einmal, wo blieb Oliva?"

„Die starke Frau ritt nach der Ansiedelung," erklärte Schinges nunmehr; „sie wollte die Tochter des Colonels sprechen. Sie handelte recht. Ich selber wollte hin. Die starke Frau wehrte mir. Sie meinte, die Tochter des Colonels möchte dem braunen Jäger mißtrauen. Sie wird hier sein, wenn die Sonne schlafen geht."

Nicodemo schüttelte den Kopf unzufrieden und finsterer schaute er darein.

„Das war wider die Vereinbarung," sprach er vor sich hin, „es ist zum Verzweifeln. Mit ihrer Verwegen= heit wird sie es so weit treiben, daß die Bluthunde eines Tages die Hand auf uns Beide legen, und dann gute Nacht Welt."

Theilnahmsvoll betrachtete der Kapitain das geneigte Antlitz des Gefährten. Es entging ihm nicht, daß die von dem Otoe überbrachte Kunde ernste Befürchtungen in ihm wachgerufen hatte, und wie um diese zu zer= streuen, bemerkte er zuversichtlich: „Fand sie den Weg in den Ort hinein, so findet sie ihn noch leichter zurück. Ich sah genug während der wenigen Stunden des Verkehrs mit ihr, um das behaupten zu dürfen."

„Sie sahen gar nichts," versetzte Nicodemo rauh, „hege ich aber Besorgnisse, so sind sie begründet. Es geschähe nicht zum ersten Mal, daß sie sich mitten unter die er= bittertsten Feinde wagte, um sie durch falsche Nachrichten in die Irre zu führen."

„Das wäre mehr als Vermessenheit," erklärte Durlach erstaunt, „es grenzte an Wahnsinn. Unglaublich erscheint, daß ein weibliches Wesen durch Haß — und der verrieth sich bei ihr unzweifelhaft — zum Spielen mit Tod und Verderben getrieben werden kann."

„Haß, tödtlicher Haß," bestätigte Nicodemo, seine innere Erregung nur schwer bekämpfend, „aber ein Haß, zu welchem sie so berechtigt ist, wie ein klarer Sommer= tag zum Sonnenschein. Ja, ich weiß das, fühle mich indessen nicht berufen, darüber zu Jemand zu reden. —

es möchte auch schwerlich Oliva's Billigung finden. Sie aber erfuhren jetzt genug, um sie nicht hart zu beurtheilen."

„Bis jetzt kam es zwischen uns noch nicht zur Sprache," spann Durlach die Unterhaltung weiter, „ich konnte daher nur vermuthen, daß Oliva zu Ihnen gehöre, vielleicht als Schwester oder sonstige Verwandte."

„Nichts davon," herrschte Nicodemo ihm förmlich zu. „Wäre sie meine Schwester, so möchte ich ihr die Lust am Spionendienst längst verleidet haben; entspricht er doch meinen eigenen Neigungen am wenigsten. Unter den obwaltenden Verhältnissen bin ich indessen gezwungen, wohin sie auch gehen mag, ihr getreu zur Seite zu stehen. Kann es sich doch ereignen, daß sie eines Tages meines Beistandes bedarf; ich aber fände in meinem Grabe keine Ruhe, stiege ich mit dem Bewußtsein in dasselbe hinab, sie habe ein gewaltsames Ende gefunden, ohne daß ich vorher mein Leben für die Aermste eingesetzt hätte."

„Welche Anhänglichkeit gehört dazu, um derartig zu sprechen," versetzte Durlach nachdenklich, und ihm war, als ob ein Schleier von Räthseln sich um die vor Kraft strotzende eiserne Gestalt des Grenzers webe.

Nicodemo sah wieder vor sich nieder. Seine Gesichtsfarbe war noch dunkler geworden. Das Fleisch, welches er an der Spitze seines Stäbchens röstete, stieß er in die Gluth, daß es zischend verbrannte. Erst nachdem es verkohlt war, richtete er sich wieder auf, und eintönig, beinahe ausdruckslos sprach er zu dem Kapitain gewendet: „Anhänglichkeit? Nun ja. Sie sind ein Ehrenmann und Ihnen gegenüber leugne ich es nicht. Ich hege in der That aufrichtige Freundschaft für sie, und den Tag will ich segnen, an welchem sie mit ihrem Hasse bricht, das heißt, wenn sie nicht vorher ein trauriges Ende fand. Verdammt! Auf mir ruht eine Art Verpflichtung, welche ich nur als geheiligt bezeichnen kann, und die vermag

kein Gott zu lösen. Schon als halbes Kind lernte ich sie
kennen, und ein schönes, herziges, lustiges Kind war sie
obenein, nur daß zu viel von der Natur eines Mannes
in ihr wohnte. Sechzehn Jahre mochte sie damals zählen,
da ritt sie schon den wildesten Mustang auf Tod und
Leben, und fest saß sie nach Männerart auf dessen Rücken,
als wär's ein Panther gewesen, der sich mit Zähnen und
Krallen an das schäumende Thier anklammerte. Auf dem
Rancho*) ihres Vaters aber befand sich kein Hund, kein
Hammel, nicht einmal ein Huhn, dem sie nicht im Spiel
den Lasso über den Kopf geworfen hätte. Da konnte es
mit der Gelehrsamkeit freilich nicht viel werden. Erst
als sie mehr heranreifte, fühlte sie das Bedürfniß, bei
einem Geistlichen wenigstens Lesen und Schreiben zu lernen,
und das trieb sie eine Zeitlang mit großem Eifer. Ca-
ramba! Wie hat sich das seitdem geändert! Wer sie nach
den langen Jahren jetzt wiedersähe, würde sie für eine
Andere halten. Alles an ihr ist gewissermaßen zum Manne
geworden. Kampbell selber könnte es ihr in Ausübung
des gefährlichen Gewerbes nicht zuvorthun," und ein selt-
sames herbes Lächeln spielte um seine Lippen, „dabei beweist sie eine Umsicht und Kaltblütigkeit, daß ich, der
ich seit Jahren nicht von ihrer Seite wich, sie also kennen
muß, jetzt noch oft über sie erstaune. Mißbillige ich aber,
daß sie, trotz der Nähe der Raubbande, sich zum Besuch
der Ansiedelung entschloß, so läßt es sich andererseits
nicht tadeln, wenn sie, einem tief gewurzelten Zug von
Herzensgüte folgend, darauf ausging, Beziehungen mit
dem gefährdeten Mädchen anzuknüpfen und es auf die
kommenden Dinge vorzubereiten. Ich ahnte ihren Plan,
als sie Ihnen den Brief des Colonels abforderte."

„Eine Bitte, die ich ihr leider abschlagen mußte,"

---

*) Gehöft.

versetzte Durlach bedauernd, „Sie wissen, das Wort eines
Mannes ist heilig, und ich versprach dem Colonel in die
Hand, das Schreiben persönlich zu überreichen. Es wäre
ein Unglück von unberechenbaren Folgen, käme es dem
Bandenchef oder einem seiner Bluthunde vor Augen."

„Darüber hätten Sie unbesorgt sein können," erwiederte
Nicodemo finster, „selbst in der fürchterlichsten Lage hätte
sie Mittel gefunden, den Brief zu beseitigen, dafür bürge
ich mit meinem Leben. Doch Sie haben recht: ein Mann,
ein Wort. Jetzt eine andere Frage: wissen Sie Näheres
über die augenblickliche Lage der jungen Lady?"

„Nach ihren brieflichen Mittheilungen zu schließen,
wie der Colonel mir anvertraute, ergeht es ihr wohl.
Ich gewann indessen den Eindruck, als ob ihr mehr
darum zu thun gewesen wäre, den Vater nicht zu beun-
ruhigen. Mein Verdacht entsprang aus dem Umstande,
daß eine ältere Verwandte, welche gemeinschaftlich mit
ihr dem Haushalt vorstand, schon vor einiger Zeit sich
von ihr trennte. Einem Besuch sollte deren Reise gelten,
allein nach meiner Ueberzeugung walteten andere Beweg-
gründe. Entweder jene Verwandte ist Unionistin und
wurde durch Angst vor den umherstreifenden Guerilla-
banden zur Flucht bewegt, oder sie huldigt den Anschauungen der Rebellen und konnte daher dem Drange nicht
widerstehen, sich Gleichgesinnten zuzugesellen. Wer weiß,
ob sie nicht zur Verrätherin an den eigenen Verwandten
wurde. Dergleichen wäre wenigstens nichts Neues in
diesen Zeiten."

„So befindet Miß Lydia sich allein auf der Besitzung
ihres Vaters?"

„Allein mit ihrer Dienerschaft, wie ich vernahm, und
auch deren Treue ist wohl nicht verbürgt. Doch ich wiederhole, ihre brieflichen Nachrichten waren die einer um ihren
Vater besorgten Tochter, die nur zu sehr geneigt ist, die

eigene Lage in das günstigste Licht zu stellen, und daher
nicht zuverlässig."

„Auf alle Fälle scheint sie Muth zu besitzen," entgegnete Nicodemo, „die beste Zugabe, wenn ihre Rettung auf
größere Schwierigkeiten stoßen sollte. Wäre Oliva nur
hier," fügte er ungeduldig hinzu, „immer das alte Spiel!
Kaum erreichte eine Sorge ihren Abschluß, so ersteht eine
neue; das wirkt aufreibend."

Er erhob sich und forderte Durlach auf, ihn zu begleiten; dann verließen sie das schluchtartige Thal, um
von einer benachbarten Anhöhe aus einen Blick über die
umliegende Landschaft zu werfen.

Zweites Kapitel.

Von dem Lager der Kundschafter bis zu der bedrohten
Ansiedelung betrug die Entfernung ungefähr eine Stunde
mäßig schnellen Einherreitens. Nicht über sechshundert
Einwohner zählend, erhob sich der Ort inmitten von Hai-
nen, Waldstreifen, Wiesen, Ackerflächen und sanft an-
steigenden Hügeln. Ziegelsteine waren bei Errichtung der
Baulichkeiten nur ausnahmsweise verwendet worden. Um
so einladender nahmen sich dafür die aus Balken und
Brettern zusammengefügten Häuser mit ihrem weißen
Anstrich und den grauen Schindeldächern aus. So waren
auch die wenigen Straßen noch nicht gepflastert. Be-
günstigte aber kein, dem Handelsverkehr einen bequemen
Weg bietender Strom die Lage des Oertchens, so ließ
sich doch voraussehen, daß die dort vorüberführende Eisenbahn demselben eine von Jahr zu Jahr wachsende Wich-
tigkeit verleihen würde.

An dem heutigen Tage erschien es indessen, als ob
der düstere Schleier, welcher seit dem Beginn des brudermörderischen Krieges über dem ganzen Staate schwebte,

sich zu einer schweren Gewitterwolke verdichtet habe, die
sich über dem bisher von feindlichen Angriffen verschont
gebliebenen Städtchen zu entladen drohte. Die Sägemühle hatte freilich schon, wer weiß wie lange, gerastet,
ebenso die Brennerei, während die Mahlmühle nur noch
mit Unterbrechungen arbeitete; dagegen erzeugte es den
Eindruck, als hätten die erkalteten langen Schornsteine
heute doppelt mißtrauisch gen Himmel gestiert. Wo
aber Leute sich auf der Straße begegneten und an-
redeten, da geschah es mit ängstlichem scheuen Wesen, wie
in Befürchtung, daß ihre Stimmen über das Weichbild
der Ansiedelung hinausgetragen werden könnten.

Es hatte sich nämlich das dumpfe Gerücht verbreitet,
daß eine der den Staat brandschatzenden stärkeren Guerrillabanden die Richtung auf den heimathlichen Ort eingeschlagen habe und deren Eintreffen von Tag zu Tag zu erwarten
sei. Es beeilte sich daher Jeder, Geld und sonstige Werth-
gegenstände an sicherem Ort zu verbergen, Pferde und
Rinder in die benachbarten Waldungen zu treiben und
auf diese Art die bevorstehenden Verluste wenigstens auf
das geringste Maß zu beschränken. Was sonst noch von
der räuberischen Horde als gute Beute erklärt oder im
rohen Uebermuth vernichtet wurde, war natürlich nicht
abzusehen — das mußte man eben über sich ergehen lassen.
Denn um Widerstand zu leisten, nachdem eine Anzahl
streitfähiger Männer zum Kriegsdienst herangezogen worden war, reichten die Kräfte nicht aus. Wenn man aber
auch Alles verlor, und nur die Familienmitglieder dem
Leben erhalten blieben, so gab es ja nichts, das unersetz-
lich gewesen wäre. Neue Hoffnungen grünten auf den
Trümmern irdischer Habe, so lange die Schaffenslust
nicht durch Trauer um diesen oder jenen theuren An-
gehörigen gelähmt wurde. —

Beinahe die Hälfte des Nachmittags war verstrichen,

als ein einzelner Reiter vor dem Südende des Oertchens
auftauchte und, in die Hauptstraße einbiegend, dieselbe
gemächlich verfolgte. Wer ihn aus der Ferne sah, mochte
ihn auf Grund seines Aufzuges für ein Mitglied der gefürch-
teten Horde halten, welcher er vielleicht als Kundschafter
vorausgeritten war. Diese Besorgniß schwand indessen,
sobald man in ihm einen anscheinend siebenzehnjährigen
Burschen erkannte, auf dessen auffällig ernstem Antlitz
nichts weniger als Raubgier sich ausprägte. In seinem
offenbar langgedienten, indianisch gestickten faltigen Leder-
hemde, welches nach unten in enganschließenden Bein-
kleidern verschwand, die unterhalb der Kniee in steifen
Gamaschenledern ihre Fortsetzung fanden, und mit den
schweren, klirrenden Schnallsporen, bot er das Bild eines
harmlosen jungen Vaquero's, wie solche die mexikanischen
Handelskarawanen auf ihren Wüstenreisen zu begleiten
pflegen. So ritt er auch ein mit mexikanischem Sattel-
zeug ausgerüstetes, zwar kleines und hageres, jedoch augenscheinlich sehr zähes und flinkes Pferd, dasselbe mit einer
nachlässigen Sicherheit lenkend, als ob seit frühester Kind-
heit der Sattel seine Heimath gewesen wäre. Als Waffe
führte er nur den auf der rechten Hüfte in einem Futteral
steckenden Revolver, welchem auf der anderen Seite des
Gurtes ein langes dolchartiges Messer gewissermaßen das
Gegengewicht hielt. Außerdem hing vom Sattelknopf ein
aus Wildleder geflochtener, geschmeidiger Lasso mit po-
lirtem Stahlring handgerecht in mehreren großen Ver-
schlingungen nieder. Den schwarzen schlappen Filzhut
mit der breiten Krempe hatte er weit nach dem Hinter-
kopf hinaufgeschoben. Rabenschwarzes Haar, auf der
Stirn in der Höhe der Brauen stumpf abgeschnitten, fiel
hinten nach Indianerart über die Schultern und tief auf
den Rücken nieder. Das von demselben eingerahmte Antlitz war klassisch regelmäßig geformt und von auffallender

Schönheit. Von jener gelblichen Farbe, wie sie den
Mexikanern im Allgemeinen eigenthümlich, charakterisirte
dasselbe eine seltsame träumerische Ruhe. Dagegen fun=
kelten die Augen unter den wie müde gesenkten Lidern in
einer Weise hervor, als hätten sie alles in ihrem Bereich
Befindliche mit einem einzigen Blick in sich aufnehmen
wollen. Wer den jungen Reitersmann sah, betrachtete
ihn verwundert. Der Eine und der Andere rief ihm auch
einen Gruß zu, ohne indessen mehr als ein ausdrucksloses
Neigen des Hauptes zur Antwort zu erhalten. Man be=
griff, daß er nicht in ein Gespräch gezogen zu werden
wünschte.

So war er allmählig bis dahin gelangt, wo die Straße
auf der einen Seite von einem umfangreichen Grundstück
begrenzt wurde. Zwei von einander gesonderte Fabrik=
gebäude erhoben sich auf demselben, und zwischen diesen
ein von Ziegelsteinen erbautes Haus mit hohem Erd=
geschoß, offenbar die Wohnung des unzweifelhaft reich
begüterten Besitzers. Ein freundlicher Garten erstreckte
sich von diesem bis zur Straße, von welcher er durch ein
weiß gestrichenes Holzgitter getrennt wurde. Oberhalb
des Thorweges war, die beiden Eckpfeiler miteinander
verbindend, ein ebenfalls weiß angestrichenes Brett an=
gebracht worden, und auf diesem stand, weithin lesbar
geschrieben: „William Rutherfield.“

Der junge Vaquero hielt sein Pferd an. Flüchtig las
er die Inschrift; aufmerksamer betrachtete er die verschie=
denen Baulichkeiten. In jeden Winkel bohrte er die Blicke
gleichsam ein, in jedes Fenster, wie um sich mit allen
dahinter liegenden Räumen vertraut zu machen. Da aber
die Fabriken still lagen, nirgendwo ein Arbeiter sichtbar
wurde, an den er sich mit einer Frage hätte wenden
können, ebenso das Wohnhaus veröbet und ausgestorben
erschien, trieb er sein Pferd wieder an. Nach Zurück=

legung einer kurzen Strecke hielt er abermals, und zwar
vor einem Hause, welches sich durch eine umständliche
Inschrift und andere sprechende Merkmale als eine Schant=
wirthschaft kennzeichnete.

Ein älterer Yankee in Hemdsärmeln und breitrandigem
Strohhut, in dessen Zügen sich bittere Unzufriedenheit
ausprägte, stand in der Thür. Er war so versunken in
den Anblick des jungen Reiters, daß er dessen erste Anrede
überhörte.

„Ich frage nochmals, Herr," wiederholte dieser mit
heller, klangvoller Stimme, „kann ich hier einen Trunk
Wasser mit einem Tropfen Whisky oder Essig darin er=
halten, dazu vielleicht ein Stück gebratenes Fleisch nebst
Brod? Verbrachte man seine acht Stunden im Sattel,
ohne Gelegenheit zum Einkehren zu finden, so ist man mit
dem Geringsten zufrieden."

Zweifelnd sah der Wirth in das von aufreibenden
Anstrengungen gezeichnete jugendliche Antlitz, dessen ernster
Ausdruck so wenig im Einklange mit dem muthmaßlichen
Alter des jungen Mannes stand, antwortete aber bereit=
willig: „Was Ihnen dient, sollen Sie haben, vorausgesetzt,
Sie gehören nicht zu den Leuten, die sich haufenweise im
Lande umhertreiben, um sich auf Kosten friedlicher Bürger
zu bereichern."

„Gehörte ich zu denen," antwortete der Vaquero spöttisch,
„so würde ich nicht lange bitten, sondern warten, bis
meine Kameraden eingetroffen wären, und dann nehmen,
was mir gefiele."

„Das klingt mannhaft und aufrichtig, wenn auch bei=
nahe zu trotzig für ein bartloses Gesicht," versetzte der
Wirth mürrisch, „aber was, in der Hölle Namen, führt
Sie hierher, wenn Sie dem Raubgesindel ferne stehen?
Und in diesem Theil des Landes sind Sie sicher nicht zu
Hause, das steht auf Ihrem Gesicht geschrieben."

„Gewiß nicht," hieß es gleichmüthig zurück, „das hin-
dert mich indessen nicht, dahin zu reiten, wohin es mir
beliebt. Doch damit Sie's wissen: ich diene bei einer
Gesellschaft von Tradern *), die, um ihre Waaren an
den Mann zu bringen, von Neu-Mexiko heraufkam, wo
es seit dem Ausbruch des Krieges drunter und drüber
geht. Fünf Tagereisen weit in die Prairie hinein steht
unser Lager. Da begab ich mich auf den Weg, um auszukundschaften, ob hier herum vielleicht Geschäfte zu machen
seien."

„Ein langer Ritt für 'nen einzelnen Mann, bei Gott;
doch was brachten Sie in Erfahrung?"

„Genug, um mich zu entschließen, diese Gegend so bald
wie möglich wieder hinter mich zu legen; denn bevor viel
Zeit vergeht, ist hier der Teufel los. Zögern Sie aber,
mir einen Trunk zu reichen, so will ich Ihnen trotzdem
einen guten Rath ertheilen: spricht Sie binnen Kurzem
wieder Jemand um eine Herzstärkung an, so fragen Sie
nicht lange nach dem Woher und Wohin, oder es möchte
sich ereignen, daß Ihr Haus und Hof in Flammen ständen,
bevor Sie für sich selbst einen Trunk mischten. Geben
Sie, was Sie haben, und seien Sie froh, wenn keine
Pistolenmündungen Sie angrinsen."

„Ein feiner Rath, beim Allmächtigen, junger Mann,"
versetzte der Wirth zuvorkommender, „und ein gutes Mahl
will ich Ihnen nicht vorenthalten, ohne Kostenberechnung
obenein, wenn Sie mir dafür anvertrauen, ob die Raubbande, von der wir hörten, auf hier marschirt."

Der junge Vaquero schwang sich aus dem Sattel, und
den Lasso auseinanderrollend, band er sein Pferd an das
zu solchen Zwecken vor dem Hause errichtete Lattengerüst.
Nachdem er es abgezäumt und um ein Dutzend Maiskolben

---

*) Handelsleute.

gebeten hatte, fuhr er fort: „Ich bin erstaunt, daß bisher noch Keiner im Ort sich die Mühe gab, auszukundschaften, daß eine Horde von mindestens vierhundert Mann
nahe genug ist, um sich nach Ablauf weniger Stunden
hier anzumelden. Vom Osagefluß ist sie heraufmarschirt,
und zwar, um den Unionisten auszuweichen, in Bachthälern
und Regenschluchten. In ihrem Plan liegt es offenbar,
sich erst dann bemerklich zu machen, wenn sie vor euren
Thüren steht.“

In den Zügen des Wirthes verrieth sich Bestürzung.
„Sollte das wahr sein?“ fragte er ungläubig.

„So wahr, wie ich von Niemand etwas geschenkt nehme,“
antwortete der Bursche mit einer Zuversicht, daß des
Wirthes Gesicht sich merklich verlängerte, „nicht einmal
einen Trunk, der auch nur um einen Fingerhut voll Brandy
stärker, als klares Wasser. Sie werden mir daher den
Preis für das Mahl berechnen, wie Sie es gewohnt sind.“
Nachdem das Pferd mit Futter versorgt worden war, und
er dann an der Seite des Wirthes den als Schänke bie-
nenden Raum betrat, fügte er hinzu: „Ja, die Schurken
weilen in der Nachbarschaft, und ich vermuthe, sie fühlen
sich stark genug, um mit ihrem Einzuge nicht bis nach
Einbruch der Nacht zu säumen. Ich entdeckte sie zufällig,
möchte sonst als friedliebender Reisender schwerlich viel
nach ihnen gesucht haben.“

„Das ist ein Unglück,“ kehrte der Wirth sich verstört
einigen eben eintretenden Gästen zu, die offenbar durch
die auffällige Erscheinung des Vaquero's herbeigelockt
worden waren, und dieselbe in Beziehung zu den bedrohlichen Gerüchten brachten. „Ein großes Unglück,“ wiederholte er, dem jugendlichen Reiter ein Glas Wasser und
eine Flasche Rum nebst Zucker zuschiebend, „hier steht ein
zuverlässiger Zeuge, wenn er auch noch jung sein mag,
und der behauptet, daß die seit einer Woche angekündigten

Banditen vor Abend hier sein werden. Bewahrheitet sich das, so mag Gott uns gnädig sein, daß es ohne Blutvergießen abgeht."

Die von allen Seiten an ihn gerichteten Fragen beantwortete der Vaquero kurz und bestimmt, so daß Zweifel an der Verbürgtheit seiner Mittheilungen keinen Raum fanden. Zugleich bemächtigte sich Aller wahres Entsetzen. Eine Weile verhandelte man noch lebhaft; dann eilte der Eine hierhin, der Andere dorthin, um die Schreckenskunde zu verbreiten, begleitet von dem dringenden Rath, an keinen Widerstand zu denken, der nur um so größeres Unheil im Gefolge haben würde.

Gleich darauf befand der Wirth sich wieder allein mit seinem Gast. Einen Aufwärter rief er herbei, ihn beauftragend, ein gutes Mahl herzurichten, woran er die Bemerkung schloß: „Zuvor aber gehen Sie zu Miß Rutherfield herum —"

„Miß Lydia Rutherfield?" fragte der junge Reitersmann lebhaft, indem er, ihn unterbrechend, die Hand auf seinen Arm legte, „ist das die Tochter des Besitzers der Fabriken hier nebenan?"

„Sie sprechen es aus, Freund," bestätigte der Wirth, „ein braves, freundliches Mädchen und meine Nachbarin obenein; da ist es freilich meine Pflicht, an ihre Sicherheit zu denken. Leider ist der Vater nicht daheim, was um so mehr zu beklagen, weil sie die Mutter schon vor Jahren verlor. Im Felde steht er, wo er ein Regiment kommandirt. Eine Schande ist es, daß die arme junge Lady jetzt auf sich allein angewiesen ist; denn eine Verwandte von ihr — die Hölle über sie — die ihr so lange zur Seite stand, machte sich aus dem Staube, sobald die ersten unheimlichen Gerüchte über einen möglichen Besuch des Raubgesindels ihr zu Ohren drangen. Als guter Nachbar rieth ich Miß Lydia, in St. Louis Zuflucht zu suchen, allein sie ist eine beherzte Natur und bestand darauf, hier zum Rechten zu sehen. Sie meinte, in St. Louis sei es nicht besser, als hier, und der Weg dahin führe mitten zwischen den streitenden Armeen hindurch, und so ist's mit dem Zaudern allmählig zu spät zur Flucht geworden."

„Ich will selber zu ihr gehen," fiel der Vaquero gelassen ein, „weiß ich doch am besten zu schildern, was ich mit meinen Augen sah, und ausrichten werde ich es, ohne sie viel zu erschrecken."

„Recht so, Freund," billigte der Wirth in fieberhafter Unruhe, „besorgen Sie das Geschäft mit einigem Bedacht, ist's doppelt dankenswerth. Kehren Sie zurück, so finden Sie Ihr Mahl bereit."

„Sie wohnt in dem Hause zwischen den beiden Fabrikgebäuden?"

„Gerade da; Sie brauchen nur anzuklopfen. Zu Hause ist sie um diese Zeit ebenfalls, seitdem sie es aufgab, ihren gewöhnlichen Nachmittagsritt zu unternehmen, und wie wir Anderen, jagte auch sie ihre Pferde in den Wald."

Schweigend verließ der Vaquero die Schänke und etwas später klopfte er an die Thür des bezeichneten Hauses.

Ein hünenhaft gebauter Neger öffnete, und obwohl von Mißtrauen gegen die fremdartige Erscheinung des jungen Mannes beschlichen, führte er ihn doch, ohne ihn zuvor anzumelden, in ein freundlich, sogar verhältnißmäßig reich ausgestattetes Empfangszimmer, wo er ihn anwies, einige Minuten zu warten.

Der Vaquero benutzte die Zeit, sich ein wenig umzusehen. Schwerlich hatte er in seinem Leben oft Räume betreten, deren Einrichtung mit seiner jetzigen Umgebung zu vergleichen gewesen wäre. Um so überraschender erschien es daher, daß seine Blicke kalt über Alles hinwegglitten, was jeden Andern aus seinem Kreise vielleicht mit

Bewunderung erfüllt hätte. Was ihm vor Augen lag, mochte er mit der freien Natur vergleichen, auf welche der weitaus größte Theil seines Lebens entfiel, daß es zuweilen wie Spott auf seine Züge trat, er sogar erschrak, als er sich plötzlich vom Kopf bis zu den Füßen hinunter in einem Spiegel sah. Unwillkürlich betrachtete er sein Ebenbild aufmerksam. Zugleich gelangte auf seinem Antlitz mehr und mehr ein Ausdruck der Trauer zum Durchbruch. Es war, als hätten die Merkmale, welche nicht allein in dem verschlissenen und bestaubten Anzuge, sondern auch in seinen sonnverbrannten Zügen von endlosen Entbeh= rungen und Beschwerden zeugten, tiefes Bedauern mit sich selbst wachgerufen.

In seinen Gedanken störte ihn das Gehen einer Thür. Schnell kehrte er sich nach dem Geräusch um, und auf ihn zu schritt eine hoch und schlank gewachsene junge Dame im einfachen Hauskleide, ihn mit einem Befremden verrathen= den, beinah befangenen Lächeln grüßend. Anfänglich rief es den Eindruck hervor, als habe die anmuthige Gestalt mit dem von kastanienbraunem Haar eingefaßten lieblichen Antlitz und den herzigen blauen Augen ihn geblendet; denn erst, als dieselbe ihn anredete, schien er wie aus einem traumähnlichen Zustande zu erwachen.

„Der schwarze Nestor meldete mir, Sie wünschten mich in einer dringenden Angelegenheit zu sprechen," begann Lydia Rutherfield, des jugendlichen Vaquero's Schweigen als Zaghaftigkeit auslegend. Indem aber ihre ermuthi= gende Stimme zu seinen Ohren drang, kehrte seine Selbst= beherrschung zurück. Es schwand die erste Verlegenheit. In den Vordergrund trat wieder jene kalt erwägende Ruhe, wie eine solche sich in seinen Zügen spiegelte.

„An Stelle Ihres Nachbars, des Schankwirthes, ging ich hierher, um Sie zu warnen," hob er ohne weitere Einleitung an. „Spätestens nach Ablauf einer Stunde

zieht eine starke Guerrillaschaar in diesen Ort ein. Was
das bedeutet, kann nur Derjenige ermessen, der Gelegen=
heit fand, solche Banden auf ihren Raubzügen zu beob=
achten."

Lydia erbleichte. Wie um die Wahrheit der Schreckens=
kunde aus seinen Augen herauszulesen, sah sie starr in
des bräunlichen Burschen unbewegliches Antlitz.

„Wenn die Unholde unsere Ansiedelung wirklich über=
fallen, was bliebe uns zu thun übrig?" fragte sie nach
einer kurzen Pause des Schweigens mit heimlichem Zagen.

„Es bietet sich keine große Auswahl," antwortete der
Vaquero frei von jeder Spur irgend einer Erregung,
„fliehen müssen Sie, oder Sie haben das Schrecklichste zu
gewärtigen. Wenn man den übrigen Bewohnern der An=
siedelung Schonung angedeihen ließe, so hätte die Tochter
des tapferen Colonels Rutherfield auf eine solche nicht zu
rechnen."

„Was wissen Sie von meinem Vater?" fragte Lydia,
in ihrer Angst um ihn die eigene Lage vergessend. „Lebt
er noch? Ist er gesund? Seit Wochen hörte ich nichts von
ihm. Kein Tag vergeht, an welchem ich nicht eine schreck=
liche Nachricht fürchte."

„Vor einer Woche befand er sich wohlauf und auf
dem Marsch nach Kansas=City. Seitdem ist es nicht zu
ernsten Zusammenstößen mit den Rebellen gekommen. Jetzt,
da es zu spät ist, bereut er, nicht schon vor Jahresfrist
Sie von hier fortgebracht zu haben."

„Ihn trifft kein Verschulden," versetzte Lydia unmuthig,
„denn wer konnte ahnen, daß die furchtbarste Form des
Bürgerkrieges gerade in diese abgelegenen Distrikte ver=
pflanzt werden würde."

Der Vaquero zuckte die Achseln. „Das ist jetzt nicht
mehr von Belang," sprach er im Geschäftstone; „zunächst
handelt es sich darum, ob Sie mir trauen. Ist das der

Fall, so werden Sie im Laufe der kommenden Nacht von
hier abgeholt. Ich bereite Sie indessen darauf vor, daß
Sie vielleicht große Gefahren über sich ergehen lassen
müssen. Nur unter dem Schutze der Dunkelheit, wohl gar
über Leichen hinweg, ist Rettung noch möglich. Ich spreche
rückhaltlos, um Ihren Entschluß zu fördern."

Lydia bebte bis in's Mark hinein. Eine Weile sann
sie angestrengt nach. Es mochte ihr vorschweben, daß der
vor ihr stehende Bursche in dem Kleide eines verwilderten
Steppenreiters möglicherweise selbst ein Mitglied der ge-
fürchteten Guerrillabande und nur ausgeschickt sei, um sie
den grausamen Feinden zu überliefern. Um Zeit zum
Ueberlegen zu gewinnen, fragte sie mit nothdürftig errun-
gener Fassung: „Die ganze Habe meines Vaters, die
Fabriken, unsere Wohnung mit Allem, was dazu gehört,
soll ich fremder Willkür preisgeben —"

„Ihr eigener Vater würde antworten:" unterbrach der
Vaquero sie rauh, „mag Alles in Asche zerfallen, wenn
nur meine Tochter gerettet wird. Erklären Sie daher
offen: wollen Sie flüchten und zu diesem Zweck sich meiner
Führung anvertrauen, so ist es gut. Anderenfalls haben
meine Freunde und ich keine Veranlassung, uns muthwillig
in Gefahr zu begeben."

Forschend sah Lydia in des Vaquero's dunkle Augen.
Sie vermochte sich der Scheu nicht zu erwehren, welche er
ihr durch sein entschiedenes Auftreten einflößte. Es stand
in zu krassem Widerspruch mit seiner Jugend. Endlich
entwand es sich, wie beschwörend, ihren Lippen: „Sie
ängstigen mich. Wenn Sie mir nur den kleinsten Beweis
liefern wollten, daß mein Vater mit Ihrem und Ihrer
Freunde Plan einverstanden ist."

„Nichts leichter, als das," versetzte der Vaquero gleichmüthig, „zwischen Ihrem Vater und uns vermittelt ein
gewisser Kampbell, wenn Sie je diesen Namen hörten. Da

nun Ihr Vater aus dienstlichen Rücksichten die Angelegenheit nicht selbst in die Hand nehmen konnte, schickte er
einen seiner Offiziere mit dem Auftrage an uns ab, Sie
zunächst an den Missouri zu geleiten und dort weitere
Verhaltungsbefehle von ihm abzuwarten. Eine Stunde
Weges von hier im sicheren Versteck weilt der Kapitain
bei meinen Freunden. Wir Alle sind bereit, unser Leben
für Ihre Befreiung aus der gefährlichen Lage einzusetzen.
Ich denke, das genügt, um Ihren Entschluß zu zeitigen;
und so frage ich Sie nochmals: wollen Sie Ihre nächste
Zukunft in unsere Hände legen?"

„Besäßen Sie nur ein einziges Wort, niedergeschrieben
von der Hand meines Vaters" — hob Lydia zweifelnd an,
als der Vaquero ungeduldig einfiel:

„Nicht nur ein Wort, sondern ein ganzer Brief ist
für Sie da. Gern hätte ich ihn gebracht, allein Kapitain Durlach erklärte, denselben persönlich einhändigen zu
müssen."

Lydia schwankte noch immer. Mochte der vor ihr
Stehende mit seiner mannhaft überlegenen Ruhe immerhin einen günstigen Eindruck auf sie ausüben, so wider-
strebte es ihr dennoch, sich einem halben Knaben anzu-
vertrauen, der, nach seinem Aeußeren zu schließen, in Verhältnissen herangereift war, in welchen die überzeugende
Gewalt von Pistole und Messer höher anerkannt wurde,
als die weisesten Erörterungen; Treue und Glauben dagegen nach ihrer Meinung nicht über die Gegenwart hin-
ausreichten. Wie ein schwarzes Verhängniß schwebte ihr
vor, das Opfer schnöden Verrathes zu werden, und so
antwortete sie unter dem Einfluß verheimlichter Todesangst zögernd: „Wir sahen einander nie bevor, und
meinem Vater sowohl, wie mir selber bin ich es schuldig — dies Bekenntniß kann Sie nicht beleidigen — jedem
Fremden gegenüber Vorsicht walten zu lassen. Und dann,

ich erkläre es offen, können Ihre Erfahrungen doch nur
Ihrem Alter entsprechen."

Ein Ausdruck des Spottes eilte über das Gesicht des
Vaquero's, Lydia in erhöhtem Grade beängstigend.

„Mit anderen Worten: ich bin Ihnen zu jung," erwiederte er leidenschaftslos, „und meine älteren Gefährten
rechnen Sie für nichts. Freilich, womit könnte ich beweisen, daß ich überhaupt Gefährten besitze? Es bliebe
mir also nur übrig, meines Weges zu ziehen und Sie
Ihrem Schicksal zu überlassen. Doch das darf nicht geschehen. Die Tochter des Colonels Rutherfield darf nicht
wie ein todtes Beutestück von den Banditen fortgeschleppt
werden — das sind des bekannten Spions Kampbell eigene
Worte — und wäre ich gezwungen, zum letzten Mittel
zu greifen." Er trat Lydia einen Schritt näher. Wie die
Anwesenheit eines Zeugen fürchtend, warf er einen scheuen
Blick um sich, dann neigte er sich dem beklommen darein-
schauenden Mädchen zu. Eigenthümlich durchdringend sah
er in die bangen Augen. Nur wenige Worte sprach er
mit gedämpfter Stimme, und wieder zurücktretend, beobachtete er gespannt die anmuthige Gestalt.

Lydia stand wie erstarrt. Was der trotzige junge
Vaquero ihr anvertraut hatte, sie schien es nicht fassen
zu können. Unsägliches Erstaunen beherrschte ihre Züge,
zugleich aber erwachendes Verständniß, und unter solchen
Eindrücken sprach sie nach kurzem Sinnen förmlich über-
stürzt: „Unmöglich! Und dennoch — ich hätte es errathen
müssen." Sie reichte dem plötzlich seltsam milde schauenden und leicht erröthenden Vaquero die Hand, indem sie
fortfuhr: „Ich glaube Ihnen, ja, Alles glaube ich. Sagen
Sie, wie ich mich zu verhalten habe; Ihren Anweisungen
folge ich blindlings. Ich kenne keine Zweifel mehr."

„Das kommt Ihnen selbst am meisten zu gute," erklärte der Vaquero nunmehr minder streng; „Sie werden

gerettet werden. Wie Alles zu beginnen, ich weiß es noch
nicht. Halten Sie sich indessen bereit, dem ersten Ruf
Ihrer und Ihres Vaters Freunde zu jeder Stunde zu
folgen. Suchen Sie ein Versteck, in welchem Sie von
den Spürhunden nicht entdeckt werden können, oder alle
Mühe ist vergeblich. Stählen Sie Ihren Muth, um in
verhängnißvoller Lage nicht von Grauen bemeistert zu
werden. Führt die Flucht uns auf blutigen Wegen, so
denken Sie, es sei schädliches Gewürm, welches von den
Füßen ehrenwerther Menschen zertreten wurde."

Immer größeres Erstaunen prägte sich in Lydia's
Augen aus. Einen gleichsam bannenden Zauber schien
der junge Vaquero auf sie auszuüben. Bei seinem ersten
Anblick von dem Bewußtsein getragen, ihn gewissermaßen
geistig zu beherrschen, fühlte sie sich jetzt abhängig von
ihm, und so antwortete sie gefaßt: „Das sind entmuthi-
gende Aussichten, aber bauen Sie auf meinen ernsten
Willen. An Ihrem Beispiel werde ich mich aufrichten.
Durch mich, wenn es überhaupt meine Kräfte nicht übersteigt, soll Ihre Aufgabe nicht scheitern."

„Das ist verständig gesprochen," hieß es mit unzwei-
deutigem Wohlwollen zurück, „und so wiederhole ich nochmals meine Warnung: halten Sie sich streng verborgen,
gleichviel wie oder wo. Lassen Sie sich durch nichts be-
irren oder hervorlocken, durch keinen Ruf, kein Signal,
und ginge es von Ihren Nachbarn aus. Vergegenwärtigen
Sie sich, daß es Bluthunde in vollem Sinne des Wortes,
die nach Ihnen forschen. Sind wir erst zur Hand, so
wissen wir auch Sie zu finden."

„Aber die übrigen Bewohner der Ansiedelung — sie
können sich unmöglich der Aufmerksamkeit der schrecklichen
Menschen entziehen," wendete Lydia wieder klagend ein.

Der Vaquero warf den Kopf geringschätzig empor,
daß das lange Schläfenhaar über die Schultern zurück-

flog, und bemerkte etwas lebhafter: „Keiner von ihnen ist die Tochter des als reich bekannten Fabrik- und Landbesitzers Rutherfield, der ein hohes Lösegeld zu zahlen vermag; Keiner die Tochter des tapferen Colonels, der mit seinem Regiment den Südlichen so manche Niederlage bereiten half. Um sich an ihm zu rächen, könnte den Schurken kein willkommeneres Mittel geboten werden, als Ihre Person. Doch auch ohne das schweben Sie in einer furchtbaren Gefahr: bedenken Sie die wilden Leidenschaften von Männern, die sich durch nichts von Bestien unterscheiden. — Jetzt noch eine Hauptfrage: befindet sich unter Ihren Leuten Jemand, dem wir trauen dürfen?"

„Ich verfüge überhaupt nur noch über zwei Menschen. Alle Anderen gingen davon, sobald die Fabriken zum Stillstand gelangten. Sie sahen den Schwarzen. Früher Sklave, ist er durch meinen Vater schon vor zwei Jahren ein freier Mann geworden. Ihn fesselt die Anhänglichkeit an uns fester, als es durch Sklavenketten möglich wäre. Außer ihm weilt eine ältere Mulattin bei mir, eine treue Seele, von der ich mich nicht trennen möchte."

„Gut, Miß Rutherfield," nahm der junge Vaquero mit einem gewissen Ausdruck der Ueberlegenheit wieder das Wort, „so erübrigt mir nur noch, mit dem Schwarzen mich in's Einvernehmen zu setzen."

Lydia klingelte. Als der Neger eintrat, wandte sie sich ihm mit den Worten zu: „Nestor, hier ist Jemand, der uns vor einem großen Unglück bewahren möchte. Dazu bedarf er Deiner Mitwirkung. Höre auf ihn und befolge seine Rathschläge pünktlich. Vergiß nicht: unser Aller Leben und Freiheit hängt von Deiner und Eva's Gewissenhaftigkeit und Treue ab."

Das Unbehagen, welches sich anfänglich in Nestor's schwarzen Zügen spiegelte, erhielt plötzlich den Charakter in ihm gährender Wuth. Seine großen Augäpfel rollten

wild in ihren Höhlen, indem sie sich abwechselnd auf Lydia
und den Vaquero richteten. Hörbar knirschten seine Zähne
aufeinander, und die mächtige Brust durch einen tiefen
Athemzug erweiternd, erklärte er feindselig: „Es schwebt
Unheil in der Luft. Ich hörte davon. Eine Bande erstaunlicher Schurken, gut genug, dreimal des Tags auf-
geknüpft zu werden, ist unterwegs auf hier. Aber wir
sind noch da" — und dröhnend schlug er mit der Faust
auf seine Brust.

„Gut, gut," fiel der Vaquero herrisch ein, „meine Zeit
ist kurz bemessen, zu kurz für überflüssige Erörterungen.
Auch ist dieser Ort nicht dazu geeignet," und er wies mit
dem rückwärts gebogenen Daumen auf Lydia, „begleite mich
hinaus, und bist Du in der That ein so ehrenwerther Mann,
wie Deine Herrin behauptet, so wirst Du Deinen ganzen
Scharfsinn aufbieten, mich und meine Freunde in unserem
Unternehmen zu unterstützen."

Sich verabschiedend, reichte er Lydia die Hand, und
von dem Neger gefolgt, trat er auf den Flurgang hinaus,
wo er sich alsbald in ein lebhaftes Gespräch mit ihm
vertiefte. Als er eine Viertelstunde später durch den Vorgarten der Straße zuschritt, stand Lydia am Fenster.
Sorgenvoll spähte sie ihm nach, wie er, beide Hände in
die Taschen seiner Beinkleider geschoben, sich wie Jemand
einherbewegte, der nichts Besseres zu thun weiß, als seine
Zeit mit planlosem Umherstreifen zu verbringen.

Außerhalb des Stacketenzauns erwarteten ihn mehrere
Männer und Frauen. In deren Wesen offenbarte sich
ängstliche Hast. Lydia errieth, daß sie den wortkargen
Burschen um Dieses und Jenes befragten. Seine Er-
klärungen waren kurz. Gen Süden wies er mit dem ausgestreckten Arm. Die Rathschläge aber, mit welchen er
diese Bewegung begleitete, mußten erschreckend wirken;
denn er hatte kaum ausgesprochen, als die Leute sich

eiligst entfernten, die ihnen Begegnenden durch bringende
Zurufe mit sich fortreißend. Jeder trachtete sichtbar, den
häuslichen Herd baldigst zu erreichen, sich mit seinen An=
gehörigen zu vereinigen.

Als der Vaquero die Schänke wieder betrat, fand er
sein Mahl angerichtet. Schweigend ließ er sich zu dem=
selben nieder. Mehrere Gäste waren, von Unruhe ge=
trieben, schon vor ihm eingetroffen. Er achtete ihrer nicht.
Mäßig sprach er den Speisen zu. Nur wenn der Eine
oder der Andere eine Frage an ihn richtete, sah er, um
eine kurze Antwort zu ertheilen, flüchtig vom Teller auf.
Er hatte die Empfindung, als ob hier und da Mißtrauen
gegen ihn rege geworden wäre, man immer wieder seine
jugendliche Erscheinung mit den von ihm überbrachten
Nachrichten vergleiche. Nach beendigtem Mahl warf er
einen halben Dollar auf den Tisch, und sich erhebend,
schritt er zwischen den ihn argwöhnisch betrachtenden
Männern auf die Straße hinaus.

Er war eben mit dem Aufzäumen seines Pferdes be=
schäftigt, als das Heulen der Dampfpfeife herüberdrang,
mit welchem ein kurz zuvor eingetroffener Eisenbahnzug
etwaige Reisende zur Eile trieb. Bald darauf folgte das
Fauchen der Maschine und das sich schnell verstärkende
Rollen der Räder. Eine kurze Strecke konnte der Zug
erst zurückgelegt haben, als aus derselben Richtung mehrere
Schüsse herüberdröhnten. Fast gleichzeitig ließ sich heftiges
Poltern und Krachen vernehmen. Das Geräusch der Wagen
verstummte; an dessen Stelle aber trat durchdringendes
Gellen und Brüllen, als ob eine Horde wilder Steppen=
indianer einen Ueberfall des Ortes in's Werk gesetzt habe.
Die Gäste stürmten in's Freie hinaus, wo sie in kopfloser
Flucht auseinander stoben. Spöttisch blickte der junge
Vaquero ihnen nach; dann schwang er sich nachlässig in
den Sattel. Im Begriff, davon zu reiten, wurde er des

Wirthes ansichtig, der wieder auf der Thürschwelle stand.
Sein leichenfahles Gesicht zeugte von der Angst, in welcher
er um die Seinigen und seine Habe schwebte.

„Beherzigen Sie meinen Rath: öffnen Sie den neuen
Gästen Küche und Keller, wenn Sie nicht das schwerste
Verhängniß auf Ihr Haus herabbeschwören wollen," rief
er ihm zu, und sein Pferd wendend, schlug er in mäßig
förderndem Schritt die Richtung ein, aus welcher der be=
drohliche Lärm herübergedrungen war und sich fortgesetzt
wiederholte.

Drittes Kapitel.

Der Bahnhof der Ansiedelung bestand aus einer kurzen
Strecke doppelter Geleise, auf welchen zwei Züge einander
auszuweichen vermochten. Dazu gehörte eine Bretterbude
zum Abfertigen der Reisenden nebst entsprechender Schank=
gelegenheit, ferner ein offener Schuppen zur Aufnahme
der eintreffenden und abgehenden Güter. Die Bahn selbst
lief in der Nachbarschaft und Hauptrichtung eines Baches,
welcher, in der Tiefe von etwa dreißig Fuß, mit der ge=
legentlichen Wasserfülle nicht nur sein Bett, sondern auch
über dessen Ufer hinaus sein Thal erweitert hatte.
Stellenweise licht bewaldet oder mit Strauchwerk über=
wuchert, erschien die Sohle der Schlucht wie eigens dazu
geschaffen, einer Truppenabtheilung das heimliche Heran=
schleichen an die Ansiedelung zu ermöglichen. Begünstigt
wurde ein solches Unternehmen dadurch, daß Bach wie
Thalgrund unabläßig Windungen beschrieben, infolge
dessen die gegen eine derartige Truppe entsendeten Späher
ihrer nicht früher ansichtig wurden, als bis sie beinahe
neben ihr eingetroffen waren.

Die erste Nachricht von der Nähe der Bande, die von
einem Hirten vollen Laufs überbracht wurde, verursachte,

daß der bereit stehende Zug seinen Aufbruch beschleunigte.
Nur vereinzelte Fahrgäste befanden sich in der aus vier
Güterwagen bestehenden Reihe. Der Lokomotivführer, ver=
wirrt durch die von allen Seiten sich kreuzenden War=
nungen und Rathschläge, trachtete zunächst, aus der ge=
fährlichen Nachbarschaft zu entkommen, und nutzte die
Dampfkraft in einer Weise aus, daß schon nach den ersten
hundert Ellen die Wagen mit rasender Schnelligkeit ein=
herzurollen begannen. Von Besorgniß erfüllt, achtete er
weniger auf die Bahn selbst, als auf die zu beiden Seiten
sich ausdehnenden Gefilde und Thalsenkungen. Es entging
ihm daher, daß von der nahen Schlucht aus mehrere
schwere Steine so auf die Schienen gelegt worden waren,
daß sie vor den Schwellen einen festen Halt fanden.
Seine Besonnenheit ging aber gänzlich verloren, als noch
vor jenem Hinderniß plötzlich sechs oder sieben Männer
aus der Tiefe auftauchten und mit angelegten Musketen
ihm ein gebieterisches Halt zubrüllten. Zum Tode er=
schrocken, wähnte er, jetzt nur noch in schleuniger Flucht
sein Heil zu finden, und bis zum Bersten der Rohre
preßte er den Dampf in dieselben ein.

„Halt! In des Satans Namen, halt!" hieß es nach
der mit Windeseile einherdonnernden Wagenreihe hinüber,
und Schuß auf Schuß krachte von dem Uferrande her,
wo immer neue zersetzte, zottige Gestalten hervorbrachen.
„Halt! Halt an!" gellte es hinter dem enteilenden Zuge,
und der Maschinist mochte sich schon als gerettet be=
trachten, als plötzlich wildes Hohnlachen sich mit dem
Sausen der ihm nachgesendeten Kugeln einte. Dann noch
einige Sekunden, und es erfolgte ein furchtbarer, von
Zersplittern und Krachen begleiteter Stoß, der ihn sammt
dem Heizer, und zwar zu ihrem Heil, im weiten Bogen
kopfüber von ihrer Plattform hinuntersandte. Die Loko=
motive hatte sich hoch aufgebäumt. Vorn durch die

Hindernisse aus den Geleisen geschleudert, von den mit
unwiderstehlicher Gewalt nachdrängenden Wagen dagegen
umgeworfen, wühlten die unteren drehenden Räder sich
mit letzter Kraft in das Erdreich ein, und wo eben noch
der Zug mit stolzer Eile seinen Weg verfolgte, da er-
blickte man jetzt einen Trümmerhaufen, aus welchem
Stöhnen, Klagen und Schreien grauenhaft hervortönten.
Grauenhafter aber noch im Gegensatz zu den Ausbrüchen
des Entsetzens und körperlicher Qualen erschallte das
Hohnlachen, Jauchzen, Fluchen und Brüllen der ver-
thierten Unholde, die nunmehr haufenweise auf dem
Schluchtufer erschienen und sich, heißhungrigen Bestien
ähnlich, auf die Scene einer gräßlichen Verwirrung
stürzten.

Das Oeffnen der verschlossenen Wagen verursachte
ihnen keine Mühe mehr. Sie brauchten nur die Bretter
der eingedrückten Wände fortzuräumen, um zu ihrer Beute
zu gelangen. Sogar Kisten waren aufgesprungen, wie
um ihren Inhalt den gierigen Blicken zur Prüfung dar-
zubieten. Sobald man aber unter den gefüllten Tonnen
eine entdeckte, die bei dem schweren Anprall einen Leck
davon getragen hatte, welchem streng duftender klarer
Whisky entrieselte, da folgte ein Gellen, Kreischen und
ohrenbetäubendes Frohlocken, als ob die Hölle sich geöffnet
habe, um ihre verworfensten Elemente zum Schrecken der
Menschheit auszuspeien. Unbekümmert um die fünf oder
sechs Reisenden, die trotz der erlittenen Beschädigungen
unter den Trümmern hervorkrochen und nach der Ansiedelung zu entkommen suchten, bildete sich binnen kürzester
Frist um das triefende Faß ein Gewühl von Männern,
die in ihrer Gier nach dem berauschenden Getränk die
letzte Spur einer gewissen, auf Gleichartigkeit der verrotteten Gesinnungen begründeten Kameradschaftlichkeit
verloren hatten.

In dem wüthenden Trachten, die Feldflaschen zu füllen, verwandelte das Drängen sich in Stoßen und Schlagen, bis endlich Schüsse dazwischen knallten, und Messer drohend geschwungen wurden. Und immer neue Gestalten in abgetragenen Uniformstücken, auf den verwitterten staubigen Physiognomien den Stempel aller nur denkbaren Laster, brachen sich in dem Gedränge gewaltsam Bahn, die Verwirrung und den Höllenlärm auf den Gipfel treibend, bevor man darauf verfiel, anderen Fässern den Boden einzuschlagen und in der Betheiligung an dem Raube eine gewisse Ordnung herzustellen.

Reihenweise entstiegen immer mehr dieser Unholde der Schlucht, um sofort an die Stelle Derjenigen zu treten, die mit vollen Feldflaschen oder anderen Gefäßen sich dem häßlichen Knäuel entwanden, um, in Gruppen ringsum lagernd, sich der leicht gewonnenen Beute zu erfreuen. Widerwärtig ertönten aus dem Gewühl um die Tonnen die Ausbrüche wilden Haders; widerwärtiger noch das triumphirende Lachen und durch lästerliche Flüche bekräftigtes Lobpreisen des Getränkes der bereits Befriedigten. Und so bot die aus Hunderten von Köpfen bestehende Bande das grausige Bild eines Chaos, in welchem alle erdenklichen verbrecherischen Leidenschaften gährten und durcheinander wogten, um Jedem verderblich zu werden, der sich in ihre Nähe wagte.

Sogar Quinch, der Befehlshaber der entmenschten Schaar, besaß keine Gewalt mehr über sie. Nahe dem Schluchtrande hielt er auf einem unansehnlichen Pferde, neben sich seinen vierschrötigen Adjutanten. Dieser mit seiner Sträflingsphysiognomie schien eben dem Zuchthause entsprungen zu sein. Wie sein Kommandeur, unterschied auch er sich durch eine weniger zersetzte Uniform und vollständigere Bewaffnung von den übrigen Mitgliedern der Bande. Beide waren einig darüber, daß die Leute zur

Zeit nicht in der Stimmung seien, irgend welchen Zwang über sich ergehen zu lassen, sondern daß erst eine Art Ueberfättigung eintreten mußte, bevor man es unternehmen durfte, die wilde Meute auf die Ansiedelung loszulassen. —

Das Knäuel begann endlich sich ein wenig zu entwirren, und was nicht lag, das stand in lärmenden Gruppen beieinander, als der junge Vaquero sich von dem Städtchen her näherte.

Quinch, ein etwa vierundfünfzigjähriger Mann von gedrungener Gestalt, mit dichtem, schwarzen, mit Grau gemischten Vollbart und einem vom Laster gebrandmarkten, sonst aber wohlgebildeten Gesicht, war vom Pferde gestiegen. Im breiten Gurt zwei Revolver und ein Bowiemesser, an der Seite einen schweren Dragonersäbel, überwachte er gemeinschaftlich mit dem Adjutanten eine Anzahl Männer, welche in der Tiefe eine Heerde mit Beute und Lagergeräth beladener Pferde und Maulthiere der Ansiedelung zutrieben, wo sie einen bequemeren Weg nach oben zu finden erwarteten.

Auf den herbeireitenden Vaquero achtete Niemand. Wer ihn aber sah, kümmerte sich nicht um ihn. Jeder hatte genug mit sich selbst zu thun. Ohne die Bewegungen seines Pferdes zu mäßigen oder zu beschleunigen, hielt er sich in der Entfernung von höchstens zwanzig Schritten von der verrohten Gesellschaft. Anscheinend gleichmüthig schweiften seine Blicke über das häßliche Gewirre hin; trotzdem suchten seine Augen zwischen den abschreckenden Gestalten mit einer Spannung, als hätte es sich um Leben und Sterben gehandelt. Allmählig gelangte er in gleiche Höhe mit dem Kommandeur. Zweimal hatte er über das ihn von demselben trennende Gewühl hinweggespäht, ohne ihn zu bemerken. Als seine Blicke ihn aber zum dritten Mal streiften, wendete Quinch das mit einem grauen Filzhut bedeckte Haupt eben zur Seite, infolge dessen er dem

Vaquero sein Profil zukehrte. Nur eine flüchtige Aussicht
auf dasselbe erhaschte dieser; trotzdem war die Wirkung
eine derartige, daß er krampfhaft in die Zügel griff, jedoch
das Pferd, welches auf den unwillkürlichen Druck stehen
blieb, alsbald wieder in seinen gewohnten Gang versetzte.
Dann sah er, um sein Antlitz nicht fremder Aufmerksamkeit
preiszugeben, nach der anderen Seite hinüber. Dasselbe
war todtenbleich geworden. Zugleich aber beherrschte ein
unheimlicher Ausdruck zügellosen Hasses die bräunlichen
knabenhaften Züge. Seine Augen erglühten seltsam, während die Lippen, wie um einen Aufschrei zurückzudrängen,
sich fester aufeinander legten. Und weiter ritt er, sorgfältig Bedacht darauf nehmend, daß sein Gesicht dem
Kommandeur, der fortgesetzt die alte Stellung behauptete,
verborgen blieb. Doch auch ihm schenkte kaum noch Jemand
Aufmerksamkeit. Die Tracht eines mexikanischen Vaquero's
mochte ihn gegen Belästigungen schützen. Man hielt ihn eben
für einen unbedeutenden Gesellen, von dem nichts zu holen
und der froh war, ungestört seines Weges reiten zu dürfen.

„Halloh, Jungens!" drang des Bandenführers Stimme
zu ihm herüber, als er sich den letzten der Schlucht ent-
steigenden Nachzüglern beinahe gegenüber befand, „nehmt
noch 'nen ordentlichen Schluck und seid verdammt! Dann
aber vorwärts nach der Stadt in des Teufels Namen,
oder ihr erlebt es, daß der letzte Dollar und der letzte
Schinken ihren Weg 'ne gute Manneslänge tief in die Erde
hineingefunden haben und ihr leere Taschen und Vorraths-
kammern findet!"

Rohe Flüche und Verwünschungen dienten als Antwort. Dutzendweise wurden verschiedene Meinungen durcheinander geworfen, ohne daß Jemand Miene gemacht hätte,
der Aufforderung Folge zu leisten.

Der junge Vaquero hatte sich beim ersten Ton der
Stimme des Kommandeurs wieder abgewendet. Sein Gesicht

verzerrte sich förmlich. Man hätte ihn mit einem verkappten Rachegeist vergleichen mögen, der zur Erde entsendet worden, um mit aller ihm zu Gebote stehenden Macht die unter das Menschengeschlecht zerstreuten verworfenen Elemente durch Gift und Stahl zu vertilgen. Das war kein halbreifer Jüngling mehr, der auf dem hageren, tückisch schauenden Steppenpferde saß, sondern ein Mann, dem in Verfolgung eines bestimmten Zieles das eigene Leben wie das Anderer nicht höher galt, als der unter den Hufen seines Thieres knirschende Sand.

„Halloh, Bursche!" tönte es dem Vaquero jetzt von vier Männern entgegen, die, um ihm den Weg zu verlegen, sich von den Genossen getrennt hatten und ihn erwarteten, „was in der Hölle Namen sucht hier 'ne Brut, der erst der Bart um das verdammte Kinn wachsen soll?"

Der Vaquero beachtete die Zurufe nicht. Anstatt eine andere Richtung einzuschlagen oder seinem Pferde die Sporen einzusetzen, was ihm unfehlbar einige nachgesendete Kugeln eingetragen hätte, ritt er seines Weges unbeirrt weiter. Gleich darauf hielt er vor den halb trunkenen Räubergestalten, die ihn mit einem Ausdruck betrachteten, wie etwa der gesättigte Wolf ein Prairiehündchen, dem er spielend einige Schritte freien Raum gibt, um es alsbald wieder mit den Zähnen zu packen. Ruhigen Blickes prüfte er jeden Einzelnen von der formlosen unsauberen Kopfbedeckung bis zu den ausgetretenen zerrissenen Schuhen oder Stiefeln hinunter. Seine Unerschrockenheit schien die rohen Mordgesellen zu befremden; es verstrichen wenigstens einige Sekunden, bevor ein stierhäuptiger flachshaariger Kerl die Faust auf den Zügel des Pferdes legte und mit branntweinheiserer Stimme anhob: „Höre, mein Bürschchen, ich will mich heute noch an 'nem festen hänfenen Strick drehen, wenn ich Dich frei gebe, bevor Du mir über Dein Woher und Wohin Auskunft ertheiltest."

„Das Fragen steht Euch ebenso frei, wie mir das Antworten," erwiederte der Vaquero kaltblütig, und seine beweglichen Blicke schossen von Einem zum Andern, jedes Einzelnen Angriffsfähigkeit abschätzend, „um mich indessen in Frieden von Euch zu trennen, räume ich ein, daß ich vom Süden herauf wanderte. Da kampirt nämlich ein Handelstrain, zu dem ich gehöre, und ich ritt voraus, um auszukundschaften, ob es in dieser Gegend Geschäfte zu machen gebe. Ich befinde mich jetzt auf dem Rückwege."

„Dumm genug, daß Du Deinen Train nicht gleich mitbrachtest," hieß es unter erneuertem Gelächter, „hättest unter uns verdammt feine Abnehmer für Deine Waaren gefunden. Aber Du gefällst mir, Schlingel, mit Deiner Unverschämtheit," fuhr der Flachshaarige fort, „und da möchte ich Dir rathen, als Rekrut bei uns einzutreten — ich bin nämlich Werbekorporal — und solch' unverzagtes junges Blut können wir gerade gebrauchen. Auch bei uns werden Geschäfte abgeschlossen, wenn Dir viel daran liegt, verhenkert feine Geschäfte, bei welchen man ohne große Auslagen einen ordentlichen Profit in die Tasche schiebt. Da könntest Du bald ein ganzer Mann sein." Gellendes Lachen lohnte abermals seine Beredtsamkeit.

„Weshalb sollte ich nicht?" fragte der Vaquero gelassen zurück, „ich vermuthe indessen, der Plan scheitert an dem Umstande, daß ihr eine Richtung verfolgt, die gerade entgegengesetzt von der meinigen."

„Bei allen sieben Todsünden, Bursche," polterte der Korporal grimmig, „für Unsereins ist jede Richtung gut genug, um so mehr für ein Bündel Lederflicken von Deiner Größe, oder ich will den letzten Tropfen Whisky über die trockene Zunge gegossen haben."

„Ich denke anders," hob der Vaquero an, besann sich indessen und fuhr fort: „Euer Vorschlag wäre freilich zu überlegen, wenn ihr mir nur anvertrauen wolltet, wohin

euer Weg führt. Das muß ich wenigstens wissen, bevor
ich mich entscheide. Doch zunächst die Frage: wie heißt
euer Kapitain?"

„General Luinch," lautete die bereitwillig ertheilte
Auskunft, „ein Kerl, der den Teufel in der Hölle nicht
fürchtet, und besäße er statt des einen Pferdehufes dreimal so viele, wie Deine Mähre zählt. Verdammt, mein
süßes Jüngelchen, unter dem zu dienen ist eine Ehre, aber
auch 'ne Lust. Man braucht ihm nur zu folgen, und die
Dollars regnen Einem in die Tasche. So viel für Deine
Neugierde; und jetzt die Gegenfrage, und 'ne richtige Antwort gib von Dir, wenn Deine gesunde Windpfeife Dir
noch 'ne Kleinigkeit mehr werth ist, als ein Strohhalm:
mit wem hältst Du es in diesem lustigen Kriege?"

„Mit wem anders, als mit Leuten, von denen ich nie
einen Harm erfuhr? Ich meine die des Südens; stamme
ich selber doch aus dem Süden."

„Gut, Schlingel," nahm der Korporal das Verhör
unter den geräuschvollen Beifallsbezeugungen der Genossen
alsbald wieder auf, „wenn die Sachen so stehen, scheue
ich nicht, Dir über unsere Marschrichtung gebührend Auskunft zu ertheilen. Zunächst quartieren wir uns drüben
in der Ansiedelung ein, wo auch Du sammt Deinem Gaul
'nen guten Platz findest. Dort legen wir uns auf so
lange fest, wie die elende Brutstätte noch 'nen Tropfen
Whisky von sich gibt. Hernach geht's an den Kansas und
an demselben stromaufwärts, und zwar so weit, wie sich da
Unionistennester mit goldenen Eiern drinnen ausnehmen
lassen."

In den klugen Augen des Vaquero's leuchtete es verstohlen auf. Er begriff, daß der Korporal in seinem
Branntweintaumel mehr verrathen hatte, als es im nüchternen Zustande geschehen wäre.

„Das ist ein zu großer Umweg für mich," erklärte er

unbefangen; „doch ich will einen Vorschlag machen: vier
Tage gebrauche ich, um zu meinen Leuten zurückzukehren.
Mit denen will ich zuvor reden und meinen rückständigen
Lohn einziehen. Komme ich in Güte mit ihnen auseinan-
ander, so bin ich nach abermals vier Tagen wieder hier,
oder ich folge euren Spuren nach.“

„Du bist der verdammteste Gauner, der je 'nen ehr-
lichen Mann an der Nase herumzerrte,“ versetzte der Korporal nunmehr erbittert, und wie eine böse Drohung lugte
es aus seinen heftig gerötheten Augen. „Entweder Du bleibst
jetzt gutwillig bei uns, oder ich peitsche Dir das Fell in
Streifen von Deinem Galgenrücken herunter.“

„Was hätte mich gehindert, euch aus dem Wege zu
reiten?“ fragte der Vaquero furchtlos mit beinahe kindlichem
Ausdruck; „ich meinte hier mit Gentlemen zusammenzu-
treffen. Wollte ich die aber in der Nähe betrachten, ist's
sicher kein Unglück.“

„'ne feine Ausrede,“ erklärte der Korporal boshaft
grinsend, „sie rettet Dich wenigstens vor 'ner Tracht
Schläge —“

„So gebt mir mein Pferd frei,“ unterbrach der Vaquero ihn ruhig, „ich habe nicht Lust, hier so lange zu
halten, bis das ganze Regiment sich um mich versammelt
und mich angafft, als wäre ich ein Walfisch.“

„Dein Pferd freigeben?“ schnaubte der Korporal, und
er brach in gellendes Lachen aus; „mein Pferd wolltest
Du sagen, Du Ausgeburt des Fegefeuers. Mein eigen
Pferd, das hinfort meine ehrenwerthe Person tragen wird.
Und so befehle ich Dir an: steige ab von der Mähre und
scher' Dich zum Teufel! Du hast Deine jungen Beine —
die meinigen sind mindestens doppelt so alt — und die
tragen Dich ebenso flink dahin, wohin Dein Sinn steht.
Nebenbei magst Du mir's danken, so billig davon gekommen
zu sein mit Deiner Großmäuligkeit!“

„Das ist 'n Gedanke, Korporal!" — „Gebt dem Schlingel
die Hölle!" — „Setzt ihn auf den Sand und zeigt ihm die
Mündung der Muskete, und Ihr werdet erstaunen, wie er
mit seinen jungen Beinen ausgreift!" brüllten und höhnten
die Anderen im wilden Durcheinander.

Der Vaquero, seine volle Kaltblütigkeit bewahrend,
warf einen forschenden Blick um sich. Er sah, daß von
den auf dem Schluchtufer Versammelten sich einzelne Männer
trennten, und sein Entschluß war gefaßt.

Mit unmerklicher Bewegung schob er die rechte Hand
unter die Klappe des Revolverfutterals, während er mit
der linken Faust die Zügel fester packte. Dann neigte er
sich, anscheinend, um abzusteigen und sich in das Unabänderliche zu ergeben, dem Korporal zu, seine glühenden
Blicke mit eigenthümlicher Schärfe in dessen blutunterlaufenen Augen senkend.

„Gebt mein Pferd frei, Mann," sprach er mit seltsam
tiefer zitternder Stimme.

„Hurrah für den bissigen Jungen!" — „Der hat die Haare
auf den Zähnen, anstatt um's Kinn!" — „Gib's ihm, kleine
Kröte!" höhnten die ahnungslosen Genossen, während es
in dem aufgedunsenen Gesicht des über den Spott erbitterten
Korporals unheilverkündend aufflackerte.

„Was ist los?" riefen die Anderen aus dem Hintergrunde, „hängt die freche Brut an ihrer langen Mähne
auf!" — „Gönnt dem verdammten Schlingel den Gaul
nicht!" — „Herunter mit ihm vom Sattel!"

„Frei geben?" röchelte der Korporal in unbezähmbarer
Wuth, und einem angeschossenen Eber ähnlich schäumend,
spähte er nach einem Halt, wo er den Vaquero am sichersten
würde packen können, „frei geben, Du giftiges Gewürm?
Eher will ich verdammt sein —"

„So sei verdammt!" ertönte des Vaquero's helle Stimme,
und bevor Jemand die dem schlanken Burschen nimmermehr

zugetraute Absicht errieth, hatte er den Revolver hervor-
gerissen, dessen Mündung beinah auf die Stirn des Korporals gesetzt und abgedrückt. Erst der Knall und das
Zusammenbrechen des Erschossenen belehrte die Umstehenden
über den Ernst der Lage. Erstaunen über die Verwegenheit des jugendlichen Reiters fesselte indessen die Zungen
Aller. Es war, als hätte das Bestreben, das sich blitz-
schnell vollziehende Ereigniß mit den Blicken zu erfassen,
den übrigen Sinnen die Thätigkeit geraubt gehabt.

Der Korporal aber hatte mit dem Oberkörper den Erd-
boden noch nicht berührt, als das heftig gespornte Pferd
sich wild aufbäumte, dadurch den Zaumriemen der erschlaffenden Faust des Erschossenen entreißend, mit einem
mächtigen Satz nach vorne schoß und wie ein die Luft
durchschneidender Falke davonstürmte.

„Schießt ihn vom Sattel!" — „Gebt ihm die Hölle!" —
„Zielt auf den Gaul!" hieß es hier und dort, wo man
die Waffen nachlässig zur Seite gelegt hatte. Diejenigen
aber, die ihre Musketen mit sich führten, bedurften bei
ihrer durch den Branntweingenuß erzeugten Ungewandtheit
der Zeit, sich schußfertig zu machen. Als sie endlich dem
von seinem Pferde mit Windeseile davongetragenen Reiter
ihre Kugeln nachschickten, da befand dieser sich außerhalb
des Bereiches einer auch nur annähernd sicheren Zielweite.
Um sich dagegen im Wettlauf mit dem erprobten Renner
zu messen, besaß man keine geeigneten Pferde; und wer
hätte sich überhaupt der Mühe des Nachsetzens unterziehen
mögen? Gewissermaßen als einen derben Scherz betrachtete
man das ganze Ereigniß. Keinen gab es, der sich um
den Erschossenen viel kümmerte; höchstens daß man seine
Taschen umkehrte und die noch brauchbaren Stiefel gegen
schlechtere vertauschte; dann sah man kaum noch auf ihn
hin. Ob ein Verbrecher mehr oder weniger in den Reihen
der Bande: wer fiel, der fiel. Mochten Wölfe und Aas-

geier seine Knochen aus dem Fleisch schälen: ihn traf
nichts Aergeres, als vielleicht jedem Anderen bevorstand.

Als der Kommandeur sich nach der Ursache des Lärms
erkundigte, hieß es, der Korporal sei von einem Knaben
erschossen worden. Dazu zuckte er die Achseln, indem er
gleichmüthig bemerkte: „Konnte er sich nicht gegen ein Kind
vertheidigen, so war's am rathsamsten für ihn, schleunigst
zur Hölle zu fahren und dort Quartier für euch Alle zu
machen, wenn ihr euch nicht bald entschließt, anstatt hier
herum zu liegen, drüben in der Ansiedelung vor gedeckten
Tischen Platz zu nehmen."

Das war seine Art, mit den verworfenen Abenteurern
und Verbrechern zu verkehren, aus welchen seine Truppe
zusammengesetzt war. Selbst ein aus der menschlichen
Gesellschaft Ausgestoßener, kannte er deren Neigungen,
und er war der Mann dazu, sie auszunutzen.

In Begleitung seines Adjutanten John Kay, der auf
Grund seiner Grausamkeit zu dieser Stellung berufen
worden war, ritt Quinch nach der Ansiedelung hinüber.
In langer, ungeordneter Reihe folgten seine Bluthunde.
Auf dem Bahnhof wurde Halt gemacht. Man entledigte
die Packthiere ihrer Lasten, worauf sie zum Grasen wie=
der an den Bach hinunter getrieben wurden; dann erst
erfolgte der Einmarsch in das Städtchen. Es geschah
unter Singen, Johlen, Brüllen und Verwünschungen,
welche den abtrünnigen Unionisten galten, ein Lärm,
der die Einwohner bis in's Mark hinein erbeben machte.

Viertes Kapitel.

Der Bande vorauf, neben sich John Kay, war Quinch
der Hauptstraße nachgefolgt. Hinlänglich durch Kund=
schafter über alle Verhältnisse in der Ansiedelung unter=
richtet, wählte er die Fabriken des Colonels Rutherfield

zu seinem nächsten Ziel. Dem Wohnhause gegenüber hielt er sein Pferd an. Indem er die umfangreichen Anlagen betrachtete, die, obwohl verödet und zur Unthätigkeit verdammt, noch immer von dem Reichthum des Begründers zeugten, flog ein feindseliges Grinsen über sein verwittertes Gesicht.

„Diese Fabriken nebst Wohnhaus sollen geschont werden," erklärte er den sich hinter ihm herandrängenden sogenannten Offizieren, die aus der Hefe seiner Raubgesellen hervorgegangen waren, „erst im letzten Augenblick, wenn wir abziehen, mag Alles in Flammen aufgehen. Colonel Rutherfield, dieser verrätherische Unionist, darf sich nicht rühmen, daß wir sein Eigenthum wie das eines guten Freundes geschont hätten."

Er sah wieder um sich. Die Woge der einziehenden Horde hatte sich um ihn gestaut. Erwartungsvolle Stille war in deren Reihen eingetreten, indem man mit der Spannung unbezähmbarer Raubgier seinen ferneren Anordnungen entgegensah.

„Ich selbst werde auf dem Bahnhofe in meinem Zelt kampiren," sprach er weithin vernehmbar, „dort findet mich Jeder, der eine Meldung zu überbringen hat. Wollt ihr meinem Beispiel folgen, so hindere ich euch nicht. Sonst bleibt es Jedem, außer den zur Wache kommandirten Mannschaften, anheimgestellt, sich in der Stadt einzuquartieren. Die Einwohner, durchweg störrische Unionisten, sind verpflichtet, euch angemessen mit Speise und Trank und einer bequemen Lagerstätte zu versorgen. Das gehört mit zur Kontribution, die ich ihnen für ihre feindselige Haltung auferlege. Jeden verdammten Cent soll das Volk herausrücken, damit ich in die Lage gerathe, euch einen anständigen Sold auszahlen zu können. Ich setze voraus, die Bürger zeigen sich willfährig, damit keine Zwangsmaßregeln nothwendig werden. Ist bei der Ver-

pflegung etwas ernstere Nachhilfe von eurer Seite erforderlich, so nenne ich das kein Unglück. Blutvergießen kann dagegen nur im äußersten Nothfall entschuldigt werden. Einige
Tage werden wir hier liegen bleiben. An einem guten
Trunk darf es euch nicht fehlen, und den habt ihr für
eure patriotischen Dienste das Recht, zu fordern. Ich
warne euch indessen, keine vollen Fässer auslaufen zu
lassen, wie eben auf dem Bahngeleise, und wo eine Brennerei ist, da gibt es deren in Fülle. Sorgt vielmehr dafür, daß ein Vorrath zum Mitnehmen für jeden Einzelnen
von euch bleibt. Jetzt geht und macht's euch bequem. Wer
weiß, ob wir bald wieder eine so komfortable Gelegenheit
finden."

Die letzten Worte dieser hinterlistig berechneten An-
sprache wurden übertäubt durch den nunmehr wieder aus-
brechenden wilden Lärm seiner Bluthunde, die sofort Anstalt trafen, sich truppweise über die ganze Ansiedelung
zu vertheilen. Wenige Minuten dauerte es nur, bis die
nächste Umgebung sich leerte, und schließlich Quinch allein
vor dem Eingange des Gartens hielt. Außer dem Adjutanten befanden sich zwei trotzig dreinschauende Gesellen,
die Diener der beiden Raubgenossen, in der Nähe. Quinch
rief sie heran, und sich aus dem Sattel schwingend, über-
gab er dem einen sein Pferd. John Kay folgte seinem
Beispiel, worauf die Burschen mit der Weisung entlassen
wurden, die Thiere in der Nachbarschaft des Lagers an-
zupflöcken und Futter aus den nächsten Häusern herbei-
zuschaffen.

„Was hier vor uns liegt, ist also die Besitzung eines
der erbittertsten Feinde des Südens," wendete Quinch,
sobald sie allein waren, sich an John Kay, „es gibt daher
keine Rücksichten weder für ihn, noch für jeden Anderen,
der zu ihm gehört," und das Hohnlachen eines Teufels
verzerrte sein zottig behaartes Gesicht. „An uns Beiden

aber ist es, das Beste aus der günstigen Sachlage zu machen und in erster Reihe jedem Anderen den Zutritt zu Haus und Hof zu verweigern. — Nebenbei ein verdammt feines Haus," fuhr er fort, indem sie in den Vorgarten eintraten und sich auf dasselbe zubewegten, „geschähe es nicht der Leute wegen, vor welchen ich, um sie einigermaßen im Zaume zu halten, nichts voraus haben darf, so richtete ich mich lieber selbst hier ein, um zu prüfen, was Küche und Keller dieses schuftigen Unionshundes zu leisten vermögen. Da ich aber einen sicheren Mann hier wissen möchte, so erscheint es rathsam, daß Sie und höchstens Ihr Bursche Wohnung in dem Hause nehmen. Außer Ihnen Beiden darf kein Anderer die Schwelle überschreiten. Ich habe dringende Ursache, das zu wünschen. Hoffentlich sind Sie damit einverstanden." — Er sann flüchtig nach, und von unüberwindlicher Scheu beseelt, auf einer von Mauern umschlossenen Stätte zu nächtigen, wo er sich rachsüchtigen Feinden erreichbar wähnte, eine Scheu, die, in schroffem Gegensatz zu seiner sonstigen Todesverachtung, in Feigheit ausartete, fuhr er fort: „Fühlen Sie sich nicht ganz sicher hier, so stellen Sie einige Schildwachen auf, mit der Weisung, Jeden, der sich dem Hause bis auf zehn Schritte nähert, niederzuschießen, und etwaige Flüchtlinge, die dasselbe verlassen, zu verhaften."

John Kay, eine häßliche feiste Gestalt mit hängendem Doppelkinn, tückischen Schlitzaugen und einem dünnen borstigen Schnurrbart, das Bild eines zum Gaunerthum übergetretenen wohlgenährten Schlächtergesellen, lachte spöttisch vor sich hin. Die freundliche Heimstätte lüstern betrachtend, mochte er sich die mancherlei Vortheile vergegenwärtigen, die ihm winkten, wenn ihm Gelegenheit geboten wurde, deren Räumlichkeiten auf eigene Hand gründlich zu durchforschen. Er antwortete daher gut ge-

launt: „Zeigen Sie mir 'ne Stelle, auf der ich mich un=
sicher fühle," und mit der rechten Faust eine schwere Reit=
peitsche schwingend, schlug er mit der linken herausfordernd
auf seinen mit Waffen beschwerten Gurt. „Verdammt will
ich sein, wenn ich mir's da drinnen nicht so komfortabel
mache, wie 'ne Bruthenne auf ihren Eiern, und schinden
mögen Sie mich bei lebendigem Leibe wie 'nen frischgefangenen
Aal, wenn bei meinem leisen Schlaf auch nur 'ne Ratte
über die Schwelle schlüpft, gleichviel ob hinaus oder herein,
ohne das Gehirn aus dem Schädel geblasen zu erhalten."

Quinch nickte befriedigt, fügte indessen ernster hinzu:
„Sie sind ein unerschrockener, aber auch ein ungeschlachter
Geselle, der leicht vergißt, daß er mit einer jungen Lady
unter demselben Dache haust."

„Sie meinen Miß Rutherfield? Bei Gott, General,
zeigen Sie mir ein Ladysgesicht, das über die Jugend=
frische noch nicht gänzlich hinaus ist, und Sie werden
erstaunen, wie ich mich zu drehen und zu winden weiß."

„Wir werden ja sehen," versetzte Quinch ungläubig,
und vor der Hausthür eingetroffen, stieß er mit dem Fuß
an dieselbe. Auf deren anderer Seite blieb Alles still.
Um so deutlicher drang aus allen Richtungen der Lärm
der entfesselten Horde herüber, welchem sich hin und
wieder ein Schuß beigesellte.

„Die scheinen einen guten Anfang gemacht zu haben,"
meinte Quinch mit bösem Hohn, „aber bei Gott, nach den
anstrengenden Märschen ist ihnen etwas Erholung zu
gönnen. Trinken sie bis zur Besinnungslosigkeit, so sind
sie hinterher um so nüchterner. Doch wo steckt das Pack,
in des Satans Namen?" fuhr er wüthend auf, und aber=
mals donnerte er mit dem Fuß gegen die Thür.

Im Inneren des Hauses wurden schwere Schritte ver=
nehmbar; ein Riegel schlug zurück, die Thür wich nach
innen und vor ihnen stand der schwarze Nestor.

Obwohl mit den Kräften eines Riesen ausgestattet, zitterte er doch beim Anblick der beiden bedrohlichen Gestalten. Die ursprüngliche Ebenholzfarbe seines Gesichtes hatte sich in fahles Grau verwandelt. Hörbar schlugen seine Zähne aufeinander.

„Verdammter Schurke, weshalb läßt Du uns so lange warten?" schnaubte Quinch ihn unverweilt an, und um diesen Worten erhöhten Ausdruck zu verleihen, ließ John Kay den Griff seiner Reitpeitsche mit voller Gewalt auf den wolligen Scheitel des Schwarzen fallen, ein Schlag, welchem auszuweichen dieser anscheinend den Muth nicht besaß.

„War im Hinterhause," entschuldigte Nestor sich kläglich, „konnt's nicht hören, daß Jemand Einlaß begehrte, und vornehme Gentlemen obenein. Ich stehe den Gentlemen aber zu Diensten. Wollen Sie essen und trinken — es ist Alles im Ueberfluß vorhanden — der Brandy von der allerfeinsten Sorte —"

„Hund von einem Nigger," fiel Quinch, der überall Verrath witterte, ihm wüthend in's Wort. „hast wohl gute Lust, uns zu vergiften, daß Du plötzlich so geschmeidig geworden? Danke es meiner Großmuth, wenn ich Dir nicht eine Kugel vor den Kopf schieße für Deine Saumseligkeit. Dazu kannst Du indessen immer noch gelangen, solltest Du auch nur die leiseste Miene machen, mich zu belügen oder auf eine falsche Fährte zu locken. Ich wiederhol's: beantworte meine Fragen wahrheitsgemäß, oder Du findest Deinen Weg eher zur Hölle, als Du mit Deinen Glotzaugen zwinkerst."

„Die Wahrheit will ich sprechen und beschwören," ächzte Nestor mit überzeugendem Ausdruck, „nur ein Leben besitz' ich, und das gebe ich nicht um eine Lüge hin."

„Wir wollen's erproben, schwarze Teufelsbrut; aber wahre Deine Zunge, daß nicht unversehens ein falsches

Wort drüber hingleitet. — Dieses Haus gehört dem
Colonel Rutherfield?"

„Dem Colonel Rutherfield, keinem Anderen. Der aber ist
nicht daheim. Lange Zeit ist's her, als er davon ging —"

„Richtig, schwarzes Vieh. Er ging, um gegen die
Südlichen zu fechten, und dafür verdient er sammt Allen,
die zu ihm gehören, Du als entlaufener Sklave an der
Spitze, gehangen zu werden. Wo ist seine Tochter? Geh'
hin und melde mich bei ihr an."

„Miß Lydia ebenfalls nicht im Hause —"

Ein neuer Peitschenhieb John Kay's traf den Neger
über die Schultern. Quinch begleitete ihn mit den Worten:
„Verlogener, hinterlistiger Hund! Wenn sie gestern Abend
ihr eigenes Bett aufsuchte — und das kannst Du nicht
leugnen — so muß sie heute noch im Hause sein."

„Sie war auch heute früh noch hier," räumte Nestor
ein, „dann aber ging sie, ich weiß nicht, wohin. Ich
vermuthe, sie wollte es mir nicht sagen, auf daß ich nicht
zum Verrath gezwungen werden könnte. Die braune
Eva ist ebenfalls verschwunden. Die hatte gehört, die südlichen Gentlemen wollten kommen, da entlief sie in er-
staunlichem Schrecken, vielleicht in den Wald, ich kann's
nicht behaupten. Ich blieb hier, um zum Rechten zu
sehen und die Herren auf's Beste zu bedienen, so befahl
Miß Lydia."

„Das befahl sie? Und mich hältst Du für dumm
genug, das zu glauben? Ich weiß es besser: hier im
Hause weilt sie, oder in den Fabrikräumen, um in irgend
einem Versteck unseren Aufbruch abzuwarten."

„Ich beschwör's, daß sie nicht im Hause, nicht in den
Mühlen ist," betheuerte Nestor händeringend, „wenn die
Gentlemen befehlen, führe ich sie überall herum, und Sie
mögen mich vor den Kopf schießen, wenn Sie Miß Lydia
finden."

„Weil Du sie sicher geborgen wähnst —"

„Hund von einem Nigger!" brüllte John Kay, seinem Chef in's Wort fallend, und den Revolver ziehend, hielt er dessen Mündung dem Neger vor die Stirn, „jetzt gestehe die Wahrheit oder Du bist ein todter Mann!"

Nestor war auf die Kniee gesunken. Beide Arme erhebend, flehte er verzweiflungsvoll um Barmherzigkeit.

„Gnade, Herr!" rief er aus, „was habe ich verbrochen, daß ich sterben soll? Ich kann nichts Anderes reden, als die Wahrheit, und wenn Sie mich dreimal umbringen!"

„Lassen Sie die schwarze Bestie," wendete Quinch sich an John Kay, und er drückte die Waffe zur Seite, „wir mögen ihn noch gebrauchen; zum Todtschießen ist's eine Stunde später früh genug;" und wieder zu dem Neger: „Du weißt dennoch mehr, als Du offenbaren willst. Ich dagegen kenne ein Mittel, Dich reden zu machen wie 'nen besessenen Methodistenprediger. Eine Peitschenschnur um Deinen verfluchten Schädel mittelst eines Knebels so lange angeholt, bis Dir das Blut aus Augen und Ohren spritzt, verrichtet Wunder. Doch zuvor wollen wir hören, was Andere dazu meinen. Wer befindet sich außer Dir im Hause oder in den Fabriken?"

„Keine menschliche Seele," betheuerte Nestor noch immer auf den Knieen liegend, „wurden überhaupt keine Leute mehr gebraucht, seitdem die Sägemühle feiert, und ist Bedarf an Mehl, so helfen die Nachbarn in der Mahlmühle."

„Geberdet der Schurke sich nicht wie die leibhaftige Unschuld?" wendete Quinch sich wieder halb an John Kay, „wir werden's ja erleben; entspricht aber auch nur eine Silbe nicht dem wirklichen Thatbestand, so lassen wir ihn mit gefesselten Gliedern auf's erste beste Feuer legen, da wird er gern beichten, und mehr, als nothwendig. Steh' auf jetzt, Du Mißgeburt der Hölle, und laß uns Umschau

halten. Zunächst zeige uns Miß Lydia's Zimmer. Merke
Dir indessen: beim ersten Fluchtversuch hast Du eine
Kugel in den Eingeweiden."

Nestor kehrte sich um, und den Kopf zwischen die
Schultern gezogen, wie bei jeder neuen Bewegung einen
anderen Schlag mit dem Peitschenstiel oder einen Schuß
gewärtigend, schritt er mit schlotternden Knieen den beiden
Wütherichen voraus. Hätten diese aber einen Blick auf
sein aschfahles Gesicht zu werfen vermocht, so würden selbst
sie mit ihren verrotteten Gemüthern vor dem unheimlichen Ausdruck zurückgebebt sein, der auf demselben
zum Durchbruch gelangte. Denn das war kein mensch-
liches Antlitz mehr, sondern die Larve eines Dämons.
Haß, Wuth und Rachedurst sprühten aus den großen vor-
quellenden Augen. Um die von dem mächtigen Gebiß
zurückgetretenen wulstigen Lippen lagerte dagegen ein eigenthümliches Gepräge teuflischer Grausamkeit, das an Wahn-
witz grenzende Verlangen, die ihn peinigenden rohen Schergen den erdenklichsten Qualen zu unterwerfen und sich
dann an ihrem Anblick zu weiden. In seinen Adern war
das afrikanische Blut in's Kochen gerathen. Es tauchten
die Erinnerungen an Eltern und Geschwister auf, von
welchen er schon als Kind durch den Auktionshammer getrennt wurde; es wiederholte sich das Brennen der Peitschen-
hiebe, die ihm einst für das geringste Versehen die Rücken-
haut in blutrünstigen Schwielen auftrieben. Wie Feuer
entzündete es sich in seinen Blicken, wie Feuer der Schadenfreude und heimlichen Triumphes. Wußte er doch, daß
seine gütige Herrin sich nahe genug befand, um jedes
Wort der lästernden Wütheriche zu verstehen. Er selbst
hatte sie in das sichere Versteck geführt. Wäre er aber
wirklich gefesselt auf glühende Kohlen gelegt worden, so
hätte er sie nicht verrathen. Zu tief wurzelte die Anhänglichkeit, mit welcher er ihr ergeben war, zu fest stand

sein Wille, lieber Alles über sich ergehen zu lassen, als den verhaßten Feinden auch nur den kleinsten Vortheil über sie einzuräumen.

Indem die beiden Raubgenossen dem Neger in der Entfernung einiger Schritte langsam folgten, bemerkte Quinch zu dem Adjutanten: „Hängen will ich, wenn das Frauenzimmer nicht dennoch in unserer Nähe weilt und ihm nur ein Mauseloch geboten zu werden braucht, um zu entwischen. Verdammt, was ist die ganze Kontribution des Ortes im Vergleich mit der Beute, welche sie in ihrer Person bietet. Sein ungetheiltes Vermögen, und das ist nicht gering, gibt der Colonel für die Befreiung seines einzigen Kindes hin. Sie soll übrigens verteufelt anmuthig sein, ein anderes Verlockungsmittel für mich. Bei Gott! ich möchte des Colonels Gesicht sehen, hörte er davon, daß sein Täubchen sich in meiner Gewalt befände. Bei der ewigen infernalischen Versöhnung, Mann, alles Mögliche muß aufgeboten werden, um der jungen Lady habhaft zu werden. Und hier im Hause steckt sie, ich wiederhol's. Denn zum Flüchten hätte sie keine Zeit gehabt, zumal in der einzigen Begleitung ihrer braunen Hexe, und das ist der Hauptgrund, weshalb ich darauf bringe, daß Sie hier übernachten. Entdecken Sie aber bis morgen früh nichts, so legen wir Feuer an den Bau und räuchern sie aus, wie 'n Opossum aus 'nem hohlen Baum."

„An Wachsamkeit werd' ich's nicht fehlen lassen," versetzte John Katy, und sein feistes Gesicht glühte förmlich bei Vergegenwärtigung des ihm übertragenen Amtes, „um indessen sicher zu sein, daß sie mir nicht dennoch unter den Händen verschwindet, möchte ich um ein paar zuverlässige Burschen bitten, die während der Nacht nicht nur das Haus bewachen, sondern auch die Fabrikgebäude im Auge behalten. Wir haben Mondschein, das erleichtert die Umschau wesentlich."

Nestor hatte sich ihnen wieder zugekehrt. Die mächtige Gestalt schien vor Angst und Unterwürfigkeit in sich zusammen zu kriechen. Wie Flehen um Erbarmen sprach es aus seinen demüthig gesenkten Augen.

„Hier ist Miß Lydia's Wohnzimmer," erklärte er schüchtern, indem er die Hand im Kreise schwang, „und da durch jene Thür geht's in ihren Schlafraum, wenn's den Gentlemen gefällt, darinnen ebenfalls nach ihr zu suchen."

Die beiden Schergen sahen um sich. Die freundliche Umgebung mochte sie anheimeln, wogegen die Merkmale, daß erst ganz kürzlich Jemand daselbst häuslich verkehrte, ihrem Verdacht neue Nahrung boten. Mißtrauisch spähten sie nach allen Seiten. Keinen Winkel gab es, den sie nicht aufmerksam durchsucht hätten. Ein Kleiderspinde nahm die Hauptstelle auf der den beiden Fenstern gegenüberliegenden Wand ein. Es war geräumig genug, daß Jemand, ohne zu sehr beengt zu sein, sich darinnen verborgen halten konnte.

Quinch schritt hinüber. Während er die Hand auf den in der Thür steckenden Schlüssel legte, überwachte er das Gesicht des Negers argwöhnisch. Dasselbe veränderte seinen Ausdruck nicht im Mindesten. Nach wie vor schaute es ängstlich und mit stumpfer Neugierde darein.

John Kay lachte hämisch und meinte: „Es lohnt nicht. Da hätte sie ebenso sicher dort auf ihrem Polsterstuhl gesessen."

„Was man sucht, findet man häufig da, wo man es am wenigsten vermuthet," antwortete Quinch mürrisch über die Schulter, indem er den Schlüssel drehte. Als die Thür sich öffnete, fiel sein Blick auf Damenkleider und Hüte, die von Pflöcken und Haken niederhingen. „Wäre sie entflohen, so hätte sie verhenkert wenig mit fortgenommen," grollte er vor sich hin, und mit den unsauberen Händen wühlte er zwischen den verschiedenen Stoffen.

Nestor trat dienstfertig neben ihn hin. „Wenn's der
Herr befiehlt, will ich Alles herausnehmen," sprach er in
den Schrank hinein, und den Arm zwischen den Kleidern
hindurchschiebend legte er die Rückwand bloß, zugleich mit
der schwieligen Hand über die Bretter hinstreichend und
zum Schluß, wie zur Probe, auf dieselben klopfend.

„Scher Dich zur Seite," herrschte Quinch ihm zu, „um
mich zu belehren, daß hier Niemand drinnen steckt, brauch'
ich Deine Niggerweisheit nicht. Soll mich wundern, ob
Du auf anderen Stellen Dich ebenso gefällig zeigst."

Er spähte wieder um sich, während John Kay, einem
tückischen Kettenhunde ähnlich, den Neger scharf überwachte.
Keine andere Gelegenheit war zu entdecken, die als Ver=
steck hätte benutzt werden können. Sogar den Fußboden
prüfte er, durch Stampfen mit den Füßen sich Gewißheit
verschaffend, daß die Bretter keinen hohlen Raum über=
deckten. Grimmig fluchend trat er in das Schlafzimmer,
ein verhältnißmäßig umfangreiches Gemach, in welchem
Alles, die Möbel wie die Gardinen, die an den Wänden
hängenden Bilder wie die zahlreich umherstehenden kleinen
Dinge Zeugniß davon ablegten, daß hier ausschließlich
ein sinniger mädchenhafter Geschmack maßgebend gewesen.
Wie süßer, jungfräulicher Athem erfüllte es den ganzen
Raum. Das mit weißen Vorhängen versehene Bett übte
den Eindruck eines Heiligthums aus. Mit rohem Griff
riß Quinch die Vorhänge zur Seite. Wilde Verwün=
schungen entströmten den geifernden Lippen, indem er die
über das Bett ausgebreitete gestickte Decke zurückwarf und
die schwellenden Pfühle mit den verbrecherischen Fäusten
niederpreßte.

„Nichts drinnen," murrte er vor sich hin. „Verdammt,
wer wäre auch einfältig genug, sich gerade hier zu ver=
bergen."

Ein weißes Nachtkleid lag zu Füßen auf der Decke.

Es schien eben erst abgelegt zu sein. Quinch packte es mit beiden Fäusten und hielt es in Armeslänge von sich.

„Meine Seele verschreibe ich dem Satan d'rauf, daß es noch warm ist," sprach er in verhaltener Wuth, und sein höhnischer Blick streifte den Neger.

Dieser beugte die breiten Schultern noch tiefer. „Da müßte Miß Lydia viel Wärme besitzen, sollte sie von einem Tag bis zum anderen aushalten," wagte er unterwürfig zu bemerken.

„Meine Wärme ist dauerhafter," versetzte John Kay heiser lachend, und schmeichelnd klopfte er auf das Unterbett, „das will ich erproben und meine steifen Glieder behaglich ausstrecken und zehnmal verdammt sein, wenn ich je ein feineres Lager unter mir fühlte."

Quinch beachtete die von wüsten Scherzreden gefolgte Bemerkung nicht. Da das Gemach keinen anderen Ausgang hatte, begaben sie sich in das Wohnzimmer zurück, um von dort aus die Nachforschungen durch das ganze Haus fortzusetzen. Kein Winkel entging ihrer Aufmerksamkeit, weder in den Kellerräumen, noch auf dem Boden. Ueberall fanden sie dieselbe Ordnung und Sauberkeit und immer wieder die Merkmale, daß eine freundliche Hand bis auf den heutigen Tag sinnig und geschäftig gewaltet hatte. Von der mit so viel Eifer Gesuchten selbst entdeckten sie dagegen nicht die leiseste Spur.

Das Arbeitszimmer des Colonels schien pietätvoll in demselben Zustande erhalten worden zu sein, in welchem er es verlassen hatte. Papier und Briefschaften, Federn und sonstige Schreibmaterialien lagen in Fülle auf dem breiten Schreibtisch, und nirgends war ein Stäubchen sichtbar.

So hatten die beiden Unholde unter des Negers Führung eine Stunde mit sorgfältigen Nachforschungen verbracht, sogar die leeren Stallungen und Fabrikräume

durchwandert, und noch immer beschwor Quinch, daß Miß
Lydia in der Nähe weile, als Nestor endlich ehrerbietig
fragte, ob den Herren mit kalter Küche und einem herz-
haften Trunk gedient sei.

Mürrisch ging Quinch darauf ein, und bald darauf
saßen die beiden Schergen in Lydia's Zimmer vor einem
sauber gedeckten Tisch, den augenscheinlich erst kürzlich
zubereiteten Speisen zusprechend und dem alten Rum alle
Ehre erweisend.

John Kay trank in vollen Zügen, wogegen Quinch
vorsichtig Maß hielt. Wohl aber lobte er das kostbare
Getränk, dem Gefährten immer wieder einprägend, den
Leuten erst dann den Zutritt zu Keller und Vorraths-
kammer freizugeben, nachdem sie selbst ihre Auswahl zum
eigenen Gebrauch getroffen haben würden. —

Der Abend war nicht mehr fern, als Quinch sich endlich anschickte, in's Lager zurückzukehren, wohin er die
angesehensten Bürger der Ansiedelung hatte berufen lassen,
um über die zu zahlende Kontribution eine Vereinbarung
mit ihnen zu treffen. John Kay wies er zu dessen heim-
licher Befriedigung an, das Haus nicht mehr zu verlassen,
noch weniger aber den Neger aus den Augen zu verlieren.
Den Diener versprach er, umgehend zu schicken, ebenso
zwei Mann Wache, ausgesuchte Leute, auf deren Zuver-
lässigkeit er glaubte bauen zu dürfen.

Als er sich auf einem Umwege nach dem Bahnhofe
hinaus begab, gewann er, für ihn selber freilich nichts
Neues, ein eigenthümliches Bild von jener gepriesenen Zu-
verlässigkeit. Keinen einzigen seiner Bluthunde bemerkte
er, der nicht schon vom Rausch mehr oder minder bemeistert gewesen wäre.

Doch ob hier eine halb berauschte Räubergestalt ihm
entgegenstolperte, um ihm in klarem Whisky ein „Gut
Glück" zuzutrinken, dort eine andere von den Kameraden

blutüberströmt aus der Thür gestoßen wurde, anderwärts
wieder Männer, Weiber und Kinder unter Faustschlägen
und Kolbenstößen wehklagend betheuerten, außer Stande
zu sein, mehr zu thun, als schon geleistet worden; ob
Hilferufe bald aus dieser, bald aus jener Richtung halb
erstickt herüberschallten, übertäubt von wahnwitzig klingen-
dem Gelächter; ein im Streit mit den Genossen zum Tode
Verwundeter sich in den letzten Zügen wand, ein er-
schossener schwarzer Arbeiter von ihm umschritten werden
mußte, ganze Familien um ihr mißhandeltes Oberhaupt
die Hände rangen: auf Quinch übte es keinen Eindruck
aus. Nachdem es ihm bis jetzt nicht gelungen war, der
schönen Tochter des verhaßten Colonels und damit einer
reichen Beute habhaft zu werden, klangen die Weherufe
wie Musik in seinen Ohren.

Ohne eine Miene zu verziehen, verfolgte er seinen
Weg durch die noch ländlich begrenzten Straßen, zuweilen
seinen langen schwarzen Bart streichend, als hätte er sich
für das von ihm eingeleitete Höllenwerk liebkosen wollen.
Wo eine von weinenden Kindern umringte Mutter ihn
um Erbarmen anflehte, ein verzweifelnder Vater die Rache
des Himmels auf ihn herabbeschwor, da zuckte er gleichgiltig die Achseln. Höchstens bequemte er sich zu der
Bemerkung, daß den Feinden des Südens ihr Recht ge-
schehe, die Bewohner eines ursprünglichen Sklavenstaates
aber doppelt verdammt sein sollten, weil sie sich verräthe-
risch auf Seiten des Nordens geschlagen hätten, und dafür
nunmehr die Früchte ihres Treubruchs ernten müßten.
Dann vertröstete er auf die Nacht, daß nach Einbruch der
Dunkelheit seine der Erholung bedürftigen Helden den
Schlaf suchen würden, und man weise handle, ihnen folgenden Tages beim Erwachen zuvorkommend Alles anzu-
bieten, was das Herz eines braven Soldaten erfreue.

———————

Fünftes Kapitel.

Und die Nacht kam und mit sich brachte sie in der That Ruhe; aber es war eine Ruhe, hinter welcher Todes- angst und Entsetzen den Athem hemmten, Völlerei und Trunksucht den Geist in Fesseln schlugen. Wie in früheren Tagen lag die bis jetzt noch vom Feuer verschont gebliebene Ansiedelung in ländlicher Stille da. Der Mond war längst aufgegangen. In gleicher Weise beleuchtete er Scenen unsäglichen Jammers, wie andere des Verbrechens.

Im Zelt des Bandenführers brannte Licht. Nach seiner ersten Zusammenkunft mit dem Ortsvorstand, die mit einer furchtbaren Drohung für den Fall endigte, wenn inner- halb vierundzwanzig Stunden nicht eine bestimmte Geld- summe beschafft sein würde, hatte er einige seiner Offiziere zu sich berufen, die gleich ihm mit ihren Genüssen vor- sichtig eine bestimmte Grenze nicht überschritten. Dort saßen sie zu Fünfen, zwischen sich eine ausgebreitete Decke, auf welcher unsaubere Karten im Spiel über den Besitz hoher Summen entschieden. Dazu ertönten Flüche, Ver- wünschungen und Hohngelächter, daß es oft den Eindruck erzeugte, als sollten auftauchende Streitfragen über das Mein und Dein durch Messer und Pistole entschieden wer- den. Kaum der vierte Theil der Bande befand sich im Lager, und von diesem hatte kaum die Hälfte in dem Schuppen und dem Bretterhäuschen Unterkunft gefunden. Der Rest lag im Freien.

Die ausgestellten Wachen kauerten auf der Erde und schliefen mit der Muskete zwischen den Knieen. Was hätte man auch zu befürchten gehabt, nachdem Angst und Ent- setzen die Einwohner der Ansiedelung in Banden schlugen, welche zu sprengen gleichbedeutend mit unabwendbarem Verderben gewesen wäre. Nur vereinzelte Mitglieder der gesetzlosen Horde, die mehr an Raub, als an die Genüsse

der Gegenwart dachten, hatten sich einen gewissen Grad
der Nüchternheit bewahrt und ließen sich willig finden,
mit der Muskete auf der Schulter die öden Straßen zu
durchwandeln oder den Ort zu umkreisen.

Wie die mit bis zur Besinnungslosigkeit berauschten
Mordbrennern angefüllte Schänke lag auch das Wohnhaus
zwischen den beiden Fabrikgebäuden in lautloser Stille
da. Man hätte es für ausgestorben halten können, wäre
durch die beiden Vorderfenster von Lydia's Zimmer nicht
der Schein einer hell brennenden Lampe in's Freie heraus-
gefallen; die hin und wieder vorüberschreitenden Mitglieder
der Bande an den Befehl erinnernd, daß das Haus von
keinem Unberufenen betreten werden dürfe. Mit ihrer
ruhigen Flamme beleuchtete sie John Kay, der ungefähr
eine Stunde nach Einbruch der Nacht sich auf dem Sopha
lang ausgestreckt hatte, nach einem letzten tiefen Zuge aus
der Rumflasche in Betäubung gesunken war und mit un-
heimlich röchelndem Athem die Umgebung förmlich er-
zittern machte. In knabenhaft lustiger Laune zu harm-
losem Unfug aufgelegt, hatte er einen mit Federn und
Schleifen geschmückten Spitzenhut Lydia's auf seinem zottigen
Haupte regelrecht befestigt. Das wahrhaft Grauen er-
regende und doch lächerliche Bild, welches er mit seinem
braunroth angelaufenen, aufgedunsenen Gesicht bot, wurde
durch eine blendend weiße Krause vervollständigt, die sich
um seinen Stiernacken schlang. Durch seinen Vorgesetzten
lebhaft aufgemuntert, war der ihm zur Bedienung über-
wiesene Mann seinem Beispiel gefolgt. Ihm gegenüber
ruhte er auf einem bequemen Polsterstuhl, den Kopf hinten-
über gelehnt, die Füße weit von sich gestreckt und die
Hände, deren eine noch ein leeres Glas hielt, fast bis zur
Erde niederhängend. So athmete er schwer und geräusch-
voll. Auch er hatte sich auf seine Art herausgeputzt
und dazu eine dem Kleiderschrank entnommene, hellblau

seidene Pelerine gewählt, die zerknittert um seine Schultern hing.

Zwischen Beiden stand ein gedeckter Tisch mit Resten von Speisen, geleerten, halb vollen und noch nicht entkorkten Flaschen. Um dieselben herum lagen Thonpfeifen, Tabaksasche, umgestürzte und zerbrochene Gläser. Das Tischtuch triefte unter dem von unsicheren Händen verschütteten Wein und Branntwein. Glasscherben bedeckten hier und da den Fußboden, wohin sie dem aufwartenden Neger ein Glas oder eine Flasche nachgeschleudert hatten.

Nachdem John Kay sich zum Essen niedergelassen und seinen Diener als einen munteren Gesellen zur Betheiligung eingeladen hatte, war aus dem Mahl ein Gelage geworden, bei welchem Beide sehr bald den Rangunterschied vergaßen. Lustige Schwänke flogen hinüber und herüber. Immer wieder ließen Herr und Diener ihre Gläser aneinander klirren, daß die Scherben umherflogen. Der ewigen Brüderschaft galt es ja, wie der langen Dauer des prächtigen Guerrillakrieges. Hatten die tollen Zecher aber anfänglich den Neger mit Fußstößen und Faustschlägen angetrieben, so nannten sie ihn binnen kurzer Frist den lieblichsten süßen Raben, der je einen Durstigen gegen das Verschmachten schützte.

Und Nestor war in der That unermüdlich in seinen Zuvorkommenheiten. Immer neue Flaschen, abwechselnd schweren Wein und streng duftenden Rum und Cognac, holte er aus dem Keller, wo sie, wer weiß wie lange, gelegen hatten, jede einzelne mit ihrer Lebensgeschichte begleitend und deren Inhalt als das Köstlichste der Welt preisend. So viele Gläser auf dem Tisch standen, so viele füllte er bis zum Rande, um sie mit stillem Entzücken geleert zu sehen, bis endlich die blutunterlaufenen Augen der beiden Zecher die Entfernungen nicht mehr zu berechnen ver-

mochten, und die unsteten Hände umstießen und verschütteten,
was ihnen eben in den Weg kam.

Bei der von John Kay mit lallender Zunge vor-
geschlagenen Verkleidung leistete der gute Nestor den Dienst
einer gewandten Kammerfrau. Bald hier, bald dort zupfte
und nestelte er an ihnen herum, während er den Einfall
des Adjutanten als das Erstaunlichste pries, was je von
einer sterblichen Menschenseele ersonnen worden. Dazu
aber lachte er so kindlich herzlich, daß ihm erbsengroße
Thränen über die Ebenholzwangen rollten, und John Kay
ihn zärtlich den feinsten schwarzen Gentleman nannte, der
je verdiente, weiß angestrichen zu werden.

Aber auch die Schildwachen vergaß der gefällige Neger
nicht. Abwechselnd dem auf der Vorderseite des Hauses
befindlichen Posten, welcher die nach der Thür hinauf-
führenden Stufen zu seinem Sitz erkor, und dessen Kameraden, der es sich auf der Hofseite ebenso bequem gemacht hatte, trug er eine Flasche des stärksten Rum oder
Cognac zu. Und mit Dank wurden sie angenommen und
mit Behagen geleert, zumal John Kay selber — wie
Nestor beschwor — sie ihnen schickte und obenein eine gute
Gesundheit wünschen ließ.

So ereignete es sich, daß zu derselben Zeit, um welche
die beiden Zecher in dem Zimmer, nachdem Nestor ihnen
fürsorglich in eine bequeme Lage hineingeholfen hatte,
einem todähnlichen Schlafe in die Arme sanken, auch die
Schildwachen auf den letzten ihnen gebotenen Trunk nur
noch mit röchelndem Schnarchen antworteten.

Während Nestor es sich aber angelegen sein ließ, als
aufmerksamer Wirth seine Gäste zu bedienen, war auch
die treue Eva nicht müßig geblieben. Nachdem der junge
Vaquero sie auf einer mit Nestor verabredeten Stelle im
nächsten Waldessaum aufgesucht und mit ausgiebigem
Rath versehen hatte, schaffte sie drei Sättel mit dazu

gehörigem Zaumzeug unentdeckt nach und nach eben dahin,
worauf Nicodemo und seine Freunde die an Pflöcken grasen-
den Pferde Lydia's zum sofortigen Gebrauch ausrüsteten
und nebst ihren eigenen Thieren Eva zur Beaufsichtigung
übergaben.

Um sicher zu sein, daß von Seiten der Schildwachen
keine Gefahr drohe, hatte Nestor sie einige Male mit dem
Fuß in die Seite gestoßen, doch sie rührten sich nicht; zu
betäubend war die Wirkung der von ihm mit Bedacht
gemischten schweren Getränke. In das Zimmer zurückgekehrt, verfuhr er mit John Kay und dessen Diener
ähnlich. An den Füßen zerrte er sie, brennendes Papier
hielt er ihnen unter Beifügung freundlich ermunternder
Worte vor die Augen, ohne daß sie, außer dem rasseln-
den Schnarchen, ein Lebenszeichen von sich gegeben hätten.
Dann trat er vor den Tisch hin. Eine Weile betrachtete
er die lächerlich geschmückten Opfer sinnend. Dabei voll-
zog sich in seinem Aeußeren eine eigenthümliche Wandlung. Die knechtische Haltung ging wie durch Zauberschlag
verloren; wie ein zum Kampfe sich rüstender Gladiator
warf er sich in die Brust. Während unheimliche Gluth
sich in seinen Augen entzündete, die breiten Nüstern nach
Art gereizter Raubthiere sich zitternd dehnten, wichen in
triumphirendem Grinsen die dicken Lippen weit von dem
elfenbeinähnlichen Gebiß zurück. Er schien den Zeitpunkt
nicht erwarten zu können, in welchem er das mit so viel
List und Geduld eingeleitete Rachewerk zum Abschluß
bringen würde. Sich gleichsam zu der Grausamkeit seiner
Vorfahren auf der anderen Seite des Oceans aufstachelnd,
strich er mit den Händen über Kopf und Schultern, wo
die empfangenen Streiche die Haut dick aufgetrieben hatten.
Zähneknirschend warf er einen letzten Blick unauslösch-
lichen Hasses auf John Kay, und über dessen Leibdiener
hinwegsehend, unterrichtete er sich zunächst von dem Stande

der Zeit. Der Zeiger der Wanduhr wies auf halb Zwölf.
Bei seinen weiteren Bewegungen sich keinen Zwang mehr
auferlegend, durchsuchte er alle Taschen des den Brief=
wechsel seines Chefs führenden Adjutanten. Wo nur immer
sich Gelegenheit bot, in den Besitz von Papieren des Banden=
führers zu gelangen, da sollte er sie nach besten Kräften
ausnutzen; so war ihm von dem jungen Reitersmann ge=
rathen worden, und das hatte er nicht vergessen. Bald
hier, bald dort zog er ein Packetchen sorgfältig verschnürter
Briefe und Schriftstücke hervor, sie ebenso schnell auf
seinem eigenen Körper bergend.

Als er nichts mehr fand, zündete er zwei Lichter an,
und sich mit denselben in Lydia's Schlafgemach begebend,
stellte er sie vor das nach dem Hofe hinausgehende Fenster.
In das Wohnzimmer zurückgekehrt, klopfte er mit dem
harten Fingerknöchel dicht neben dem Schrank in einem
bestimmten Takt auf die Wand. Es galt als Zeichen,
daß bis dahin Alles geglückt sei. Fast gleichzeitig preßte
er das Ohr auf das Mauerwerk, und so unterschied er
ähnliches Pochen, welches aus dessen Innerem hervordrang.

„Armes süßes Herzchen," lispelte er unbewußt vor sich
hin, und auf den Flurgang hinaustretend, öffnete er die
Hinterthür. Vor derselben, den Weg versperrend, lag die
trunkene Schildwache. Sie zur Seite schleppend, über=
zeugte er sich abermals, daß sie durch nichts zum Bewußt=
sein gebracht werden konnte. Er hatte eben die den Händen
des Mannes entglittene Muskete zum eigenen augenblick=
lichen Gebrauch bereit an die Wand gelehnt, als er im
Schatten der das Grundstück einfriedigenden Mauer eine
unbestimmte Bewegung entdeckte. Der junge Vaquero,
oder vielmehr Cliva und ihre Begleiter waren es, welche,
durch die beiden Lichter über die Sicherheit der Umgebung
belehrt, sich vorsichtig näherten. Schon vor einer Weile
hatten sie, von Eva genau unterrichtet, durch die nach

dem freien Felbe hinausführende unverschlossene Pforte
das Grundstück betreten und seitdem auf das verabredete
Signal gewartet.

Während Schinges und der Irländer, Durlach's Diener,
sich neben der nunmehr wieder verschlossenen Pforte auf=
stellten, um nicht durch eine vielleicht dorthin verirrte
Patrouille überrascht zu werden, begleiteten Oliva, Nico=
demo, Durlach und Schahola den Neger in das Haus
hinein. Das Zimmer betretend, stellten Nicodemo und
der Otoe sich neben den beiden bewußtlosen Zechern auf,
um sie im Falle des Erwachens sofort auf ewig ver=
stummen zu machen. Nestor, welchem Oliva mit Licht
folgte, trat vor das Spinde hin, und unterstützt von
Durlach gelang es ihm ohne große Mühe, dasselbe von
der Wand fortzurücken. Hinter demselben wurde eine
sich nur wenig auszeichnende Tapetenthür sichtbar. Die=
selbe führte in einen schmalen, länglichen Raum, welcher
dadurch entstanden war, daß man beim Bau der Küche
einen die Regelmäßigkeit der Form des Zimmers störenden
Winkel durch eine Mauer abgegrenzt hatte. Vollständig
finster, diente er zur Aufbewahrung solcher Gegenstände,
die nicht für den täglichen Gebrauch bestimmt waren.
Diese hatte Nestor zum größten Theil anderweitig unter=
gebracht und dadurch soviel Platz geschaffen, daß ein dort
Versteckter sich einigermaßen frei bewegen konnte, außer=
dem aber durch einen Polsterstuhl und einen Korb mit
Lebensmitteln für eine gewisse Bequemlichkeit gesorgt.

Als Nestor sich mit dem Schloß beschäftigte, war Oliva,
um zu leuchten, neben ihn hingetreten. Sobald aber die
Thür sich nach außen schob, streifte der flackernde Schein
des Lichtes ein Antlitz, welches bereits im Tode erstarrt
zu sein schien, so bleich war es geworden, so ergreifend
prägte sich in jedem einzelnen Zuge die Wirkung alles
dessen aus, was zu erlauschen Lydia gezwungen gewesen.

Indem sie die großen bangen Augen, die nach dem Auf=
enthalt im Finstern durch das Licht geblendet wurden,
mit beiden Händen bedeckte, erzeugte es den Eindruck, als
hätte sie gegen eine Ohnmacht gekämpft. Zu sprechen
vermochte sie nicht. Das so lange erduldete Grausen,
die unausgesetzte Todesangst, dennoch entdeckt zu werden,
hatten ihre Zunge gelähmt.

Während Nestor vergeblich nach Worten rang, und
Thränen seinen Augen entstürzten, Durlach dagegen als
ein ihr Fremder rücksichtsvoll auf eine erste Kundgebung
von ihr wartete, hatte Oliva Lydia's Zustand auf den
ersten Blick erkannt. Dem Kapitain das Licht reichend,
bot sie ihr den Arm, die Schwankende beim Verlassen des
unheimlichen Verstecks sorgfältig unterstützend. Zugleich
nahm sie Bedacht darauf, daß die Aussicht auf die beiden
wahnwitzig aufgeputzten Unholde ihr entzogen blieb.

„Das ist grauenhaft," flüsterte Lydia endlich vor sich
hin, und sich schwer auf Oliva's Arm lehnend, duldete
sie willig, daß sie von ihr auf den Flurgang hinaus=
geführt wurde, „mein armer Vater — was soll aus mir
werden? Nur mit Mühe erhalte ich mich aufrecht. Was
ich erlebte, es brach meinen Geist, lähmte meinen Körper —"

„Sie befinden sich unter Freunden," raunte Oliva,
von innigster Theilnahme erfüllt, ihr liebreich zu. „Fassen
Sie Muth. Nur ein Viertelstündchen eiligen Einher=
schreitens, und wir sind in Sicherheit."

„Ich kann nicht," erklärte Lydia unter hervorbrechen=
den Thränen, „vielleicht nachdem ich eine Weile die frische
Nachtluft athmete. In dem finsteren Raume war ich dem
Ersticken nahe — die letzten Kräfte verließen mich."

„Sie müssen mit uns fort, und zwar sogleich," ver=
setzte Oliva nunmehr entschiedener. „Jede Sekunde Zeit=
verlust kann von den verhängnißvollsten Folgen für uns
Alle begleitet sein."

Lydia antwortete nicht. Obwohl sie sich auf's Aeußerste
anstrengte: über eine schleichende Bewegung kam sie nicht
hinaus. Sie waren vor der Hinterthür angelangt. Ihnen
auf dem Fuße folgten außer dem Kapitain Durlach und
dem Neger, Nicodemo und Schinges.

„Wenn wir nur ein Mittel besäßen, sie zu tragen,"
bemerkte Durlach leise zu dem Neger gewendet.

„Tragen?" fragte dieser ebenso leise zurück, „das arme
süße Ding — ich brächt's wohl fertig, allein" — mit dem
letzten Wort verschwand er, kehrte aber schon nach zwei
Minuten zurück, hinter sich einen leichten Handwagen, wie
er auf dem Hofe zum Befördern gefüllter Mehlsäcke be=
nutzt wurde. Schnell verständigte er sich mit den Ge=
fährten, und in's Haus eilend, erschien er alsbald wieder
mit Decken, einem Pfühl und einem Laken, mittelst dessen
er, nachdem die Seitenbretter entfernt worden, ein erträg=
liches Lager auf dem Wagen herstellte. Von Oliva ge=
halten, sank Lydia auf dasselbe hin. Obgleich zu einer
unbequemen Lage gezwungen, fand sie doch ausreichend
Platz, worauf Oliva sie mit dem Laken überdeckte. Wie
eine Schlaftrunkene ließ die Aermste Alles über sich er=
gehen; wußte sie sich doch unter dem Schutz opferwilliger
Freunde. Wenn aber zuvor die Erinnerung an die grau=
sigen Erfahrungen sie bis zur Besinnungslosigkeit erschütterte,
so diente sie jetzt dazu, ihre Lebensgeister wieder anzuregen,
die allmählig zurückkehrende Hoffnung auf Entkommen neu
zu entfachen.

„Nur nicht lebendig in die Gewalt dieser furchtbaren
Menschen," das waren die letzten Worte, welche sie zu den
sie Umringenden sprach, bevor Oliva sie ganz verhüllte
und das weiße Laken ordnend, ihrer ausgestreckten Gestalt
bedachtsam die Aehnlichkeit mit einer für das Grab be=
stimmten Leiche verlieh.

Da neigte Durlach sich ihr noch einmal zu.

„Muth, Muth," sprach er gedämpft; es waren die
ersten Worte, welche er an sie richtete, „gedenken Sie Ihres
Vaters. Ich bringe Nachricht von ihm. Also Muth und
Vertrauen, was sich auch ereignen mag." Er trat zurück
und von Nicodemo, dem Irländer und ihm selbst gezogen,
rollte der Wagen der Pforte zu. Dort hielten sie an, um
die Rückkehr der beiden Otoes abzuwarten, die kurz zuvor
in's Freie hinausgeschlichen waren, um sich von der Sicherheit des von ihnen einzuschlagenden Weges zu überzeugen.

Unter dem Vorwande, das Haus gegen Feuersgefahr
zu schützen, hatte Nestor nach einem kurzen Gespräch mit
Oliva sich noch einmal auf den Schauplatz des wüsten Ge-
lages zurückbegeben. Anfänglich die beiden Trunkenen kaum
beachtend, zog er ein handgroßes Blatt Papier, anscheinend
einem Taschenbuch entnommen, hervor und es auf den
Tisch legend, glättete er es mit einigen Strichen. Des
Lesens unkundig, überzeugte er sich nur, welche Seite die
beschriebene, worauf er es, diese oben, vor die Lampe hin-
schob. Nachlässig zu John Kay hinüberlangend, zog er
das an dem Gurt des Adjutanten hängende Messer aus
der Scheide. Flüchtig prüfte er die Spitze und sie auf
die Mitte des Blattes stellend, nagelte er es durch einen
Schlag mit der Faust auf die Tischplatte. Finster betrachtete er sein auserkorenes Opfer, bei dessen röchelndem
Schnarchen die Schleifen des Hutes und der Halskrause
erzitterten. Länger und tiefer athmete er Angesichts des
wehrlosen Wütherichs, bis endlich die Luft sich pfeifend
seinen Lungen entwand. Mehr und mehr erhielt sein
schwarzes Gesicht mit den fletschenden Zähnen den Ausdruck eines Teufels. Die dicken Augapfel schienen ihre
Höhlen verlassen zu wollen. Tastend glitten seine Hände
über Scheitel und Schultern, wo die blutrünstigen Male
noch immer brannten. Mit sicherem Griff bemächtigte er
sich des Revolvers seines Todfeindes. Nachdem er ihn in

den eigenen Gurt geschoben hatte, zog er sein Messer. Un-
heimlich glühte die lange scharfe Klinge im röthlichen
Schein der Lampe. Anscheinend um ihn genauer zu betrachten, neigte er sich über den Besinnungslosen hin. Wie
Zischen klang, als er in seiner Tigerwuth zu ihm sprach:
„Meine süße Miß Lydia; das arme Herzchen wäre beinahe
gestorben vor Schreck. — Wirst wohl keinen Nigger mehr
mißhandeln!"

Nach einer kurzen heftigen Bewegung des rechten Armes
richtete er sich wieder auf. Als hätte er erwachen wollen,
stellte John Kay sein Schnarchen ein; zugleich stieß er
einige Male mit den Füßen gegen das untere Ende des
Sopha's.

Nestor achtete seiner nicht weiter. Festen Schrittes
verließ er das Zimmer, gefolgt von einem eigenthümlich
gurgelnden Geräusch. In's Freie hinausgetreten, stieß er
sein Messer einige Male in die Erde, wie um irgend welche
Spuren von der Klinge zu entfernen, bevor er es in die
Scheide zurückschob. Gleich darauf befand er sich neben
der Pforte. Die beiden Otoes waren eben eingetroffen
und mahnten zur Eile. Ohne Zeitverlust legte Nestor
mit Hand an den Wagen. Oliva öffnete die Pforte und
schloß sie wieder, nachdem der Wagen hinausgeschoben
worden war, und mit vorsichtigen Bewegungen verfolgte
der kleine Zug den im Schatten der Mauer hinführenden
Weg.

Doch es schien, als ob die Schrecken dieser Nacht kein
Ende nehmen sollten; denn kaum achtzig Schritte weit
waren die Flüchtlinge von der das Grundstück abschlie=
ßenden Mauerecke entfernt, und eine kurze Strecke trennte
sie nur noch von dem Streifen Buschwerk, welcher, ihnen
Schutz gewährend, sich in der Richtung nach dem Waldes=
saum verlängerte, als plötzlich ein einzelner Mann vor
ihnen auftauchte. Das Gewehr auf der Schulter und

offenbar auf einem Patrouillengange begriffen, kam derselbe ihnen gerade entgegen. An ein Ausweichen war auf
der mondbeleuchteten Fläche nicht zu denken, wollten sie
nicht eine Kugel nachgesendet erhalten, was unfehlbar noch
größere Gefahren nach sich gezogen hätte.

„Vorwärts in ungestörter Ordnung!" rief Oliva, die
einige Schritte voraus ging, gedämpft zurück, und ohne
anzuhalten folgten die Männer mit dem Wagen. Durlach
war neben denselben hingetreten, während die Otoes nach
einer mit Nicodemo gewechselten Bemerkung sich etwas im
Hintergrunde hielten.

„Wer geht da?" schallte ihnen die Stimme des uni-
formirten Wegelagerers entgegen, und der Lauf der Muskete
blitzte im Mondlicht, indem er sie von der Schulter nahm.

„Gute Freunde," antwortete Oliva unerschrocken, ohne
ihre Bewegung einzustellen.

„Wohin des Weges?" hieß es weiter, als Jener ihr
gegenüberstand.

„Auf dem Wege nach der Beerdigungsstätte," erklärte
Oliva entschlossen, „bevor wir aus der Gegend scheiden,
wollen wir einem erschossenen Freunde die letzte Ehre erweisen."

„Bursche, verdammter, das glaube Dir der Teufel,"
versetzte der Mann, und er schritt an Oliva vorbei neben
den Wagen hin, „'ne feine Leiche, vermuthe ich, die aus
'nem Sack mit blanken Dollars besteht, Dollars aber
brauchen nicht in der Erde zu verrosten."

„Stören Sie nicht die Ruhe eines Todten," nahm Dur-
lach nunmehr ernst das Wort, und verstohlen legte er die
Hand auf den Kolben seines Revolvers, „wir wählten die
Nacht, um kein peinliches Aufsehen zu erregen."

„Eure Dollars bedürfen keiner Ruhe," fuhr der Mann
trotzig fort, „umlaufen müssen sie von einer Tasche in die
andere, und verdammt will ich sein, wenn ihr mit eurer

Leiche davonkommt, bevor ich ihr in's Angesicht sah, oder die Patrouille heran ist."

Während dieses Gespräches gelangten die beiden Otoes in gleiche Höhe mit dem Wagen, der stehen geblieben war. Da trat Oliva, welche ihre Besonnenheit bis zum letzten Augenblick nicht verlor, vor den rohen Menschen hin.

„Lassen Sie Anstand walten," hob sie kaltblütig an, als dieser höhnisch einfiel: „Zur Hölle mit Deinem An= stand —" er stockte, fuhr aber alsbald wieder mit bos= hafter Schadenfreude fort:

„Da soll Gott mich strafen, wenn Du nicht derselbe grüne Schurke bist, der unserem Korporal das Gehirn so zierlich aus dem Schädel knallte. Bei der ewigen Ver= dammniß, Junge, Du kommst mir gerade recht. Und ich sollte mir Deinen Todten nicht betrachten?" Und im Voll= bewußtsein eigener Unantastbarkeit neigte er sich höhnisch lachend über die verhüllte Gestalt hin, zugleich die Hand nach dem Laken ausstreckend.

Bis dahin hatten die Männer mit schwer zu schildernden Empfindungen schweigend dagestanden. Angesichts der drohenden Gefahr, durch einen Schuß die erwähnte Pa= trouille herbeizurufen, zögerten sie, von ihren Waffen Ge= brauch zu machen. Eine vom Zufall herbeigeführte günstige Wendung erhoffend, erwogen sie zugleich Lydia's verzweifelte Lage. In demselben Augenblick aber, in welchem Durlach den Revolver hob und Nestor sich anschickte, auf den Mann einzuspringen, dieser dagegen das Laken berührte, erhob sich hinter ihm ein Arm. Wie ein Blitz zuckte Schahoka's langgeschäftetes Beil, welches anstatt in der gewöhnlichen Schneide, in einer Spitze endigte, im Halbkreise um sein Haupt, und mit dumpfem Krachen grub die furchtbare Waffe sich so tief in die Schläfe des ahnungslosen Feindes ein, daß sie in dem Knochen haften blieb. Indem der Otoe sie aber mit vollster Kraft nach sich riß, verhinderte

er, daß der lautlos Zusammenbrechende über Lydia hin=
sank, und bevor diese einen vollen Begriff von dem in
ihrer unmittelbaren Nähe stattgefundenen Ereigniß erhielt,
rollte der Wagen schon wieder weiter. Bis auf Schahoka,
der sich noch bei dem Erschlagenen zu schaffen machte, ihm
den Hut auf den Kopf drückte und ihn wie einen Schlafenden
auf's Gesicht legte, verfolgten die Flüchtlinge die bisher
inne gehaltene Richtung schweigend und ohne eine Silbe
der Verständigung. So erreichten sie den hier und da
von vereinzelten Waldbäumen überragten Buschstreifen.
In dessen Schatten sich einherbewegend, unterschieden sie
plötzlich die Stimmen einer kleineren Anzahl Männer.
Dieselben hielten sich offenbar auf demselben Wege, welchen
der einzelne Genosse eingeschlagen hatte, mußten also binnen
kürzester Frist auf den Erschlagenen stoßen. Lydia's Be=
gleiter nahmen sich daher nur noch die Zeit, den Wagen
zwischen schützendes Buschwerk zu schieben, worauf Alle,
die Waffen schußfertig in den Händen, neben demselben
niederkauerten.   Lydia hatte das Laken zurückgeworfen.
Anstatt sie gänzlich zu entmuthigen, wirkte diese neue Ge=
fahr belebend auf sie ein.   Was ihr auch beschieden sein
mochte, um sich sehen wollte sie, dem Tode lieber in's Auge
schauen, anstatt in stumpfer Ergebung das Unabänderliche
zu erdulden.

In der Ansiedelung war inzwischen der letzte Lärm
verstummt. Ganz deutlich drangen daher die Stimmen
der nahenden Patrouille in das Versteck der Flüchtlinge.
Anfänglich in Murmeln zusammenfallend, trennten die
Worte sich bei jedem neuen Schritt mehr und mehr von
einander, bis sie endlich im Zusammenhange deren Ohren
erreichten.

„Ich will euch nur sagen," erklärte Einer unter Vor=
ausschickung einer häßlichen Verwünschung, „Diejenigen
sind am besten daran, die bei solcher glorreichen Gelegen=

heit so lange Whisky in die Kehle gießen, bis die Ver=
nunft zum Teufel geht. Dann läßt man sie ungestört
liegen, während die Nüchternen sich im Dienst die Nacht
um die Ohren schlagen. Geht das so fort, möchten wir
uns von dem Quinch lossagen und das Metier auf eigene
Faust weiter betreiben. Sind wir Unserer zwei Dutzend
beisammen, so genügt das, um einzelne Farmen und An=
siedelungen abzusuchen und die Kontributionen in unsere
eigenen Taschen gleiten zu lassen.

„Meine Meinung ist, daß Quinch überall das Fett ab=
schöpft und uns mit 'nem Hundelohn abfertigt," versetzte
ein Anderer verdrossen.

Sie hatten die Stelle erreicht, wo der Weg durch den
Buschstreifen hindurchführte, befanden sich also kaum dreißig
Ellen weit von den Flüchtlingen und nach wenigen Schritten
mit ihnen auf derselben Seite.

„Weshalb erließ er das Verbot, das Haus und die
beiden Fabriken zu betreten?" fragte eine dritte Stimme,
„doch nur, um sie zuvor selber auszuplündern. Der Be=
sitzer soll nämlich ein schwer reicher Mann sein."

„Ich hörte davon, Quinch habe es auf dessen Tochter
abgesehen," nahm die erste wieder das Wort, „ohne Grund
befahl er nicht, die Besitzung scharf im Auge zu behalten.
Es muß Wichtiges auf dem Spiel stehen, oder er hätte
den John Kay nicht dort einquartiert. Zum Henker mit
ihm. Handelt es sich um 'ne hübsche junge Lady, so bin
ich so nahe dazu, wie jeder Andere."

Hier flossen die Worte wieder ineinander, so daß die
Flüchtlinge der Unterhaltung nicht länger zu folgen ver=
mochten. Aber in ihrem Gesichtskreise befanden sich die
Feinde, indem sie auf dem mondbeleuchteten Wege ge=
mächlich einherschritten.

Plötzlich rief Einer von ihnen laut aus: „Bei Gott,
da liegt Jemand," und gleich darauf, nachdem sie bei

dem Erschlagenen eingetroffen waren, fuhr er fort: „Der nahm so viel zu sich, daß er auf 'ne Woche genug hat. — Halloh, Mann!" rief er lauter und durchdringender, und es war, als hätten Fußstöße diesen Ruf begleitet, „hast Dir 'n verdammt hartes Lager ausgesucht! Steh auf, Mann, und schaff' Dir Bewegung, oder Du hast morgen Deine Noth, die steifen Glieder zusammenzulesen."

„Laßt ihn ungeschoren und kommt," spöttelte ein Anderer, „bei seinem Anblick werde ich selber durstig. Taumelte er so weit abwärts, mag er zusehen, wie er wieder unter Menschen kommt."

„So liege, bis Du schwarz wirst," lautete die Er= wiederung während des Weiterschreitens, „schade um den schönen Whisky, der über seine Zunge gegossen wurde." Sorgloses Lachen folgte; dann noch einige Minuten tödt= licher Spannung, und von der Patouille war nichts mehr zu sehen oder zu hören.

Nicodemo sprang auf. Seinem Beispiel folgten die Gefährten. Lydia hatte den Wagen verlassen und stand unter ihnen. Ihr Antlitz leuchtete förmlich im Mondschein.

„Ich fühle mich kräftiger jetzt," sprach sie entschlossen, „befinde mich auf vertrautem Boden und werde gleichen Schritt mit Ihnen halten." Sie trat an Oliva's Seite, und deren Arm ergreifend, fügte sie hinzu: „Nur noch eine kurze Strecke Ihre Unterstützung, und meine Füße tragen mich wieder stundenweit."

Schweigend ordnete sich der Zug. Anfänglich mit ge= mäßigter Eile, allmählig aber immer schneller ging es im Schatten des Buschwerks dahin, bis endlich nur noch eine schmale Einbuchtung der mondbeleuchteten Ebene zu überschreiten blieb.

Ohne weitere Störung erreichten die Flüchtlinge den Waldessaum, wo unter Eva's Aufsicht die gesattelten Pferde ihrer harrten. Ungesäumt bestiegen sie dieselben,

und in schnell förderndem Schritt schlugen sie die südliche
Richtung ein, um, später östlich abbiegend, an den Mis-
souri zu gelangen. Eine Stunde hielten sie sich noch im
Schatten des Waldessaumes. Dann öffnete sich vor ihnen
eine baumlose Ebene, auf welcher sie die Gangart der
Pferde beschleunigten.

Und abermals ritten sie eine Stunde, als sie, von einer
hervorragenderen Bodenerhebung aus rückwärts spähend,
Feuerschein entdeckten. Die Richtung, in welcher der Himmel
sich röthete, ließ kaum einen Zweifel darüber, daß die
Guerrillabande sich mit Raub und Erpressungen nicht be-
gnügt hatte.

Lydia, welche noch immer wie unter dem Einfluß eines
furchtbaren Traumes lebte, sah traurig hinüber. Sie kannte
beinahe alle Bewohner der Ansiedelung. Wer mochte zur
Zeit unter der Brandlegung zu leiden haben? Wer thränenden Auges in die lodernden Flammen stieren, die seine
irdische Habe verzehrten? Der Habe ihres Vaters gedachte
sie nicht.

Schaudernd kehrte sie sich ab. Wie von einem Schreck-
gespenst verfolgt, trieb sie ihr Pferd schärfer an. Mit ihr
gleichen Schritt hielten die Gefährten. Keiner sprach ein
Wort. Ein böser Bann lastete auf allen Gemüthern.
Vor ihnen lag noch ein langer Ritt; ein Ritt von Tagen,
vielleicht Wochen, je nachdem sie durch feindliche Truppenbewegungen zu Umwegen gezwungen wurden, bevor sie sich
einigermaßen in Sicherheit befanden.

Ein sich röthlich färbender Orangestreifen schmückte den
östlichen Horizont. Er verhieß einen lieblichen, sonnigen Tag.

— — — — — — — — — —

Gerade die Fabriken des Colonels Rutherfield waren es,
die sammt dem Wohnhause in Flammen standen und in
dem Feuerschein Lydia gleichsam einen letzten wehmüthigen
Scheidegruß nachsandten.

Die Flüchtlinge mochten sich seit einer Stunde unterwegs
befunden haben, als Quinch nach beendigtem Spiel von
einer seltsamen Unruhe ergriffen wurde. Sogar der Wach=
samkeit seines Adjutanten mißtrauend und überall Ver=
rath und hinterlistige Angriffe fürchtend, begab er sich
selbst auf den Weg, um sich von dem Stande der Dinge
in dem Hause des Colonels zu überzeugen. Von zweien
seiner Leute begleitet, schlug er den Weg ein, welcher ihn
um die Ansiedelung herum und an Rutherfield's Besitzung
vorbeiführte. Auch er stieß auf den Erschlagenen; doch
argwöhnischer, als die Mitglieder der Patrouille, prüfte
er den anscheinend in tiefen Schlaf Versunkenen aufmerk=
samer, um sofort die Gewißheit zu gewinnen, daß derselbe
nicht nur todt sei, sondern auch ein gewaltsames Ende ge=
funden hatte.

Ein böser Verdacht bemächtigte sich seiner. An der
Umfassungsmauer hinschreitend, legte er im Vorbeigehen
die Hand auf den Griff des Schlosses der Pforte. Zu
seinem Befremden wich die Thür beim ersten Druck aus
ihren Fugen. Begünstigt durch den Mondschein, eilte er
nach der Hinterthür des Wohnhauses hinüber. Ein wilder
Fluch entwand sich beim Anblick der sinnlos betrunkenen
Schildwache seinen aufeinander knirschenden Zähnen.

Bereits vertraut mit allen Räumlichkeiten, schritt er
über den Flurgang, welcher durch den aus Lydia's offenem
Zimmer fallenden Lichtschein matt erhellt wurde. Schon
bevor er eintrat, tönte ihm rauhes Schnarchen entgegen.
Auf der Schwelle des Gemaches blieb er stehen, und Un=
heil verkündendes Grinsen trat auf sein in verhaltenem
Grimm verzerrtes Gesicht, als er des mit Flaschen und
Gläsern bedeckten Tisches und hinter demselben des wahn=
witzig aufgeputzten Mannes ansichtig wurde. Sein zweiter
Blick traf den von der Wand gerückten Schrank wie die
offene Tapetenthür, und jetzt wußte er, daß die Tochter

des Colonels ihm gewissermaßen unter den Händen ent=
schlüpft war. Wie in Raserei schlug er sich mit der Faust
vor die Stirne.

„Ich hätte es errathen müssen!" rief er wuthschnaubend
aus, so daß seine Begleiter scheu von ihm zurückwichen, „aber
das ist des verwünschten Negers Werk. Folgte ich meiner
Eingebung, so röstete ich den Hund lebendigen Leibes, und
er hätte Alles eingestanden. Verdammt! Vielleicht ist er
noch zu fassen, dann aber soll ihm die Haut in Fetzen
heruntergepeitscht werden, bevor man ihm den Strick um
den Hals legt —"

Er brach ab. In das Zimmer eintretend, waren seine
Blicke auf John Kay gefallen. Dessen unnatürliche Lage
und die vollkommene Regungslosigkeit veranlaßten ihn,
schärfer hinüber zu spähen. Anfänglich schien sogar er
trotz seiner Verstocktheit von Grauen befallen zu werden.
Doch nur einige Sekunden, und ein wieherndes Gelächter
teuflischer Schadenfreude entwand sich seinen Lippen, als
er den Adjutanten, in gräßlichem Gegensatz zu den ihn
schmückenden blutgetränkten Spitzen und Schleifen, mit
durchschnittenem Halse daliegen sah.

„Schade d'rum, daß der Lump sich jetzt nicht selber
betrachten kann," höhnte er giftig. „Bei Gott! Er würde
seine Lust an dem Bilde haben! Bei der ewigen Hölle,
das ist des Negers Werk; der aber ist mit dem Frauen=
zimmer zum Teufel, oder er müßte weniger Schlauheit
besessen haben, als ich ihm zutraue."

Finster starrte er auf den entseelten Genossen unzähliger
Schandthaten hin. In seinen plötzlich erschlaffenden Zügen
verrieth sich, daß sein eigenes Loos ihm vorschwebte, wenn
er sich entschlossen hätte, an John Kay's Stelle sein Quar=
tier in dem gefährlichen Hause aufzuschlagen. Scheu sah er
um sich. Zähneknirschend vergegenwärtigte er sich, daß die
reiche Beute, welche er in Lydia's Person bereits in seinem

Besitz zu halten glaubte, durch die unbezähmbare Trunksucht seines Adjutanten und die List eines verachteten Negers
unrettbar für ihn verloren gegangen sei. Zurücktretend
warf er den Theilnehmer an dem Gelage durch einen Fuß-
tritt von dem Polsterstuhl herab. Wie blödsinnig stierte
derselbe zu ihm auf. Nach einem mißglückten Versuch,
sich zu erheben, fiel er zurück, um alsbald wieder auf dem
besudelten Fußboden weiter zu schnarchen. Cuinch achtete
seiner nicht mehr. Durch das in der Tischplatte steckende
Messer war seine Aufmerksamkeit auf das Blatt Papier
hingelenkt worden. Gleich darauf befand es sich in seinen
Händen, dann las er: „Sullivan, hüte Dich! Mache Deine
Rechnung! Der Strick ist gedreht, an welchem Du hängen
wirst! Kampbell."

Als wären sie ihm unverständlich geblieben, las er diese
Worte dreimal, und immer deutlicher offenbarte sich, daß sie
eine geradezu vernichtende Wirkung auf ihn ausübten. Sein
eben noch rothbraun glühendes Gesicht hatte sich entfärbt,
und abermals spähte er scheu, wie einen hinterlistigen Angriff befürchtend, um sich. Seine Blicke streiften die beiden
ihn unruhig überwachenden Begleiter. In dem Bewußtsein, eine Anwandlung von Feigheit vor ihnen verrathen
zu haben, knitterte er das Blatt in der Faust zusammen.

„Kampbell," sprach er, seine heftige Erregung gewaltsam bekämpfend, „wie kommt der verrufene Spion hierher?
Zum zweiten Mal bedroht er mich. Wenn er sich nur
ein einziges Mal zeigen wollte," und ingrimmig lachend
fügte er hinzu: „Fünftausend Dollars sollten mir nicht zu
viel für seinen Skalp sein," und wiederum giftig lachend
zu seinen Begleitern: „Doch wer kennt den Schurken? Wer
sah ihn jemals, mögen wir immerhin das heimliche Wirken
dieses räthselhaften Kundschafters auf Schritt und Tritt
empfunden haben? Hol' ihn der Teufel. Was kümmere
ich mich um ihn."

Einen letzten finsteren Blick warf er auf die grausige Scene, dann zündete er eins der auf dem Tische stehenden Lichter an, und seinen Leuten voraus schritt er von Gemach zu Gemach. In jedem weilten sie kurze Zeit. Nach Beute suchten sie nur oberflächlich. Was vorhanden war, eignete sich nicht zum Mitnehmen; was aber von Werth für sie hätte sein können, das mochte, wer weiß wo, an sicherem Ort geborgen sein.

Als sie in's Freie hinaustraten, knisterte und knackte es im Hause aller Enden. Hier und da sprangen Fensterscheiben vor der Hitze des sich schnell entwickelnden Brandes. Der noch immer sinnlos berauschte Diener des todten Adjutanten war vor die Thür geschleppt worden. Neben der Schildwache lag er vor der untersten Treppenstufe.

„Sie ernüchtern sich von selbst, wenn es erst zu heiß wird," meinte Quinch boshaft spöttelnd, „werden sie angesengt, ist's ihre eigene Schuld. Verdient haben sie's für ihre Wachsamkeit," und lästerlich vor sich hinfluchend, schritt er mit seinen Bluthunden von Gebäude zu Gebäude, wo Heu, Stroh und Holzvorräthe die Brandstiftung erleichterten. Als die Lohe aus dem Dache des Wohnhauses schlug, hing oberhalb der Fabriken und der dazu gehörigen Schuppen und Stallungen bereits eine schwere Rauchwolke.

Der Feuerruf ging von Haus zu Haus, von Straße zu Straße. Nur spärlich eilten die Einwohner herbei, um die Wirkung des verheerenden Elementes so viel wie möglich einzuschränken. Wer sagte ihnen, wie lange es noch dauerte, bis sie selbst, obdachlos und des Letzten beraubt, zum Wanderstab griffen! Die schrecklichsten der Kriegsfurien, jene finsteren Schutzgeister des Verbrechens, waren entfesselt. Wie viel Blut sollte noch fließen, bevor es gelang, sie zu bändigen, ihre Fackeln zu verlöschen und dem holden Frieden neue Wege anzubahnen!

Sechstes Kapitel.

Wer zu Anfang der sechziger Jahre, also zur Zeit des furchtbaren brudermörderischen Bürgerkrieges, in St. Louis der dem Mississippi zunächst liegenden und mit diesem ziemlich parallel laufenden Straße stromaufwärts so weit nachfolgte, bis an Stelle der zusammenhängenden Häuser- reihen vornehm eingefriebigte Gärten mit stattlichen Land- häusern dieselbe begrenzten, dessen Aufmerksamkeit wurde sicher durch einen umfangreichen quadratischen Platz ge- fesselt, der sich zu seiner freundlich emporblühenden Nach- barschaft verhielt, wie etwa ein griesgrämiger obbachloser Strolch zu einer geschniegelten und gebügelten Gesellschaft in einer Theaterloge ersten Ranges.

Der Gegensatz wurde verschärft, wenn man den Platz, der ein regelmäßiges Häuserviereck hätte tragen können, sogar tragen sollen, ein wenig eingehender prüfte. Zunächst störte der ihn umfriedigende, zwar feste, sonst aber recht ärmlich dareinschauende Palissadenzaun. Seine durch Ver- witterung erzeugte langweilige graublaue Farbe erhielt nur da einen etwas munteren Ausdruck, wo muthwillige Kinderhände ihn mit den tollsten Kreidezeichnungen und noch tolleren Bemerkungen schmückten. Außerdem sah man hier statt der benachbarten geschmackvoll angelegten Park- gärten nur einige kleine Kartoffel= und Gemüsefelder, über- ragt von einem Dutzend Pfirsich= und vielleicht doppelt so vielen Apfelbäumen.

Inmitten dieser wenig anheimelnden Umgebung, und nicht einmal in der richtigen Mitte des umfangreichen Platzes, erhob sich endlich, wie verloren, das Wohnhaus des Besitzers. Auf einem, das Erdreich in Manneshöhe überragenden, aus Feldsteinen gemauerten Unterbau war dasselbe aus behauenen Balken einstöckig errichtet worden und umschloß vier nicht allzukleine Zimmer, sowie eine

Küche nebst schmalem Flurgang. Zwei Giebelzimmer nahmen die Hälfte des Bodens ein, und zu diesen gelangte man von der Küche aus auf einer allerdings festen, im Uebrigen aber zum Halsbrechen recht geeigneten Treppe.

Auch hier war Alles bläulich verwittert, die Holz- mauern wie das Schindeldach, nur daß dieses gesprenkelt erschien, indem der Besitzer mit peinlicher Genauigkeit jede schadhafte Stelle alsbald wiederum erneuerte, wogegen die Wände, wo nur immer eine geeignete Fläche es ermöglichte, mit Oelmalereien bedeckt waren, die zwar von keinem über- mäßig hervorragenden Talent zeugten, dafür aber in um so grelleren und lebhafteren Farben prangten.

Vier kleine Fenster und eine Thür lagen auf der Vor- derseite, ebenso viele nach der Gartenseite hinaus, und diese unterschieden sich dadurch von einander, daß auf der ersteren eine ebenfalls von Schindelwerk überdachte, ein- fach hergestellte Veranda von dem einen Giebel nach dem anderen hinüberreichte. Nebenbei wurde sie von zwei mäch- tigen Hickory-Nußbäumen beschattet, deren Jugend minde- stens auf die Zeiten des ersten Unabhängigkeitskrieges ent- fiel. Und so erzeugte das ganze Grundstück den Eindruck, als ob es einst aus den Händen eines anspruchslosen Farmers in die des jetzigen Besitzers übergegangen sei und, trotz der über dasselbe hinauswachsenden Stadt, keine Wandlung erfahren habe. Aus neuerer Zeit stammte ein großer Bretterschuppen, welcher die doppelte Aufgabe einer geräumigen Tischlerwerkstatt und eines Magazins erfüllte.

Ueber die Persönlichkeit des derzeitigen Besitzers wurde man übrigens durch ein oberhalb des Thorweges ange- brachtes Brett belehrt, auf welchem die ziemlich verwitterte Inschrift zu lesen war: „Tischlerei und Sargmagazin von Martin Findegern" — ein echt deutscher Name und eine Firma, die schon über ein Vierteljahrhundert hindurch ihren guten Ruf bewahrt hatte.

Ja, so lange war es her, als Martin Finbegern, ein
ehrlicher märkischer Tischlergeselle, das seinen Mann er-
nährende Geschäft begründete, und das geschah in der zweiten
Hälfte der dreißiger Jahre. War er schon in der Heimath
als schlauer Rechenmeister bekannt gewesen, dem gesunder
Mutterwitz überall durchhalf, so darf am wenigsten ge-
muthmaßt werden, daß besondere Vorliebe für ein aben-
teuerliches Dasein ihn über das Weltmeer trieb, was denn
auch durch sein späteres Leben zur Genüge bestätigt wurde.
Ebensowenig hatte er jemals etwas begangen, infolge
dessen der heimathliche Boden ihm unter den Füßen zu
heiß geworden wäre. Fragte ihn aber Jemand nach der
Ursache seines Auswanderns, so lautete die mit bedeutsamem
Emporschrauben der Brauen ertheilte Antwort kurz und
bündig: „Familienangelegenheiten."

Und Familienangelegenheiten waren es in der That
gewesen. Seine einzige Schwester, einst ein auffällig
schönes Mädchen, welche unter den erdenklichsten Opfern
ihrer Eltern, die ebenfalls der edlen Tischlerzunft ange-
hörten, wie durch eigenen unermüdlichen Fleiß sich zur
Erzieherin ausgebildet hatte, war nämlich von einem nicht
mehr ganz jungen Geheimrath als Frau heimgeführt worden.
Damit erreichte das frühere herzliche geschwisterliche Ver-
hältniß selbstverständlich sein Ende. Nur zweimal hatte
Martin nach ihrer Verheirathung das geheimräthliche Haus
besucht, und zwar das erste Mal, um sich nach der Heimkehr von der Wanderschaft vorzustellen und in wohlge-
fügter Rede seine aufrichtigen Glückwünsche darzubringen.
Der Empfang mußte indessen von Seiten des Herrn Schwa-
gers ein recht kühler gewesen sein; denn zwei Jahre ver-
gingen, bevor er abermals erschien, um den Herrn Geheimrath gegen die Sicherheit seiner Ehrlichkeit schüchtern
um ein mäßiges Darlehen zur Begründung einer eigenen
Werkstatt zu ersuchen. Zum Ueberfluß fügte er hinzu,

daß er sich, nachdem er festen Fuß gefaßt habe, nach einer braven Frau mit etwas Geld umzusehen gedenke. Darauf antwortete der Herr Geheimrath, trotz der flehenden Blicke seiner jungen schönen Gattin, ablehnend. Vornehm berief er sich darauf, daß er sich grundsätzlich allen Geldgeschäften fern halte. Unter vier Augen bot er ihm dagegen ein Geschenk in der Höhe von vierhundert Thalern, wenn er sich verpflichte, das Geld zur Ueberfahrt nach Amerika zu verwenden, wo er tausendfach Gelegenheit finde, sich zu Ansehen und Reichthum emporzuschwingen.

In dem Gefühl, daß der Herr Schwager nur darnach trachte, sich auf alle Zeiten seiner zu entledigen, aber auch in dem Bewußtsein, ein derartiges Beiseiteschieben nicht zu verdienen, zumal er sich stets in respektvoller Entfernung von ihm gehalten hatte, ging er nach kurzem Ueberlegen auf das Anerbieten ein. Die Heimath war ihm eben durch das herzlose Verfahren verleidet worden. Am liebsten hätte er dem Geheimrath das Geld vor die Füße geworfen, wäre es ihm nur möglich gewesen, die Mittel zur Ausführung des in ihm angeregten Planes anderweitig aufzutreiben. So landete er denn eines Tages wohlbehalten und mit über dreihundert Thalern in der Tasche in New-York, wo er bald lohnende Arbeit fand.

Sparsam, fleißig und ehrlich, nebenbei von ungewöhnlichem Scharfsinn, legte er einen Dollar nach dem anderen zurück. Daneben aber vorsichtig, sogar mißtrauisch, betheiligte er sich mit seinem kleinen Kapitälchen an einem ihm sicher erscheinenden Unternehmen, wobei er so glücklich war, sein Vermögen im Laufe des ersten Jahres zu versechsfachen. Ohne Sorgen und schlaflose Nächte war es indessen dabei nicht abgegangen, und so beschloß er, um das Erworbene nicht wieder auf's Spiel zu setzen, allen Spekulationen endgiltig zu entsagen.

Neben der Begeisterung für das Tischlergewerbe, be-

seelte ihn der gleichsam fanatische Wunsch, ein Stückchen
Land zu besitzen, dessen Eigenthumsrechte gerade bis in
den Mittelpunkt der Erde hineinreichten. Da aber der
Grund und Boden in der Nachbarschaft von New-York zu
theuer, so entschloß er sich, westlich zu ziehen, und wählte
zu seinem Ziel St. Louis.

Mit ungefähr achtzehnhundert Dollars in der Tasche
und frischem Lebensmuth in der Brust traf er daselbst ein.
Vier volle Wochen verwendete er als vorsichtiger Geschäfts-
mann darauf, sich mit den dortigen Verhältnissen einigermaßen vertraut zu machen und in der Nachbarschaft etwas
Umschau zu halten. Die nächste Folge davon war, daß
er eines Tages mit einem Farmer, der eine Strecke außerhalb der Stadt Ackerbau und Viehzucht betrieb, sich um
dessen sechzig Morgen Land einigte. Fünfzehnhundert
Dollars zahlte er an, ebenso viel blieb ihm noch abzu-
zahlen, und kaum zwei Wochen verstrichen, da hatte er in
dem alten hölzernen Wohnhause seine Werkstatt eingerichtet.

Anfänglich war sein Erwerb ein kümmerlicher, indem
er darauf angewiesen war, bei benachbarten Farmern in
der Vorstadt Arbeit zu suchen. In demselben Maße
aber, in welchem er als gewissenhafter Meister bekannt
wurde, mehrten sich auch seine Aufträge, so daß er schon
nach Ablauf des ersten Jahres einen Theil seiner Schulden
abzutragen vermochte. Nur einen Kummer hatte er, und
der bestand darin, daß er, ursprünglich eine gesellige Natur,
seine Tage in tiefer Einsamkeit zu verleben gezwungen
war, außerdem aber die Zeit ihm fehlte, die kleinen Garten-
felder und tragfähigen Obstbäume hinter dem Hause nach
Gebühr auszunutzen. Doch auch darüber half ein glücklicher Zufall ihm hinweg.

Nach vollbrachtem Tagewerk von der Stadt heimkehrend,
sprach er in einer Schänke vor, um daselbst mit einem
Glase Bier sich zu erquicken. Nebenbei hatte ihn Musik

angelockt, und als er eintrat, wurde er eines mit ihm
ungefähr gleichaltrigen Mannes ansichtig, der sich durch
wildes braunes Lockenhaar, einen stolz emporgedrehten
starken Schnurrbart nebst Knebelbart auszeichnete. Ziemlich
schäbig gekleidet, hielt er auf den Knieen eine große Zieh=
harmonika, welcher er mit erträglicher Gewandtheit die
allerschönsten Heimathweisen entlockte.

Ueber sein Glas hinweg beobachtete Martin Findegern
den Virtuosen lange aufmerksam. Hin und wieder schüttelte
er den Kopf zweifelnd, um indessen alsbald wieder, die
Blicke auf den Fremden gerichtet, in tiefe Betrachtungen
zu versinken.

Endlich ließ der Virtuose in seinen Vorträgen eine
Pause eintreten. In würdevoller Haltung mit einem Noten=
blättchen von Tisch zu Tisch schreitend, gelangte er auf
seinem Rundgange auch zu Martin Findegern. Pünktlich
legte dieser das bereit gehaltene Fünfcentstück auf das
Papier, bemerkte aber, indem er scharf zu dem vor ihm
Stehenden aufsah: „Es sollte mich nicht wundern, hätten
wir uns früher schon gesehen."

„Habe nicht die Ehre," versetzte der Fremde, das Ge=
sicht geringschätzig halb abkehrend, infolge dessen Martin
Findegern deutlich zwei lange Narben unterschied, die sich
auf seiner linken Wange kreuzten.

„Doch, doch, Mann," erklärte Martin bringlicher, „ich
könnte d'rauf schwören. Die beiden Schmarren in Ihrem
Gesicht sind mir unvergeßlich."

„Wo sollten wir einander begegnet sein?" hieß es
noch immer vornehm herablassend zurück, und wie im
Spott senkte sich der eine Mundwinkel sammt der betreffen=
den Schnurrbarthälfte.

„Bless you, Mann, in Heidelberg," erklärte Martin
Findegern lebhaft. „Jetzt entsinne ich mich auch Ihres Na=
mens. Krehle nannte man Sie, als es sich darum handelte,

Zeugenaussagen zu bestätigen. Das war ja eine fürchter-
liche Schlägerei zwischen Studenten und Handwerksburschen,
und wenn Sie mir damals mit Ihrem ungehörig schweren
Stock den Schädel nicht in Scherben brachen, so lag es
sicher nicht an Ihrem guten Willen. Hatte ich doch kaum
noch die Kraft, Sie über den Kopf zu schlagen, daß Ihnen
das Blut über die Stirne lief; und das Ende vom Liede
war: ich mußte drei Tage brummen.“

Mehr und mehr hatten bei diesen eifrigen Mittheilungen
Krehle's Züge sich erhellt. Ein Anflug von Wehmuth
trübte gleich darauf seine Augen, und als Martin schloß,
da knüpfte er an dessen letzte Bemerkung mit den Worten
an: „Und mir wurden vierundzwanzig Stunden Carcer
zuerkannt. Doch gleichviel, der empfangene Schlag hat
wenigstens in dieser Angelegenheit mein Gedächtniß verschärft, und ich müßte mich sehr irren, wenn Sie nicht
ein gewisser Findegern wären.“

„Martin Findegern, wie er leibt und lebt,“ bestätigte
dieser sichtbar herzlich erfreut, und treuherzig reichte er
dem früheren Gegner die Hand, „und wenn mir seit langer
Zeit wieder einmal eine angenehme Ueberraschung wider-
fuhr, so geschah das heute, als ich die beiden Schmarren
in Ihrem Gesicht wieder erkannte.“

Und wie Martin Findegern, offenbarte nunmehr auch
Krehle seine Befriedigung, Jemand gefunden zu haben,
mit dem er gemeinschaftlich der alten Zeiten gedenken
könne. Dann aber dauerte es nicht lange, da saßen die
einstigen Todfeinde in angelegentlichem Gespräch vertraulich
beieinander. Das Ergebniß dieser, wohl eine Stunde
dauernden Unterhaltung war, daß Doktor Arminius Krehle,
wie er sich stolz nannte, mit dem Wanderstabe in der
rechten Hand, und die Ziehharmonika unter dem linken
Arm — seine ziemlich schlaffe Reisetasche trug Martin
Findegern — diesen nach Hause begleitete, um sich nicht

mehr von ihm zu trennen. Als Bedingung war zwischen
ihnen vereinbart worden, daß Doktor Krehle die Pflege
des Gartens und der Obstbäume zu übernehmen habe,
wofür Martin Findegern ihm ein seinen Bedürfnissen ent-
sprechendes Monatsgehalt zusagte. Da indessen mit dieser
Beschäftigung Krehle's Zeit nicht ganz ausgefüllt wurde,
so versuchte er es mit dem Schreiben von Zeitungsartikeln,
jedoch nur so lange, bis er sich von der Nutzlosigkeit seines
Strebens überzeugte. Seine Anschauungen paßten eben
nicht für die amerikanischen Verhältnisse. Dann verfiel
er auf die Idee, eine Schmetterlingssammlung für den
Verkauf nach dem Auslande anzulegen, allein auch damit
wurde es nichts, weil die selteneren Falterarten ihm zum
Zweck des Aufgespießtwerdens nicht zufliegen wollten. Nach
diesen bitteren Täuschungen entschloß er sich endlich schweren
Herzens, ebenfalls zu einem Handwerk zu greifen. Er begann damit, sich in das Geheimniß des Lackierens der von
Martin Findegern angefertigten Möbel einweihen zu lassen.
Der Erfolg war ein überraschender. Außerdem aber entdeckte er bei dieser Gelegenheit sein Talent zum Malen,
welches er in seinen zahlreichen Mußestunden zur eigenen
Befriedigung und Martin's ungeheuchelter Bewunderung
mit lobenswerthem Eifer pflegte. Sein erstes Meisterwerk
bestand darin, daß er auf einem Brett oberhalb der Hausthür das Bildniß einer Riesenschnecke herstellte, welche ihr
in allen Regenbogenfarben prangendes Haus auf dem
Rücken trug, eine von Martin Findegern dankbar an-
erkannte Anspielung, weil er selber nicht nur sein Haus,
sondern auch den ganzen wüsten Platz am liebsten überall
hin mit sich herumgeschleppt hätte. So war er auch voll-
kommen zufrieden damit, daß sein Heimwesen von da ab
den Namen „Schneckenhaus" führte. Nach dieser ersten
gelungenen Probe entstanden darauf, wo nur immer eine
geeignete Fläche sich innerhalb und außerhalb des Hauses.

bot, zahlreiche charakteristische Gemälde, namentlich Por-
traits Findegern's in allen denkbaren Stellungen, an welchen
die beiden Gefährten sich in gleichem Maße erfreuten.

Aus den beiden Haus= und Arbeitsgenossen wurden
solcher Art zwei Freunde, die trotz der Verschiedenartigkeit
ihrer Bildungsstufe und Ansichten mit unverbrüchlicher
Treue aneinander hingen. Wenn aber diese Verschieden=
artigkeit häufig zu bösem Haber führte, der in vielen
Fällen mit einer gegenseitigen Kündigung auf sofort en=
digte, so kühlten die Gemüther sich andererseits jedesmal
ebenso schnell wieder ab, wie sie sich erhitzten, und Alles
ging seinen gewohnten ruhigen Gang. Doch so eng sie
miteinander verbunden sein mochten: eine Kluft blieb
zwischen ihnen bestehen, nämlich daß statt der vielleicht
wohl angebrachten Brüderschaft das etwas förmliche:
„Herr Doktor Krehle" und „Herr Martin Findegern"
fortan Geltung behielt.

Zehn Jahre waren verstrichen, als Martin Findegern
gezwungen war, zum Zweck der Weiterführung und Neu=
anlage von Straßen, einen Theil seines Besitzthums —
selbstverständlich gegen hohe Entschädigung — an die Stadt
abzutreten. Doktor Krehle nannte es ein glänzendes Ge=
schäft, natürlich der Grund zu einem ernsten Zerwürfniß,
wogegen Martin Findegern thränenden Auges überwachte,
wie sein Land zu einem regelmäßigen Viereck beschnitten
wurde. Er beruhigte sich indessen sehr bald, nachdem die
ihm gebliebene, noch immer sehr ansehnliche Fläche, laut
Kontrakt mit einem acht Fuß hohen festen Palissadenzaun
eingehegt worden war. Seine Befriedigung erhöhte, daß
er von jetzt ab die Grenzen seines Eigenthums so viel
leichter zu übersehen vermochte.

Durch den erheblichen baaren Vermögenszuwachs war
er freilich in die Lage gerathen, eine Familie ohne viele
Sorgen ernähren zu können; leider stand er aber schon in

einem Alter, in welchem man wählerisch wird. Und wie
für den Doktor Krehle, war es auch für ihn selbst ein
unerträglicher Gedanke, die Herrschaft auf seinem Grund
und Boden mit einer noch so sanftmüthigen Hausehre
theilen zu müssen.

Abermals gingen fünf oder sechs Jahre dahin, und
aus der Tischlerei war längst eine Sargfabrik geworden,
für welche sogar mehrere Meister in der Stadt arbeiteten,
als eines Tages ein pfiffig dareinschauender Amerikaner
bei Martin Findegern erschien und ihm vierzigtausend
Dollars für seine Besitzung bot.

Obwohl freudig erstaunt, schüttelte Martin den Kopf
und erklärte mit verschmitztem Augenblinzeln, daß er sein
Land nicht gekauft habe, um es wieder aus den Händen
zu geben.

Der Amerikaner erhöhte sein Gebot um fünftausend
Dollars, und abermals und immer wieder, bis er endlich
die Summe von achtzigtausend erreichte; jedoch nur um
ebenso oft von dem nicht minder pfiffigen Martin zu
hören, daß er um das Geld betrogen und bestohlen
werden könne, wogegen es schon einen recht kräftigen Mann
erfordere, um auch nur einen Sack voll Erde von seinem
Grundstück heimlich davonzutragen, und damit war die
Sache erledigt.

Jahre gingen dahin und näher rückte die Stadt seiner
geliebten Scholle, als ihm, wiederum unerwartet, der Vor=
schlag zuging, sein Grundstück, ohne viel zu feilschen, für
hundertundfünfzigtausend Dollars hinzugeben.

„Nicht für doppelt so viel," entschied Martin Finde=
gern zu Doktor Krehle's Entzücken, der für seine Kunst=
erzeugnisse fürchtete, und weiter lebte er mit dem von ihm
unzertrennlichen Gefährten nach alter Weise, ohne sich
jemals nach einer Aenderung seiner äußeren Lage zu
sehnen. Das Einzige, wozu er sich entschloß, bestand darin,

daß er eine schwarze Aufwärterin annahm, welche den
Tag über seinem bescheidenen Hauswesen vorstand, jedoch
des Abends sich jedesmal wieder entfernte.

Jahr auf Jahr verstrich, und mit jedem einzelnen
wuchsen und befestigten sich die Seltsamkeiten der beiden
alternden Junggesellen. Jahr auf Jahr und nach Tau=
senden zählten die Menschen, welchen Martin ihr letztes
Haus gebaut und Doktor Krehle es kunstgerecht lackiert
hatte. Die Stadt, und zwar deren schönster Theil, schob
sich an dem Palissadenzaun vorbei und neue erhöhte An=
gebote ergingen an Martin Findegern, ohne daß sein fester
Wille dadurch erschüttert worden wäre. Als er aber end=
lich viermalhunderttausend Dollars mit einer Miene ab=
lehnte, als ob es sich um einen Korb Hobelspäne zum An=
heizen gehandelt habe, da nannte man ihn verrückt. Höchstens
erkundigte man sich noch unter der Hand, ob er den Schand=
flecken der Stadt nicht aufgeben wolle, um sich mit einem so=
liden Vermögen zur Ruhe zu setzen, und immer vergeblich.

So war das Jahr 1862 herangekommen, also das
zweite des mit wachsender Erbitterung geführten Bürger=
krieges, als das patriarchalische Leben der beiden innig
verbundenen Genossen eine nichts weniger als willkommene
Störung erleiden sollte.

Mit Europa hatte Martin Findegern seinen ohnehin
spärlichen Briefwechsel gänzlich aufgegeben, nachdem ihm
die betrübende Kunde von dem Tode seiner Schwester über=
mittelt worden war. Das geschah vor acht Jahren, mithin
lange genug für ihn, die ganze überseeische Verwandtschaft
zu vergessen. Sich bei dem geheimräthlichen Schwager
nach dessen drei Kindern zu erkundigen, hielt er für über=
flüssig, weil er glaubte, auf keine Antwort rechnen zu
dürfen, und so gedachte er auch ihrer, die er nie kennen
lernte, kaum noch beiläufig.

Frühling war es und ein so lieblicher Nachmittag,
wie er unter jenen bevorzugten Breiten nur denkbar. Die
Pfirsich- und Apfelbäume hinter dem Schneckenhause blühten
üppig und verheißend. Auf den breiten Landflächen, die
unbestellt blieben, grünten dagegen Unkraut und Brombeer-
ranken um die Wette mit den jungen Pflanzen auf den nach
Schnur- und Winkelmaß sich aneinander reihenden Beeten.
Träge hing das Sternen- und Streifenbanner von dem
hohen Flaggenmaft nieder, welchen Martin bald nach Ausbruch des Krieges aus Patriotismus für den Norden und
zum Hohn der in St. Louis lebenden zahlreichen Seccessionisten errichtet hatte, um jede von den Unionisten ge-
wonnene Schlacht durch deren Hissen feierlich begrüßen zu
können.

Mit der Anfertigung eines Sarges für das Magazin
beschäftigt, während Doktor Krehle einen anderen mit
großer Sorgfalt lackierte, hatte er eben Vesperschicht gemacht, um mit diesem beim Glase Bier ein halbes Stünd-
chen zu verplaudern. Auf der Hobelbank saß er, neben
sich ein Zeitungsblatt — seit Ausbruch des Krieges waren
die beiden alten Junggesellen eifrige Politiker geworden —
dessen Inhalt den Stoff für ihr Gespräch bildete.

Von guter Mittelgröße, hager, dabei aber kräftig und
sehnig gebaut, mit dem gefältelten weißen Hemde — er
hielt nämlich nach amerikanischer Sitte auf seine Wäsche —
ferner mit der blauen Latzschürze und den bis über die
Ellenbogen emporgerollten Aermeln war Martin Findegern
nicht nur eine selbstbewußte, sondern auch ansehnliche Erscheinung. Trotz des respektablen Alters von achtundfünfzig
Jahren, verrieth sich in seiner Beweglichkeit noch immer eine
gewisse Jugendfrische. Seinem länglichen, hageren Gesicht
mit den klugen blauen Augen und der wunderbar spitz in die
Welt hinausragenden, etwas schief gerathenen großen Nase
gereichte zur besonderen Zierde ein pinselartiges Bärtchen

von zweifelhafter Farbe, welches sich unterhalb des Kinns
keck hervorschob.

Gutmüthigkeit war der Hauptausdruck dieses wunder=
lichen Antlitzes; daneben aber machte sich ein eigenthüm=
licher Zug von Verschlagenheit geltend, so daß man bei
der ersten oberflächlichen Bekanntschaft nicht recht wußte,
welcher von diesen Eigenschaften der Vorrang gebührte.
Sein mit Weiß gemischtes röthliches Haar bedeckte ein
schwarzer Cylinderhut — eine andere Kopftracht kannte
er nicht — den er, so oft eine Pause in der Arbeit ein=
trat, mit großem Bedacht auf seine feuchte und daher
gegen Erkältung empfindliche Stirn drückte.

Vor ihm auf einem des Anstrichs harrenden Sarge
saß Doktor Arminius Krehle, neben sich ein Glas Bier
und zwischen den Zähnen eine echt deutsche lange Pfeife
mit verschossenen Seidenquasten. Seitdem er zum ersten
Male wieder mit Martin Findegern zusammentraf, hatte
er sich im Aeußeren nur wenig verändert. Da war das=
selbe braune, jetzt freilich mit einigen Silberfäden durch=
zogene lockige Haar, derselbe Bartschnitt, wie er ihn schon
als flotter Bursche getragen haben mochte, und da waren
vor allen Dingen dieselben braunen Augen, die in einer
Weise schauten, als ob ihm das ganze Erdenrund unter=
than gewesen wäre. Von einem bestimmten Ausdruck
seines runden, fleischigen Gesichtes ließ sich eigentlich
nichts Zuverlässiges behaupten. Unzweifelhaft war nur
der einer unerschütterlichen Gemüthsruhe, wie sie seiner
zur Wohlbeleibtheit hinneigenden kurzen Gestalt entsprach
und sich dem lebhafteren Freunde gegenüber leicht bis zu
dessen Verzweiflung steigerte.

Martin hatte eben einen Kriegsbericht vorgelesen und
seine kurze Pfeife mit dem Porzellankopf in Brand gesetzt,
worauf er, die Brauen nach der Stirn hinaufschraubend
und mit dem rechten Auge listig blinzelnd, seine Erörte=

rungen mit den Worten eröffnete: „Sie können glauben,
Herr Doktor, diese gelegentlichen Rückwärtsbewegungen
der Unionisten sind nur darauf berechnet, den Feind in
eine Falle zu locken."

Krehle drückte mit dem kleinen Finger die Asche in
seiner Pfeife nieder, senkte den linken Mundwinkel sammt
Schnurrbarthälfte tief herab, die bekannte Bewegung,
welche Martin auf hundert verschiedene Arten deutete und
verabscheute, und antwortete empörend gleichmüthig: „Die
Unionisten gehen ohne Zweifel bis über Washington hinaus
zurück, damit die Seccessionisten mit aller Bequemlichkeit
in die Landeshauptstadt einziehen können."

„Bless you, Herr Doktor," versetzte Martin, welchem
die Zornesröthe in's Antlitz stieg. „Wüßte ich nicht, daß
Sie im Herzen auf Seiten der Nördlichen stehen, möchte
ich Sie für einen Rebellen halten. Es sollte mich kaum
wundern —"

Das Bellen des Hofhundes, welches Fremde anmeldete,
unterbrach ihn; Beide spähten durch das Fenster nach dem
Thorwege hinüber.

„Ein wunderbar kluges Thier, dieser Hobel; meldet
die Leute, bevor sie die Pforte geöffnet haben," bemerkte
Martin, und nachdenklich betrachtete er den durch seinen
Namen der Tischlerzunft eingereihten Hund, welcher auf
Grund seines Aeußeren wie seiner Seltsamkeiten mit Fug
und Recht als der Dritte im Bunde bezeichnet werden
durfte. Ungewöhnlich groß und gänzlich schweiflos, neben=
bei ein Ausbund von Häßlichkeit, zählte er zur Sippe
der Schlächterhunde. Seinen Dienst versah er mit erträg=
licher Gewissenhaftigkeit, und was er sonst noch verstand, be=
schränkte sich auf die ihm von Krehle mit großer Geduld bei=
gebrachte Kunst, auf ein gegebenes Zeichen sich auf derselben
Stelle im Kreise zu drehen und lustig bellend mit den Zähnen
nach seinem abhanden gekommenen Schweif zu schnappen.

Endlich öffnete sich die Pforte zögernd, als hätten die betreffenden Besucher vor ihrem Eintritt noch einige berathende Worte gewechselt, und herein schritten zwei Herren und eine Dame, die nach flüchtiger Umschau die Richtung nach dem Schneckenhaus hinüber einschlugen.

„Die sehen nicht aus, als kämen sie, um sich einen Sarg zu bestellen," meinte Krehle, die Fremden aufmerksam betrachtend.

„Die nicht," bestätigte Martin; „aber sie spähen um sich, als ob sie den Werth meines Grundstückes abschätzten. Wahrscheinlich Kauflustige."

„Ist ein gutes Geschäft zu machen, so würde ich an Ihrer Stelle darauf eingehen," bemerkte Krehle gleichmüthig.

Martin Findegern schleuderte ihm einen Zornesblick zu, indem er erklärte: „Heimleuchten will ich ihnen, daß ihnen die Kauflust auf ewig vergeht."

Schnell drückte er den Hut, den er eben abgelegt hatte, wieder auf sein Haupt, und in der Absicht, den Fremden dadurch den Weg zu zeigen, trat er in's Freie hinaus.

Die sich Nähernden waren Martin's kaum ansichtig geworden, als sie ihre Schritte auf ihn zulenkten, jedoch in den Bewegungen immer noch Zweifel verriethen. Er gewann dadurch Zeit, sie eingehender zu prüfen, nicht minder Krehle, der sie schadenfroh durch das Fenster betrachtete.

Zwei stattliche junge Männer waren es, die am wenigsten wie Geschäftsleute aussahen, dagegen in Haltung wie Bekleidung ein besseres Herkommen verriethen. Weit jünger als sie, höchstens siebenzehn Jahre alt, war ihre Begleiterin, deren Blicke, nach den lebhaften Bewegungen des mit einem kleidsamen Strohhut bedeckten Hauptes zu schließen, kindlich neugierig in alle Richtungen

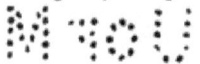

flogen, bis sie endlich auf der blauen Schürze und dem hohen schwarzen Hut haften blieben.

Je näher die jungen Leute kamen, um so durchdringender starrte Martin auf die drei hübschen Physiognomien. Es war, als hätte er in denselben nach etwas gesucht. Unwillkürlich nahm er die erloschene Pfeife aus dem Munde, sie hinter dem Schürzenlatz bergend. Einen plötzlich erwachten Argwohn vergeblich bekämpfend, bemerkte er kaum, daß die beiden jungen Männer ihn höflich begrüßten, und das Mädchen, eine schlanke, freundliche Gestalt mit holdselig erröthendem fröhlichen Kinderantlitz, sich anmuthig verneigte. Den Rand seines Hutes als Gegengruß mit den Fingern nachlässig berührend, fragte er eintönig, womit er dienen könne, dann wechselte er die Farbe. Scharfsinnig hatte er entdeckt, daß die Fremden mit einem Ausdruck auf ihn hinsahen, welchem unzweideutig Enttäuschung zu Grunde lag.

(Fortsetzung folgt.)

Ihr Geheimniß.

Novelle

von

Georg Hartwig.

———

1.

Ueber Nacht hatte es stark gewittert. Jetzt in der Frühe brach der Sonnenball wie ein strahlendes Freuden= antlitz durch das fliehende Wolkenheer und trieb es im Fluge auseinander. Nun blauete der Himmel, die Vögel sangen in den frisch aufgeblühten Jasminsträuchern, zwi= schen den schlanken Gräsern funkelten die letzten Regen= tropfen und aus den Kelchen der halb entfalteten Rosen stieg ein wonnesamer Duft zum Morgenlicht empor.

In der Geißblattlaube am Weiher, auf welchem weiße Schwäne träge dahinzogen, klirrten die Kaffeetassen unter der Hand des ordnenden Dieners. Zwei kleine Mädchen im Alter von sechs und sieben Jahren standen harrend am Eingang der Laube und verfolgten mit ungeduldigem Eifer die Ausschmückung des Frühstückstisches. Jetzt setzte der alte, im Dienst ergraute Johann die silberne Platte mit der buntbemalten Kanne und dem weitbauchigen Sahne= topfe nieder, überzeugte sich noch einmal von dem Inhalt der Zuckerdose, rückte die Schale mit Honig etwas mehr in den Vordergrund, schob vier Stühle regelrecht an den Tisch heran und sagte endlich lächelnd: „Nun können wir die Mama rufen!“

Wie im Sturm flog das goldlockige Schwesternpaar davon, dem Hause zu. „Mama, Mama — der Kaffee ist fertig! Komm!"

Sofort öffnete sich ein Fenster zu ebener Erde, und ein Frauenkopf nickte freundlich durch die weißen Spitzen= vorhänge. „Ich komme. Wo ist der Vater?"

„Papa ging vor einer Weile mit dem Gärtner in's Gewächshaus," rief Alma, die Aelteste, noch ziemlich athem= los vom schnellen Lauf.

„Er sagte, er käme gleich zurück," fiel Asta, die Jüngere, ein, ihre Locken aus der heißen Stirn streichend. „Du solltest nur immer herauskommen, Mama!"

Die junge Frau hatte den Schluß dieser Aufforde= rung nicht mehr abgewartet. Sie trat bereits aus der Hausthür auf die von Weinlaub umrankte Veranda.

„Da bin ich. Guten Morgen, meine lieben —"

Sie kam nicht weiter. Beide Kleinen hielten mit ihren Armen die Mutter umfangen und zogen deren glücklich lächelndes Haupt zu sich nieder.

„Guten Morgen, Mama! Guten Morgen, liebe Mama!" riefen sie, derselben Hände und Lippen mit jugendlichem Ungestüm küssend. „Heute siehst Du aber schön aus!" Sie traten zurück und bewunderten das weiße Morgen= kleid mit den leuchtenden rothen Schleifen. „Und wie Deine Augen strahlen!"

„Närrchen!" sagte die erröthende junge Frau, ihre beiden Töchter an den Händen fassend und mit ihnen den Gartensteig nach der Laube hinabschreitend. „Heute ist ja unser Hochzeitstag. Heute sind Papa und ich acht Jahre verheirathet."

„Gab's da auch so hohe Kuchen mit weißem Zucker= guß und buntem Zuckerzeug daran," fragte die zierliche Asta, ihre rosige Wange an der Mutter Kleid schmiegend, „wie neulich bei Tante Wredow?"

Die junge Frau nickte lebhaft. „Auch Baumkuchen gab's — gewiß!" Sie wurde plötzlich ernst und drückte ihrer Kinder Hände fester in den ihrigen.

„Mama, wie schön mußt Du als Braut ausgesehen haben!" rief Alma entzückt. „Trugst Du auch so einen grünen Kranz mit langem Schleier?"

„Natürlich! Wollt ihr den Kranz nachher einmal ansehen?" fragte die junge Frau bewegt. „Ich habe ihn sorgsam aufgehoben neben Papa's weißem Rosenstrauß, den er mir damals schenkte."

Ihre Stimme war sehr weich geworden.

„Da kommt Papa! Guten Morgen, Papa! Wir gratuliren zu Deinem Hochzeitstage!" Die beiden Kleinen machten sich frei und stürmten einer hohen Männergestalt entgegen, welche soeben raschen Schrittes aus dem dicht= verwachsenen Boskett trat.

Sein erster Blick streifte die reizvolle Erscheinung seiner Gattin, die ihm strahlenden Blickes entgegenlächelte. Wie sie jetzt vor ihm stand, die schöne Gestalt, mädchenhaft zart geschmückt, das längliche, von sanfter Röthe über= gossene Antlitz erwartungsvoll gehoben, dieses süße Antlitz mit den tiefblauen Augensternen und den feinen, vor Er= regung bebenden Lippen, da quoll der Strom seiner Liebe mächtig über. Egon v. Wartenberg trat zu seinem Weibe und küßte, sie in die Arme schließend, ihren Mund mit fast bräutigamswarmer Innigkeit.

„Erika, meine geliebte Erika! Noch viele, viele Jahre, wie diese, welche hinter uns liegen!"

Sie drückte sich stumm an seine Brust.

„Vorausgesetzt," fuhr er scherzend fort, „daß Du diese acht Jahre neben mir erträglich fandest."

„O Egon —" Ihre Stimme versagte. Thränen füllten ihre Augen.

„Ich muß doch einmal ein ernstes Wörtchen mit Dir

sprechen," sagte der Freiherr mit vorwurfsvoller Zärtlich=
keit. „Diese Neigung zur Melancholie darf nicht mehr
zunehmen. Sieh, was ich Dir mitgebracht habe! Gib
her!" rief er in's Gebüsch zurück.

Der Gärtner trat mit stolzem Selbstbewußtsein zu
dem Gutsherrn, welcher ihm rasch einen Blumentopf ab=
nahm und ihn seiner Gattin überreichte.

„O!" riefen auch die Kleinen, sich auf die Fußspitzen
erhebend.

„Eine Erika für eine Erika!" sagte Egon.

Es war ein Prachtexemplar von erstaunlicher Fülle
und Größe.

„Ja, der gnädige Herr hat schon ein ganzes Jahr
seine Freude daran gehabt," schmunzelte der Gärtner ge=
schmeichelt. „Jeden Morgen war sein erster Gang zur
Erika. Wie habe ich sie vor der gnädigen Frau ver=
stecken müssen! Ich war immer in Angst, die Frau Ba=
ronin möchten 'was merken."

„Nein, Friedrich," sagte Erika mit erglühten Wangen,
„daran dachte ich nicht. Aber ich danke Ihnen für Ihre Mühe."

Der Gärtner zog sich, ganz roth vor Freude über das
Lob, zurück, während der Hausherr seiner Gattin den
Arm reichte, sie zum Frühstückstisch zu führen. Lustig
sprangen die Kleinen voran.

„Egon, Du bist so gut," flüsterte sie. „Ich verdiene
es nicht."

„Aber ich verdiene jetzt eine Tasse Kaffee," lehnte er
scherzend ab. „So, hier steht meine Gabe, hier können
wir sie Alle sehen und bewundern."

Die junge Frau waltete ihres Hausfrauenamtes mit
unbewußter Anmuth. Aufmerksam verfolgte sie die Be=
dürfnisse der Ihrigen, jeden Wunsch schon im Entstehen
errathend. Ihre weißen Hände regten sich lautlos und
doch immer geschäftig, bis das Kinderpaar aufstand.

„Jetzt gib uns Brod, Mama, für die Schwäne — ja?"

Nach Empfang desselben sprangen sie nach dem Weiher, über dessen blauer Fläche ein Heer von Insekten summend schwärmte.

Das Ehepaar blieb allein zurück.

Egon beobachtete unbemerkt die Schatten einer unbegreiflichen Veränderung in den Gesichtszügen seiner Gattin. Ihr Antlitz, fest und schwer in dem aufgestützten Arm ruhend, war mit tieftraurigem Ausdruck dem blühenden Blumentopf in der Mitte des Tisches zugewandt. Welch' ein Reichthum von Gefühl sprach daraus, von Liebe und von —

Egon berührte ihre Hand.

Sie schreckte zusammen und fast augenblicklich umspielte das gewohnte freundliche Lächeln Erika's Lippen. „Wie Du mich erschreckst," sagte sie kopfschüttelnd.

„An was dachtest Du?" fragte er, ihre Hand liebkosend.

Sie erröthete. „Du wirst schelten —"

„Schelten? Und noch dazu heute?" rief er vorwurfsvoll. „Im Uebrigen, weißt Du nicht, wie lieb mir Offenherzigkeit ist? Nein, das soll kein Tadel sein," unterbrach er sich zärtlich, als ihre Finger mißbilligend sich zusammendrückten. „Wann hättest Du mir je etwas verschwiegen! Oder ich Dir! Also an was dachtest Du?"

Sie zauderte. Ihre Wangen waren erblaßt. Aber an diesen schnellen Wechsel ihrer Gesichtsfarbe gewöhnt, übersah ihn der Freiherr. „Ich dachte an das, was ich war — und an das, was Deine Liebe aus mir gemacht hat."

„Ob ich es nicht vorher wußte!" rief der Freiherr lachend.

„Nein, das weißt Du nicht," sagte Erika mit fester Betonung, „Du kannst nicht wissen, welche Rückerinne-

rungen mich so oft im Anschauen Deiner Güte, Deines
Reichthums überwältigen. Hoffnungslos, ein armes, ab=
hängiges Geschöpf, welches vor jeder Laune des Schicksals
zu zittern gezwungen war, der Noth preisgegeben, so sahst
Du mich, so fandest Du mich."

„Das heißt, ich sah an einem Sommerabend ein auf=
fallend schönes, sittsam gekleidetes Mädchen neben dem
Fahrstuhl eines alten, keifenden Weibes einhergehen, sanft=
müthig, geduldig, wie ein Engel. Um Dich zu quälen,
warf die Alte von Zeit zu Zeit Taschentuch, Buch, Hand=
schuhe, und was sie sonst besaß, zu Boden, und Du bücktest
Dich unzählige Male darnach, ohne einen Vorwurf laut
werden zu lassen. Zuletzt behauptete sie gar, ihre Brille
unterwegs verloren zu haben, und schickte Dich eine weite
Strecke zurück."

„Es waren viele Menschen auf der Promenade, ich
fürchtete mich, allein —"

„Ja, es schien, als ob Du Dich weigertest. Aber dann
siegte die rohe Gewalt — Du gingst und ich mit Dir."

„Auf dem Rasen fand ich das abgenutzte Futteral ohne
Brille."

„Ich hatte mich Dir noch nicht genähert, als aber
jetzt ein junger, vorlauter Mensch Dich zu belästigen be=
gann —"

„Sah ich Dich als Schutzgeist plötzlich an meiner
Seite stehen und —"

„Zwangst mich, sofort und ohne Besinnen mich in
Dich sterblich zu verlieben."

Ihre Augen leuchteten. „Du trafst uns wieder im
Freien und wieder, sprachst meine hartherzige Brodgeberin
an und endlich —"

„Endlich machte ich Dir begreiflich, daß nichts An=
ererbtes im Stande sei, Deinen Vollbesitz mir zu ersetzen,
und so kamst Du denn zu der Einsicht, daß es sich im

Arm der Liebe besser leben ließe, als unter der Abhängig=
keit eines zanksüchtigen, boshaften alten Weibes."

Sie schlang ihre Arme um seinen Hals. „Aber ich
war armer Leute Kind —"

„Hochachtbarer — und das ist die Hauptsache," sagte
er, ihr blondes Haupt an sich drückend. „Auf dem Namen
Deiner frühverstorbenen Eltern ruht nicht der geringste
Makel."

„Nein," sagte sie gepreßt.

„Nun, siehst Du! Arm und unbescholten ist genau
dasselbe wie reich und unbescholten. Ich weiß, was Dich
augenblicklich bedrückt, aber ich sage Dir vorher, daß die
engherzigen Anschauungen und Anfeindungen weitläufiger
Verwandten mich noch nicht einen Augenblick gekränkt
haben. Hast Du denn noch immer nicht volles Vertrauen
zu mir fassen können?"

„O, immer!" flüsterte sie hastig aufschauend.

„Nun, so unterdrücke diese trübsinnigen Anwandlungen.
Du bist mir lieb und werth wie nichts auf der Welt,
Du bist mein Glück, mein Stolz, ein würdigstes Mitglied
unserer Familie."

Es kämpfte etwas gewaltig in ihr. Zuletzt stockte ihr
der Athem für Sekunden. Es war, als hätte sie einen
Entschluß gefaßt. „Und wenn ich —" murmelte sie, seine
Hand heftig an ihre Brust drückend.

„Und wenn Du zehnmal der Abkömmling eines alten
Namens wärest und nicht die Waise eines armen Ge=
richtsschreibers — ich könnte Dir nicht mehr Hochachtung
und Liebe entgegenbringen," fiel er mit entschiedenem Nach=
druck ein. „Dieses Thema ist jetzt zum letzten Mal er=
örtert, Erika!" Er war aufgestanden. Ein eigener strenger
Zug veränderte sein Antlitz. „Hörst Du? Ich spreche
nie wieder darüber und wünsche auch, daß Du nie wieder
darüber nachsinnst. Es ist dies eine Beleidigung für mich."

Sie sprang hocherregt auf und stürzte an seine Brust. Ein Thränenstrom brach aus ihren Augen.

„Soll ich nicht so hart mit Dir in's Gericht gehen, kleine, sentimentale Frau?" fragte er bewegt, ihre Wange küssend. „Weißt Du auch, daß Thränen eine schlechte Vorbedeutung für das künftige Jahr sind?" schloß er neckend.

Sie trocknete hastig die Wimpern. „Das darf es nicht." Aber es durchschauerte sie doch eigenthümlich kalt „Ich verspreche Dir —"

„Mama," rief Asta mit klagender Stimme, „Alma hat mir ein Stück Brod fortgenommen!"

Erika fuhr zusammen. „Fortgenommen? Wer?"

Die kleine Sünderin stand mit verlegener Miene da.

„Wer hat etwas fortgenommen, was ihm nicht ge= hört?" rief Erika, mit einer ihr sonst fremden Leidenschaft= lichkeit um sich schauend. „Wie darfst Du es wagen —"

„Ich bitte Dich, ein Scherz vielleicht," begütigte Egon, erstaunt über die hochgradige Erregung seiner Gattin.

„Gib das Brod zurück!" sagte Erika mit zitternder Stimme. „Gleich, auf der Stelle! Und nimmst Du noch einmal, was Dir nicht gehört —"

Er betrachtete ihre flammenden Augen, ihre glühenden Wangen verwundert. „Erika!"

Sie zuckte zusammen. Das laute Weinen des Kindes drang ihr in's Herz.

„Geht!" murmelte sie leise. „Vertragt euch und habt euch lieb!" —

2.

Vier Wochen später war der Baron in's Seebad ge= reist.

Auf ihren dringenden Wunsch war Erika mit ihren

Töchtern zurückgeblieben auf dem schönen, stillen Landsitz, den sie so ungern auch nur für Stunden verließ.

Dort wandelte sie zwischen den Laubengängen mit dem beglückenden Gefühl ungestörter Einsamkeit umher, am Weiher entlang oder weit hinein in den ausgedehnten Park, dessen dicht verwachsenes Dach jedem heißen Sonnenstrahl wehrte.

In diese herzerquickende Einförmigkeit brachten die Briefe ihres Gatten die schönste Abwechselung. Er fühlte sich zusehends munterer und gestärkt, daneben aber auch voll wachsender Sehnsucht nach Weib und Kind.

Endlich zeigte eine Postkarte die Stunde an, zu welcher er nach Wartenberg zurückzukehren gedachte. Des Jubels der Kinder war kein Ende. Auch Erika breitete mit demselben leidenschaftlichen Entzücken ihre Arme dem heimkehrenden Gatten entgegen, wie einst vor Jahren dem Bräutigam.

„Ich bringe Dir aber Unruhe in's Haus," sagte Egon, als der Sturm sich etwas gelegt hatte, „liebenswürdige Menschen, deren Bekanntschaft ich im Bade machte, und die begierig sind, unser schönes Süddeutschland kennen zu lernen. Wir können sie jeden Tag erwarten."

„Wer sind denn diese neuen Freunde?"

„Ein Grundbesitzer aus Dänemark, blond und kräftig wie ein Hüne, ein schwedischer Großindustrieller, ein Holländer, ein wahres Prachtexemplar von gedeihlichem Phlegma, und zuletzt ein Nirgendwo und Ueberall in der Welt, ein etwas abgestandener Junggeselle, dem Amerika's Sonne den Scheitel etwas stark gelichtet hat, wie er in einem Dutzend Sprachen zu schwören bereit ist."

Erika lachte und erklärte, ihr Bestes thun zu wollen, den fremden Gästen einen angenehmen Aufenthalt zu schaffen.

Der Diener brachte ein schwarzgesiegeltes Schreiben.

Egon erbrach es und las. „Traurig! Denke Dir, mein alter langjähriger Rechtsanwalt in Iberg ist plötzlich an einem Schlaganfall verstorben. Nun, die lustigen Erben werden ihn gern betrauern. Da heißt es, sich nach einem Ersatz umsehen!"

„Seine Stelle wird wohl bald ausgefüllt sein!"

„Drei für Einen, lieber Schatz. Deshalb keine Sorge!"

Die nächsten Tage verflossen Erika allzu schnell, theils in der Freude ihrer Wiedervereinigung mit dem geliebten Gatten, theils unter den Vorbereitungen zum festlichen Empfang der erwarteten Gäste.

Dazwischen legte es sich allerdings oft wie eine beklemmende Last auf ihre Seele, die sie in verdoppelter Thätigkeit abzuschütteln bemüht war. Sie wollte Mitfreude empfinden, nichts sollte sie daran hindern.

Und so kam der Tag heran, wo die Abendtafel im Speisesaal den letzten Blumenschmuck von ihrer Hand empfing.

Der Baron trat ein. „Soviel Mühe für mich!" Er nahm sie in seine Arme. „Aber jetzt sollst Du Dich selbst schmücken — ich will, daß unsere Gäste Dich bewundern."

Sie nickte. „Warte hier!"

Bald genug kam sie zurück, ihrer Lieblingsgewohnheit nach in weiße Spitzen gehüllt, einige frische Rosen im Haar und an der Brust.

„Und das Brillantkreuz, welches ich Dir mitbrachte?" fragte er, sie entzückt betrachtend.

Sie zuckte leicht zusammen. „Ach nein! Ich habe — sei nicht böse — ein Vorurtheil gegen Steine. Ich weiß nicht —"

„Kleine, wunderliche Frau! Nun, Du weißt genau, was Du thust," schloß er, ihren Mund küssend.

Draußen fuhren rasch hintereinander zwei Wagen vor.

„Da sind sie!" rief Egon auf die Rampe hinauseilend. „Willkommen, meine Herren!"

Aus den Kissen erhoben sich fünf Gestalten, in Staub-
mäntel gehüllt. Der Eine, eine hohe, schlanke Erscheinung
mit einem breitkrämpigen Strohhut auf den dunklen Haaren
sprang elastisch zur Erde nieder und trat lebhaften Schrittes
auf den Freiherrn zu.

„Ich bitte um Verzeihung, Herr Baron, wenn ich als
Fremder und ungebetener Gast dennoch wagte, mich meinem
Freunde Elton anzuschließen. Er behauptet, daß Ihre
Gastfreundschaft zuverlässiger sei, als die seine, denn da
er Ihre Einladung nicht im Stich lassen wollte, war er
entschlossen, mich schon bei meiner Ankunft wieder an die
Luft zu setzen."

Der Freiherr drückte ihm die Hand. „Seien Sie willkommen! Meine Frau wird sich gleich mir über den Zu-
wachs freuen."

„Der Frau Baronin gegenüber dürfte mein plötzliches
Erscheinen noch unentschuldbarer sein, aber ich werde mich
bemühen, den ersten unangenehmen Eindruck mit der Zeit
zu verbessern." Er brachte das Alles in einer fließenden,
gewandten Sprechweise vor, wobei seine interessanten, etwas
scharfen Züge einen bestechend liebenswürdigen Ausdruck
erhielten.

Inzwischen hatte sich der wohlbeleibte Holländer möglichst umständlich aus den Kissen erhoben zur sichtlichen
Verzweiflung des augenscheinlich etwas nervösen Mr. Elton,
welcher mit Händen und Füßen bemüht war, die Vor-
wärtsbewegungen des dicken Herrn zu beschleunigen. Der
Däne hatte den Reisehut abgenommen und schwenkte ihn
dem Gastfreund grüßend entgegen, während er dessen Rechte
mit beiden Händen umfaßte und drückte; dagegen sah der
in rastloser Thätigkeit früh ergraute Schwede sich vor
Allem prüfend in der Runde dieses herrlichen Besitzthums um.

Egon, froh gelaunt, erwiederte die wortreichen Ent-

schuldigungen des Mr. Elton, seinen Freund so ohne
Weiteres mitgebracht zu haben, mit einer einladenden
Handbewegung nach der weit geöffneten Thür der Halle.

Voranschreitend zur Treppe, welche zu den Fremden=
gemächern führte, gönnte er seinen Gästen zuvor die Wohl=
that einer sorgfältigen Toilette, bevor er sie persönlich in
den Salon seiner Gemahlin führte.

Die bereits tief stehende Sonne warf ihre letzten Strah=
len über Erika's liebreizende Gestalt, als sie sich vom
Fenstersitz erhob, den eintretenden Herren hausfraulich
die Hand zu bieten.

„Einer fehlt noch!" sagte Egon, mit Befriedigung
das überraschte Mienenspiel der Fremden betrachtend, als
sie sich über die schlanke Rechte seiner Gemahlin neigten.

„Hätten wir diesen Augenblick voraus geahnt," sagte
der galante Mr. Elton, sich zum zweiten Male tief gegen
Erika verneigend, „so würden wir nicht erstaunt gewesen
sein, daß Ihr Herr Gemahl uns seinen Stammsitz als
den schönsten der Welt rühmte."

In diesem Augenblick wurden draußen im Vorzimmer
rasche, scharfe Schritte hörbar. Die Thür ging auf.

„Liebe Erika — Herr v. Westarp!"

Der nicht mehr ganz junge Mann, dessen vielbewegtes
Leben ihm auf der Stirn geschrieben stand, trat schnell
und mit vollendeter Höflichkeit der Hausherrin gegenüber,
welche ihm gleich allen Uebrigen die Hand grüßend ent=
gegenstreckte.

Ihre blauen Augen strahlten frohe Herzensgüte — da
plötzlich war es, als ob ein Blitzstrahl die Farbe aus
ihren Wangen jagte und die Finger, welche in des Fremden
Hand erkalteten, begannen zu zucken.

Das Alles geschah so schnell und unvermittelt, daß
Niemand der Umstehenden den seltsamen Wechsel gewahrte,
auch Herr v Westarp nicht, obwohl seine grauen Augen

einen flüchtigen Moment forschend auf Erika's schönen
Zügen zu ruhen schienen.

„Ich habe als ungebetener Gast das geringste Anrecht
auf Ihr Wohlwollen, Frau Baronin," versetzte er. „Ist
wirklich noch ein kleiner Rest Ihrer Gnade für mich zurückgeblieben?"

Er sprach mit einer bezaubernden Liebenswürdigkeit,
so daß Erika befreit aufathmete und scherzend sagte: „Seien
Sie versichert, Herr v. Westarp, daß ich meine Fürsorge
in fünf ganz gleiche Theile abgemessen habe, so daß Niemand zurückgesetzt, aber auch Niemand bevorzugt werden
kann."

„Ich und bevorzugt!" seufzte Westarp drollig. „Das
wäre in meinem Lebensbuche ein roth anzustreichender
Fall. Wie müßte der Mensch aussehen, der meiner unbedeutenden Person einen Vorzug gönnte?"

„Zu Tisch jetzt, meine Herren, wenn ich bitten darf!"
rief der Baron, aus dem angrenzenden Speisesaal tretend.

Sofort erhob sich Mynheer van Geeden mit würdevoller Langsamkeit, der schönen Frau vom Hause den Arm
zu reichen.

Westarp sah dem voranschreitenden Paare forschend
nach, bis es im Nebenzimmer verschwand. Erst dann
folgte er.

3.

Das Mahl war zu Ende, als Erika sich von der Tafel
zurückzog und die Herren beim Weine allein ließ.

Ihre Seele war durch die abgewälzte Last einer quälen-
den Vorstellung glücklich erleichtert.

Sie betrat das Schlafzimmer ihrer Kinder. Das Nacht-
lämpchen in der rothen Glasschale flimmerte von der
Decke herab über die weißen Kissen, worin das Schwestern-

paar ruhig athmend schlummerte. Ihre blonden Locken umrahmten die blühenden Wangen, zwischen denen die rothen Lippen halbgeöffnet hervorschimmerten.

Erika's Mutterauge konnte sich nicht sattsehen an diesen Pfändern ihrer Liebe. Sie beugte sich nieder und drückte heiße Küsse auf die Stirnen der holden Schläferinnen.

Es war warm in dem verhangenen Gemach, zu warm für Erika's lebhaft klopfendes Herz. Drunten im Garten, wo jetzt der Mond sein zitterndes Licht über Sträucher und Blumen streute, wehte eine wundervolle Abendluft.

Aus den geöffneten Fenstern des Speisesaales drang lauter Stimmenwechsel durcheinander.

Erika wandte sich dem entfernt liegenden Weiher zu. Er leuchtete wie ein blauer Spiegel zwischen den hängenden Birken. Nichts regte sich in der Runde. Die weißen Wasserrosen darauf schimmerten wie versilbert.

Die Blicke der jungen Frau ruhten gedankenverloren auf den Reizen dieser zauberischen Mondlandschaft. Ferne, ferne Zeiten stiegen vor ihrem Geistesauge auf, niemals vergessene Bilder einer freudlosen ersten Jugendzeit. Damals war es gewesen, wo das Gespenst sich drohend gegen sie erhob, dessen Schatten immerfort, bis in die glücklichsten Stunden ihres Lebens hinein sie verfolgte, das ihr auch jetzt wieder in diesem Augenblicke die Zufriedenheit aus dem Herzen jagte und dafür angstvolle Unruhe, nagenden Zweifel in die Seele senkte.

Welch' eine tückische Laune des Geschickes mußte gerade diesen Mann ihr heute in den Weg führen, den sie weit weg in irgend einem entfernten Winkel der Welt wähnte. Aber was that der Name Westarp zur Sache! Ob er oder ein Anderer! Gleichviel. Das Gespenst stand vor ihr, es verstellte ihr den Weg zur Umkehr, und vorwärts führte er nur an einem Ausgang vorüber, den sie acht lange Jahre schaudernd geflohen, den sie nicht einzuschlagen

gewagt. Aus Furcht? Aus Liebe? Aus Selbstsucht! O,
daß sie damals Kraft genug in sich gefühlt hätte —

Erika fuhr zusammen. Schritte kamen näher.

Sie wandte erschrocken das Haupt.

„Egon —"

„Verzeihen Sie, Frau Baronin, ich bin es, der Ihre
Betrachtungen stört!"

Die Gestalt Westarp's trat aus dem Schatten der
Gebüsche in die mondbestrahlte Helle hinaus.

„Sie?" Das Wort erstarb ihr im Munde. Aber er
hatte sie ja nicht erkannt und sollte sie auch nie, nie er=
kennen! „Ich glaubte in der That, mein Mann —"

„Ihr Herr Gemahl unterstützt noch fürsorglich die
Bemühungen van Geeden's, durch tapferes Trinken das
gewohnte Phlegma ein wenig zu überwinden."

Erika wußte nicht, ob es Wahrheit oder Einbildung
sei, daß die augenblickliche Sprechweise Westarp's eine
merkliche Abschwächung achtungsvoller Höflichkeit bekundete.

Sie wandte sich zum Gehen. „Es wird kühl."

„Kühl? Ich bitte, Frau Baronin, eine Sommernacht,
wie sie nicht schöner gedacht werden kann. Man könnte
Alles um sich her mit Händen greifen trotz des an=
genehmen Nebels, man könnte durch diesen hindurchsehen
bis zur Grenze der Vergangenheit, ja, wahrhaftig, man
thut es!"

Erika's Athem stockte. „Ich glaube doch —"

„Was glauben Sie?" fragte er nähertretend. „An
den Hokuspokus, welchen wir Vorsehung nennen? Ich
nicht. Sonst dürfte die Vergnügungssucht eines Narren
wie Elton mich nicht urplötzlich als Medusenhaupt vor
Ihr Angesicht geführt haben, als Medusenhaupt, vor
dem versteinern muß, dem gewisse Erinnerungen im
Herzen ruhen. Oder sollte mich mein Kennerblick diesmal
getäuscht haben? Sollte Herr v. Wartenberg wirklich

wissen —? Nein, er weiß es nicht," schloß er mit fester
Ueberzeugung.

Sie hatte die gefalteten Hände gegen ihre Brust ge-
drückt. Nun hatte ihr inneres Angstgefühl doch nicht gelogen. Was kam jetzt?

„Ich freue mich," sagte Westarp, der mit sich kämpfen-
den Frau noch näher tretend, wobei seine grauen Augen
mit heißem Glanz auf ihrer liebreizenden Erscheinung
ruhten, „ich freue mich, daß ich meiner Bestürzung erfolg-
reicher Meister ward, als Sie. Denn wenn ich Sie zu
täuschen im Stande war, wie dann erst die Anderen!
Ihrem ersten Augenaufschlag verdanke ich die Gewißheit,
daß jener häßliche Flecken —"

„Schweigen Sie! Schweigen Sie!" rief Erika mit
ausbrechender Angst. „Sie irren!"

„Ich irre?" Er zuckte mitleidig die Achseln. „Schöne
Erika, Ihr Bild hat sich damals zu tief in meine Seele
eingegraben, als daß ich Ihre Persönlichkeit je vergessen
könnte. Daneben sagt mir eine innere Stimme, daß Herr
v. Wartenberg nicht der Mann ist, den man mit Rühr-
märchen von gekränkter Unschuld gewinnen kann. Es
müssen da andere, wie soll ich sagen — Uebersetzungen,
Umschreibungen vorliegen, die zu ergründen mir ein Leichtes wäre."

„Und wenn ich Ihnen sage," fiel Erika mit wieder-
gewonnener Würde, wenngleich mit vor Erregung bebender
Stimme ein, „wenn ich Ihnen sage, daß Sie in diesem
Augenblick ein niedriges Rachegelüst fortspinnen, vor
welchem Ihr Zartgefühl damals schon hätte zurückschrecken
müssen, ein Rachegelüst, welches Sie die Pflichten des
Gastes vergessen läßt und einer schuldlosen Frau die Scham-
röthe in's Antlitz jagt, wenn ich Ihnen sage, daß zwischen
jenem brutalen Gewaltakt und der jetzigen Stunde ein wonne-
reiches Stück Leben für mich liegt, dessen Vollbesitz mir

alles erbuldete Leid vergütet hat und um dessen Erhaltung
ich allein besorgt bin — wollen Sie dann noch wagen,
mir mit diesen Erinnerungen zu nahe zu treten?"

Sie war in ihrer sittlichen Entrüstung hinreißend
schön. Ihre blauen Augen flammten, und die Lippen
zitterten leise.

Westarp's Blicke wurden immer funkelnder. „Warum
sind Sie mir damals wie einem Verfehmten aus dem
Wege gegangen?" flüsterte er halblaut, nach Erika's Hand
greifend. „Warum gaben Sie mir nicht, was Sie dem
Baron so verschwenderisch hinwarfen? Glauben Sie nicht,
daß ich das Alles auch zu würdigen verstanden hätte?
Besser, sage ich Ihnen!"

„Kein Wort mehr!" rief Erika, von Widerwillen und
Angst erfaßt. „Ich will nichts hören. Verlassen Sie mich!"

„Besser, sage ich Ihnen!" wiederholte Westarp ein-
dringlich, ohne ihren gepreßten Ruf zu beachten. „Was
bot Ihnen dieser Mann, was ich Ihnen nicht auch geboten
hätte? Mehr noch hätte ich Ihnen bieten können! Warum
sind Sie mir damals wie ein scheues Wild ausgewichen?
Es wäre Alles anders gekommen!"

„Sie halten mich für schuldig?" fuhr Erika mit leiden=
schaftlicher Heftigkeit auf. „Elender, Sie wagen es, mir
das anzudeuten?"

„Was heißt schuldig!" sagte er achselzuckend.

„Genug!" rief Erika, ihr Antlitz mit beiden Händen
bedeckend und in Thränen ausbrechend. „Ich fühlte es
längst, mein Glück war ein Schein, nur geborgt."

„Behalten Sie es," flüsterte Westarp mit stockender
Stimme, „behalten Sie es, ich will es Ihnen nicht rauben.
Nur schenken Sie mir von diesem Glück einen kleinen —
kleinen Theil. Lassen Sie Geheimniß Geheimniß bleiben,
ich rüttele nicht daran. Ich würde, wenn es darauf an=
käme, einen Meineid für Sie schwören. Zum Beweise

dessen, daß Sie mir vertrauen, reichen Sie mir Ihre Hand — einen einzigen Kuß — Erika, süße, immer Geliebte!"

Sie stand wie erstarrt. Daran, nein, daran hatte sie nicht gedacht. War sie, wenn sie auch nur seine Finger jetzt berührte, nicht erst wahrhaft befleckt in ihrer Ehre? Sie dachte an Egon's zärtliches Lächeln, an seine treue, feste Liebe, und eine unsägliche Wehmuth erfüllte ihr Herz. Sie dachte aber auch an sein reizbares Ehrgefühl, und ein kalter Schauer durchrieselte ihre Glieder. Jetzt vor ihn treten, zu seinen Füßen niederstürzen und eine Beichte ablegen, eine Gewissenslast — und dann vielleicht verachtet werden: sie konnte es nicht ausdenken. Den Blick der bittersten Ueberraschung, des widerwilligsten Staunens glaubte sie nicht ertragen zu können.

Sie schrie laut auf vor Seelenangst und stürzte durch das dicht verwachsene Gebüsch davon.

Westarp sah ihr finster nach. Sein nicht unschönes Antlitz nahm allmählig einen häßlichen, stechenden Ausdruck an. Er murmelte etwas Unverständliches zwischen den Lippen, dann lachte er laut auf, zündete sich eine Cigarette an und ging langsam am Rande des Weihers auf und nieder.

„Eh? Charmant!" rief die dünne Stimme Mr. Elton's hinter der Geißblattlaube hervor. „Hier schwärmt er für Natur und fängt romantische Grillen. Uns so zu entwischen!"

Westarp's Züge verwandelten sich schnell in gemessene Zurückhaltung. Er bot dem mit den übrigen Herren nähertretenden Egon die Hand.

„Ich hatte den Vorzug, die Frau Baronin auf ihrer Abendpromenade begleiten zu dürfen." Er stockte und fuhr alsbann lächelnd fort: „Bei meinen langjährigen Wanderfahrten, kreuz und quer, sind mir sehr oft täuschende Aehn-

lichkeiten aufgefallen, und ich als unbeholfener Hans Taps
bin mit mancher diesbezüglichen Anfrage nicht selten auf
entrüstete Ablehnung gestoßen.   Heute nun befinde ich
mich in ähnlichem Falle."   Er schritt an Wartenberg's
Seite gemächlich plaudernd den Anderen voran.   „Das
Aeußere Ihrer hochverehrten Frau Gemahlin erinnert
mich an ein junges Mädchen, welches ich vor zehn Jahren
flüchtig kennen lernte: Erika Heffter."

Der Baron lächelte.   „Erika — das stimmt.   Der
Familienname meiner Frau lautet aber anders."

Westarp biß sich auf die Lippe.   „Dachte ich's doch,"
sagte er scherzend, „daß ich mich wieder einmal irrte! Die
Frau Baronin dürfte sich den schlichten Geburtsnamen
verbeten haben."

„Durchaus nicht," erwiederte Egon ernst.   „Meine
Frau ist von bürgerlicher Herkunft mit dem nicht einmal
seltenen Namen Meyer — Erika Meyer."

„Jetzt muß ich aber doch lachen," fiel Westarp ein.
„Auch eine Erika Meyer lernte ich einst kennen.   Sie lebte
damals in Marienwerder."

„Meine Frau entführte ich aus dem kleinen Städtchen
Wahn in der Herrschaft Arenberg.   Ihr Vater hatte
nicht weit davon, in Meppen, seine alten Tage beschlossen."

„Beschlossen? Der Vater Ihrer Frau Gemahlin?" fragte
Westarp mit nicht ganz geschickt verhülltem Staunen.
„Verzeihen Sie, ich glaubte die Frau Baronin vorhin so
verstanden zu haben, als sei sie sehr früh verwaist gewesen."

„Sie fand einen Ersatz in ihrem späteren Adoptiv-
vater, dem Gerichtsaktuar Meyer.   Richtig übrigens, Heffter
hieß sie einstmals.   Der Name ist uns Allen so wenig
geläufig, daß er mich vorhin wirklich flüchtig zum Irr-
thum verleitete."

„Darf ich Ihnen meinen aufrichtigen Glückwunsch zu
dieser Wahl noch nachträglich aussprechen aus vollem

Herzen!" sagte Westarp mit so überzeugungsvoller Wärme,
daß der Baron ihm freundschaftlich die Hand drückte.

„Ich lernte Ihre Frau Gemahlin im Hause einer
gewissen Kommerzienräthin Beinlich kennen, einer char=
manten Dame, nur etwas gar zu ängstlich in Allem,
was sie ihr eigen nannte."

„Beinlich?" fragte Egon nachsinnend. „Das muß ich
vergessen haben. Beinlich? Freilich, wer kann alle Namen
behalten. Unser Kopf wird im Lauf der Jahre so damit
vollgepfropft —"

„Sie haben vollständig Recht, Herr Baron. Mein
Gedächtniß insbesondere ist in dieser Beziehung das reine
Sieb. Heute herein, morgen heraus! Die Beinlichs
waren gute Bekannte von mir, sonst wäre jede Spur ihres
Andenkens längst in mir verlöscht von der Mitternachts=
sonne und der Tropensonne. So aber ist mir in Erin=
nerung geblieben, daß Ihre Frau Gemahlin als Gesell=
schafterin der Frau vom Hause dort auf Händen getragen
wurde. Und wie sollte es auch anders sein!"

Wartenberg blickte sinnend in die mondbeglänzte Ferne.
Es verstimmte ihn, daß dieser fremde Mann mehr von
der Vergangenheit seiner Gattin wußte, als er selbst.
Weshalb hatte Erika dieses Zeitabschnittes ihres Lebens
niemals Erwähnung gethan? Einer augenscheinlich ver=
hältnißmäßig glänzenden Periode ihrer freudearmen, ab=
hängigen Jugend. Wenn Westarp ein alter Bekannter
von ihr war, weshalb hatte sie diesem Zufall nicht über=
rascht Ausdruck gegeben?

„Meine Frau besitzt Ihr glückliches Physiognomie=
gedächtniß nicht, wie ich bemerke," warf er ruhig hin.

„Sie erkannte mich allerdings erst, nachdem ich mich
durch die Kenntniß der Vergangenheit genügend legitimirt
hatte. Ich habe leider keinen Anspruch, jemals des In=
teresses der Frau Baronin werth gewesen zu sein."

„Haben Sie den Gerichtsaktuar Meyer auch noch ge-
kannt?"

„Gewiß! Ein altes, vertrocknetes Männchen mit bra-
vem Herzen und altväterischen Anschauungen, eine Art
Original. Er lebte schlecht und recht, sprach wenig und
war der irrigen Ansicht, daß ihm seine oft verkannten
vortrefflichen Eigenschaften einmal im Jenseits hoch an-
gerechnet werden würden. Er wurde also von Marienwerder nach Wahn versetzt?"

„Er versetzte sich selber dorthin, indem er seinen Abschied nahm."

„So? Ah, das machte er recht. Auf diese Weise erhielt er Muße, sich seiner Adoptivtochter völlig zu widmen."

„Ich denke, ja!" sagte Wartenberg trocken, indem er
sich seinen nachfolgenden anderen Gästen zuwandte.

Die Persönlichkeit Westarp's erschien ihm von Sekunde
zu Sekunde unsympathischer. Obwohl derselbe nicht mehr
geäußert hatte, als Jeder das Recht hatte, fühlte er sich
von dem Vernommenen doch unangenehm berührt, beinahe
verletzt, ohne zu wissen weshalb. Er beschloß, Erika heute
noch über Alles, was er gehört, auszufragen, damit er
Westarp demnächst sicher gegenübertreten könnte.

Von diesem Vorsatz beseelt betrat Egon sein Schlaf-
gemach. Er rief leise Erika's Namen. Sie antwortete nicht.
Als er neben ihrem Lager stand, fand er sie in tiefem
Schlaf versunken. Sie mußte übermüdet gewesen sein.

Er beugte sich voll inniger Liebe zu ihrem schönen
Antlitz nieder. Täuschte er sich, oder waren ihre Wimpern naß?

„Erika!" rief er noch einmal leise.

Sie regte sich nicht.

Da entfernte er sich vorsichtig.

Sie aber wachte und weinte still die Nacht hindurch. —

4.

Am nächsten Tage nöthigte ein unvorhergesehener Zwischenfall den Freiherrn, seine Wahl in Betreff eines neuen Rechtsbeistandes zu treffen. Sie fiel auf einen noch jungen Anwalt, welcher vor nicht langer Zeit aus Schlesien eingewandert war, aber es mit vielem Geschick und Glück verstanden hatte, sich aus bescheidenen Anfängen zu einer bedeutenden Praxis heraufzuarbeiten.

Die Spannung, in welcher Egon v. Wartenberg durch jene unvermuthet an ihn herantretende Nöthigung sich befand, und die damit verbundene Fahrt zur Stadt, zu welcher er auch seine Gäste der Abwechselung halber aufforderte, ließ ihn den Verdruß des gestrigen Abends vergessen, um so mehr, als er Erika's Schweigen auch nicht die mindeste Bedeutung beimaß.

So gestaltete sich sein Abschied von ihr und den Kindern in Gegenwart Westarp's zu einer herzlichen Scene so innigen häuslichen Glückes, daß dieser ein höhnisches Lächeln weder unterdrücken konnte noch wollte.

Erika bemerkte es, und ein Stich ging ihr durch's Herz, daß sie unwillkürlich rasch von ihrem Gatten forttrat und es kaum noch sah, als er ihr vom Wagen herab die freundlichsten Grüße zurücksandte. —

Rechtsanwalt Benno Wasmuth empfing seinen neuen Klienten mit großer Zuvorkommenheit und entwickelte im Laufe des Gespräches eine so überzeugende Schärfe des Verstandes und soviel juristisches Wissen, daß der Freiherr glaubte, nach dieser Richtung hin nicht leicht eine bessere Wahl treffen zu können. Desto weniger sagte ihm die Persönlichkeit Wasmuth's zu, sein ganzes Wesen.

Die hochgewachsene, überschlanke Gestalt trug ein unschön geformtes Haupt, dessen kurzgeschorenes Haar den grübelnden Ausdruck der Gesichtszüge nur vermehrte. Es

lag in diesen tiefliegenden, von schwarzen Wimpern umschatteten Augen ein unstäter Wechsel von Melancholie
und herber Genußsucht, von schroffem Egoismus und
scheuer Zurückhaltung. So oft der Freiherr im Lauf der
geschäftlichen Erörterungen versuchte, den Blick des Spre-
chers fest auf sich zu ziehen, so oft entschlüpfte ihm dessen
Auge mitten im Versuche und heftete sich mit beharrlicher
Ausdauer auf den grünen Tuchbezug seines Schreibtisches.
Zuletzt mußte Wartenberg die Hoffnung aufgeben, indem
er die außerordentliche Begabung dieses Mannes fast mit
Bedauern bewunderte.

Gewöhnt, mit seinem Rechtsbeistande angenehmen ge-
sellschaftlichen Umgang zu pflegen, sprach der Freiherr
auch jetzt den Wunsch aus, die Gemahlin Wasmuth's
kennen zu lernen.

Der Rechtsanwalt kam dieser Aufforderung nur zögernd
nach. Es schien fast, als ob ihm an derlei Förmlich-
keiten nicht viel liege. Nichtsdestoweniger öffnete er eine
Seitenthür, schob die Portière zum nächsten Zimmer
etwas hastig zurück und ließ seinen Gast in den Salon
eintreten.

Er war leer und machte wie alle unbewohnten Räume
einen erkältenden Eindruck. Durch die fest zusammen-
gezogenen Vorhänge drang ein ungemüthliches Dämmerlicht.

Benno Wasmuth riß ungestüm eine dritte Thür auf
und rief den Namen seiner Frau in den Flur hinaus.
Als dieser Ruf ohne Folgen blieb, bemerkte der Freiherr
ein nervöses zorniges Aufleuchten seiner Augen, zugleich
war er im Begriff, selbst hinauszustürzen, als plötzlich
die Gerufene lautlos auf der Schwelle erschien. Bei
Wartenberg's Anblick wollte sie erröthend zurückweichen,
aber ihr Gatte kam dieser schüchternen Regung unliebens-
würdig zuvor.

„Der Herr Baron will Deine Bekanntschaft machen,

Anna, also komm herein und schließe die Thüre hinter Dir; es zieht stark!"

Die junge Frau, deren sanfte Züge sofort das Herz des Freiherrn gewannen, ging ihrem vornehmen Gast bescheiden entgegen. Er nahm ihre Rechte aufmunternd in die seine. Ihre Abhängigkeit und sichtliche Furcht vor der Rücksichtslosigkeit ihres Eheherrn thaten ihm weh.

„Verzeihen Sie, gnädige Frau," sagte er freundlich, „daß ich störend in Ihre häuslichen Geschäfte eingriff, aber ich hatte das Bedürfniß, die Gemahlin eines so ausgezeichneten Rechtsgelehrten kennen zu lernen."

Ein Schimmer des Stolzes und der Freude zog über ihr sichtlich hübsch gewesenes Antlitz, dessen ursprüngliche Frische wie von Thränen verwischt schien. „Mein Mann —"

„Bitte, laß das!" fiel der Rechtsanwalt mit schlecht verhehltem Spotte ein. „Du wirst später noch Gelegenheit dazu finden, hoffe ich. Jetzt habe die Güte und —" er trat auf sie zu und flüsterte ihr ein paar Worte in's Ohr, die sie nicht augenblicklich verstand. Seine Ungeduld wuchs. Er drückte ihre Hand heftig erregt und wiederholte, was er gesagt.

Sie nickte erschrocken und eilte davon.

Der Freiherr, welcher keine Lust verspürte, den also bestellten Wein abzuwarten, entschuldigte sich mit der Anwesenheit seiner Gäste, indem er die Hoffnung aussprach, Wasmuth nebst Gemahlin drei Tage später zu Mittag bei sich in Wartenberg zu sehen.

Die seltsame Menschenscheu des Rechtsanwalts rang bei dieser liebenswürdigen Aufforderung ersichtlich mit dem Gebote des Verstandes. Nach einem zögernden Räuspern gab er seinem Danke Ausdruck und stimmte zu.

Egon verabschiedete sich.

Kaum war er verschwunden, als Anna Wasmuth mit

einem hübsch geordneten Präsentirbrett voll Flaschen, Gläser und feinem Gebäck erschien. Sie hatte Alles selbst und mit athemloser Hast hergerichtet. Jetzt fand sie den Gast nicht mehr vor und ihren Gemahl in übelster Laune.

„Weshalb ist der Baron denn schon fort?" fragte sie schüchtern und betrübt.

„Weshalb?" Er lächelte finster. „Weil Du den Zweck Deines Lebens darin findest, mir das meinige zu verbittern. Laß das endlich einmal sein!" rief er in gesteigerter Ungeduld ausbrechend, als er Thränen an ihren Wimpern bemerkte. „Ich bin dessen so herzlich müde. Was ist aus mir geworden! Was hast Du aus mir gemacht!"

„Ich? O, Benno —"

„Du! Ja, Du!" rief er, die schmalen Lippen aufeinander pressend. „Du hast mir die Ruhe genommen, mich zum Abscheu für alle Menschen gemacht! Ich weiß, daß es so ist und kann es doch nicht ändern. Was hätte ich sein können, wenn ich Dich nie gesehen hätte! Weshalb mußte ich mich gerade damals in Dich vergaffen, ich Narr, ich alberner, sinnloser Narr! Was könnte ich sein, und was bin ich geworden! — Geh! Ich kann Deinen Anblick jetzt nicht ertragen! Geh! Ich sage Dir, Deine Gegenwart bringt mich noch zur Verzweiflung!"

Die arme Frau, an solche Auftritte gewöhnt, begnügte sich, ihr Gesicht mit dem Taschentuch zu verhüllen.

Er trat bleich vor Erregung auf sie zu und riß ihre Hände herab. „Wenn Du jetzt noch nicht weißt, daß ich ein elender Mensch durch Dich geworden bin, so könnte ich verzweifeln. Ich wollte, mich rührte der Schlag augenblicklich!"

„Laß mich doch nach Hause zurückkehren," flüsterte sie leise. „Aber Du willst mich ja nie fortlassen, wenn Du ruhig geworden bist."

Er erwachte wie aus einem Rausche. „Fort? Jetzt?

Was hätte das für einen Zweck? Nein, kein öffentliches Aergerniß! Man kann viel im Stillen ertragen, aber niemals dürfen Andere davon erfahren. Das merke Dir!"

"Was habe ich Dir denn zu Leide gethan? Wir liebten uns doch so herzlich!" sagte sie bitterlich weinend.

"Schweig!" rief er abermals erblassend. "Davon sprich nie ein Wort! Wenn Du mir in jenen Tagen die Treue gebrochen hättest, würde ich heute ein glücklicher Mensch sein. Warum thatest Du es nicht?"

Sie sah ihm ängstlich in das fahle Antlitz mit den finster glühenden Augen. "Du bist krank, Benno!"

Er nahm heftig ihre Hand in die seine. "Anna, armes Weib!" flüsterte er, wie von einer Regung des Mitleids übermannt.

Sie wollte sprechen, aber schneller noch hatte er sich abgewandt und schritt aus dem Zimmer, indem er die Thür krachend hinter sich zuwarf.

———

Inzwischen fuhr der Freiherr mit seinen Gästen in bester Laune nach Schloß Wartenberg zurück.

Der Abend dämmerte bereits, und ein hochrother Wolkenkranz kennzeichnete die Stelle, wo die Sonne mit goldigem Glanz versunken war.

Ein dufterfüllter Wind wehte über die blühenden Kleefelder daher und wiegte die rothen Köpfchen neckisch hin und wieder. Von den Wiesen herüber erklang das Geläute heimkehrender Schafheerden weit durch die klare Luft. Auf den gelben Stoppeln weideten Schaaren schnatternder Gänse, rannten dem vorüberrollenden Wagen nach und streckten die langen Hälse zischend aus. Dazwischen sang die Drossel schmetternd ihr Abendlied in den Zweigen eines mächtigen, mit rothen Beeren überladenen Ebereschenbaumes, der am Wege stand.

Der Baron dachte daran, wie oft Erika diesen präch-

tigen Baum bewundert und ihre Kinder mit seinen gelb-
rothen Büscheln geschmückt hatte, und sein Herz wurde
weit vor Liebe und Sehnsucht. Er ließ Mynheer van
Geeden's Schweigen ebenso gleichmüthig über sich ergehen,
wie Mr. Elton's gefällige Bewunderungsrufe, und sprang
fast hastig vom Wagen, sein Weib zuerst zu begrüßen.

Gegen ihre Gewohnheit stand Erika heute nicht auf
der Rampe, umgeben von beiden Töchtern. Hatte sie den
Wagen nicht kommen hören?

„Wo ist die Frau Baronin?" fragte Egon ungeduldig
und besorgt.

„Die gnädige Frau war den ganzen Nachmittag auf
ihrem Zimmer, und die kleinen Baronessen spielen im
Garten."

Wartenberg verabschiedete sich kurz von seinen Gästen
und trat in Erika's Wohnzimmer ein.

Sie lag auf dem Divan. Bei seinem Kommen sprang
sie, wie aus leichtem Schlummer erwachend, erschreckt in
die Höhe.

Er eilte ihr zärtlich entgegen. „Erika, was fehlt Dir?"

„Ich hatte Kopfweh," sagte sie, seinem Blick aus-
weichend.

„Kopfweh?" wiederholte er verwundert. „Das ist
ein neuer, sehr unliebsamer Gast, den wir unter allen
Umständen entfernen müssen." Er setzte sich zu ihr und
küßte sie. Aber trotz aller Zärtlichkeit und Besorgniß
konnte ihm eine Veränderung ihres Wesens doch nicht
entgehen.

„Leidest Du noch?" fragte er, ihr Kinn sanft empor-
hebend, da sie die Augen fast beständig vor ihm nieder-
schlug.

Sie schüttelte den Kopf.

Da fiel ihm seltsamerweise das Gespräch des gestrigen
Abends wieder ein. Er hatte seine erwachte Abneigung

gegen Westarp noch nicht überwinden können und es des=
halb auch vermieden, mit demselben heute in einem Wagen
zu fahren. Nun war es ihm plötzlich, als ob er das
blasse, spöttisch lächelnde Antlitz desselben vor sich in der
Luft sähe. Er zog die schöne, sich unabsichtlich sträubende
Frau fester in seine Arme und fragte mit zärtlichem
Vorwurf: „Warum hast Du mir nie erzählt, daß Du in
Marienwerder Gesellschaftsdame bei einer Kommerzien=
räthin Beinlich warst?"

Kaum war der Name Beinlich über seine Lippen ge=
gangen, als Erika mit einem lauten Angstschrei in die
Höhe fuhr. Alles Blut war aus ihren Zügen gewichen,
selbst die sonst purpurrothen Lippen schimmerten bläulich
weiß.

Er griff erschrocken nach ihrer Hand.

Da glitt ein Zittern durch ihren Körper, so heftig
und erschütternd, daß ihre Zähne hörbar aufeinander
schlugen.

„Erika, um Gottes willen, was ist Dir?" Der Baron
war aufgesprungen und versuchte sie an sich zu ziehen,
aber in demselben Augenblick machte sie sich mit leiden=
schaftlicher Bewegung frei, und einen tiefen, schmerz=
erstickten Seufzer ausstoßend, sank sie bewußtlos zu seinen
Füßen nieder.

Egon v. Wartenberg ward durch ihren hilflosen Zu=
stand nicht minder in Angst und Schrecken gesetzt, als
durch das Räthselhafte ihres Betragens.

Es war ihm unmöglich, als sie mit Hilfe der Jungfer
endlich zu sich kam, jetzt ein tröstendes Wort zu ihr zu
sprechen.

Er verließ das Zimmer mit der niederdrückenden Ge=
wißheit, daß hier ein Geheimniß obwalte, dessen Kenntniß
ihm verhehlt worden sei, während ein Fremder darum
wußte, vielleicht sogar ein Mithandelnder gewesen war.

Was in aller Welt konnte unter gewöhnlichen Verhältnissen Beunruhigendes darin liegen, wenn er Erika's
Gedächtniß liebevoll nachhalf? Sollte jene Spanne Zeit
gewaltsam aus demselben entfernt werden? Weshalb hatte
sie in den langen Jahren ihrer Bekanntschaft, ihrer glücklichen Ehe nicht das Vertrauen zu ihm fassen können,
ihm das freiwillig mitzutheilen, was ein Anderer bereits
wußte? Vielleicht sogar viele Andere? War es etwa
eine Angelegenheit, die an der Frauenehre seines Weibes
gezehrt hatte? Ein Flecken an ihrer Tugend, den das
öffentliche Urtheil gebrandmarkt hatte? Sein Weib, der
er seinen Namen gegen den Willen aller Anverwandten
gewissermaßen aufgezwungen aus Liebe?

Die Stirn des grübelnden Mannes bedeckte sich mit
Schweißtropfen. Er konnte, so gern er sich auch davon
abwenden wollte, den einmal angesponnenen Gedanken-
faden so schnell nicht abbrechen. In dieser qualvollen
Stunde saß er widerwillig zwar, aber doch unbestechlich
über Erika's ganzes Verhalten während ihrer achtjährigen
Ehe zu Gericht. Gab es auch nur einen einzigen Schatten
darin, der sie anklagte? Und doch —

Der Freiherr sprang heftig auf. Hatte ihrer Schönheit, ihrer sanften, liebreizenden Haltung nicht stets ein
Hauch räthselhafter Schwermuth angehaftet, die in einzelnen Momenten bis zu thränenvoller Selbstanklage sich
steigerte? Waren es nicht Züge unbegreiflicher Selbst-
unterschätzung gewesen, die sie sein mannhaftes Werben so
hoch preisen ließen, wo ein Blick in den Spiegel genügt
hätte, sie zum Bewußtsein ihrer seltenen Reize zu bringen?

Seine Stirn glühte. Wenn Westarp —

Er konnte es nicht ausdenken. Wenn er unter einem
Dache, unter seinem eigenen Dache den ehemaligen Geliebten beherbergte!

Nein, das war unmöglich! Und doch, die Weltkenntniß

des Barons belächelte diesen guten Glauben spöttisch, was
sollte denn unmöglich sein? Daß ein früherer Liebhaber
seine einstige Geliebte aufsucht und schöner vielleicht noch
findet als zuvor? Aber wenn es so war — die Hand
des Freiherrn ballte sich in wortlosem Grimme — wenn
Erika aus Furcht die Annäherung Westarp's duldete, oder
gar —

Er schleuderte den Gedanken wie ein giftiges Insekt
von sich und verließ das Zimmer.

Unten im Speisesaal stand die Abendtafel gedeckt. Die
Kerzen und der Kronleuchter waren entzündet. In den
schön geschliffenen Flaschen funkelte gelber und rother Wein.

Der Baron goß sich ein Glas ein. Sein Inneres
schien ihm wie ausgebrannt von diesem ersten bitteren
Schmerz. Er stürzte den belebenden Trank auf einen
langen Zug hinab.

Seine Gäste schlenderten draußen zwischen den Blumen-
terrassen gemächlich auf und nieder. Westarp lehnte an
einer Säule und blies den bläulichen Rauch seiner Cigarette in die Luft. Egon glaubte zu bemerken, daß sein Auge
sich hin und wieder beobachtend Erika's Zimmer zuwandte.

Er schritt, seinen Zorn mühsam bemeisternd, ohne
Gruß an ihm vorüber.

Gleich darauf meldete der Diener, daß angerichtet sei,
und unter Mynheers gemächlich-würdevollem Vorantritt
verfügte sich die kleine Gesellschaft in den Speisesaal zurück.

Auf den leeren Stuhl seiner Gattin deutend wollte
der Freiherr soeben ihr Fernbleiben Unwohlseins halber
entschuldigen, als sich plötzlich die Thür öffnete und Erika,
bleich zwar, aber desto hinreißender in ihrer gewohnten
weißen Kleidung erschien.

Sie neigte freundlich grüßend das Haupt. Als Egon
ihre Hand etwas gezwungen berührte, fühlte er, daß dieselbe kalt wie abgestorben war.

Das bis dahin gleichgiltige Mienenspiel Westarp's wurde jetzt von Sekunde zu Sekunde belebter. Es gewährte seinem verderbten, grausamen Charakter einen fast teuflischen Reiz, ein so schönes Weib unter seine Gewalt gebeugt zu wissen, die Rache an ihr zu kühlen, welche ihre wiederholte Zurückweisung in ihm entflammt.

Er wußte genau — denn er las es in Erika's Zügen — daß der Freiherr soweit schon Gebrauch von dem ihm Mitgetheilten gemacht hatte, daß Erika in größter Angst schwebte, das Geheimniß völlig verrathen zu sehen. Je mehr er sie in diesen Zustand der peinlichsten Furcht hineindrängte, desto sicherer mußte ihr Rechtsgefühl umdunkelt werden.

Die Tafel ward aufgehoben. Erika nahm dankend die Verbeugungen ihrer Gäste entgegen. Als Westarp sich ihr zuletzt nahte, blickte ihr Auge plötzlich forschend in die Runde. Dann flüsterte sie ihm hastig zu: „Ich will Sie sprechen. Am Weiher — sogleich!"

Nichts an ihm verrieth, daß er die Worte verstanden. Aber Egon's durch Verdacht und gekränkte Liebe verschärfter Blick hatte den kurzen Zwischenfall allzu gut beobachtet, um sich das unvermuthete Erscheinen seiner Gattin nicht plötzlich erklären zu können.

Er ballte drohend die Hand, entschlossen, jede Spur unbarmherzig zu verfolgen.

Nach der immerhin anstrengenden Stadtfahrt überließen sich die Herren gern einer behaglichen Ruhe, selbst der bewegliche Mr. Elton konnte sich der einschläfernden Wirkung der frischen Luft und schaukelnden Bewegung nicht völlig entziehen. Er behauptete, dringende Briefe schreiben zu müssen, und war der Erste, welcher sich empfahl und auf sein Zimmer zurückzog.

Erika war bereits vorher im Hause verschwunden, aber nur, um auf einem Umwege nach dem abseits gelegenen Weiher zu geben.

Sie befand sich in einem unbeschreiblichen Zustande geistiger Noth und körperlicher Schwäche. Sie wußte, daß Egon Argwohn geschöpft hatte, nur berührte ihre Sorge seine Befürchtungen nicht mit einem Gedanken.

Jetzt erwartete sie das Erscheinen Westarp's mit fieberhafter Ungeduld. Ihre Wangen glühten, ihre Pulse flogen.

Endlich kam er.

Sie eilte ihm entgegen und beide Hände in sprechender Angst an die Brust drückend, rief sie ihm flehend zu: „Verlassen Sie unser Haus morgen in aller Frühe! Thun Sie es, und ich will Sie segnen!"

Er betrachtete ihre Verwirrung mit entzücktem Blicke. „Erika, Sie schicken mich fort? Und verlangen doch —"

„Nichts als Menschlichkeit, als das, was das Ehrgefühl Ihnen von selbst gebieten sollte," unterbrach sie ihn drängend. „Ihr Erscheinen hat den Frieden dieses Hauses bereits gestört. Gehen Sie, ich flehe Sie darum an, und kommen Sie nie, nie wieder! So kann vielleicht noch Alles gut werden."

Er zog ihre Hand in die seine — sie merkte es nicht. „Schweigen will ich," flüsterte er leidenschaftlich, „und den niederschlagen, der es wagt, an der Unbescholtenheit Ihres Rufes zu zweifeln."

Sie zuckte zusammen.

„Aber Sie müssen auch gütig zu mir sein," fuhr er fort, ihre Hand fester drückend, „Sie müssen mir den Beweis liefern, daß Sie meinen guten Willen, Ihnen Ihr häusliches Glück zu erhalten, anerkennen, Sie müssen die starre Abneigung gegen meine Gefühle bekämpfen, die ja nur der Anbetung Ihrer Person entspringen. Was wiegt ein flüchtiges Selbstvergessen gegen die Gewißheit, Ihren nichts ahnenden Gatten zu spät zum Mitwissenden zu machen, machen zu müssen?"

Sie wollte ihre Hand aus der seinen reißen, als

plötzlich ein Schrei des Entsetzens ihren Lippen entquoll.
Dicht neben dem Hollundergebüsch, vom Mondlicht voll=
kommen klar beleuchtet, stand ihr Gatte und starrte auf
die Gruppe am Weiher.

Das Röhricht flüsterte im Nachtwind. Man hörte sein
leises Schwanken und Raunen deutlich, so lautlos still
verfloß die nächste Minute.

Erika, noch immer nicht begreifend, um was es sich
handle, wollte auf Egon zueilen, als derselbe Westarp
mit verächtlicher Geberde sein zusammengeballtes Taschen=
tuch vor die Füße warf.

„Wir sprechen uns morgen!"

Da ging ihr ein Verständniß auf. Sie hörte weder
das höhnische „Wie Sie wünschen!" Westarp's, noch sah
sie sein überlegenes Lächeln. Sie stürzte ihrem Gatten
nach, der sich abwandte, ohne ihre Gestalt mit einem
Blick zu streifen.

„Egon!" rief sie kaum verständlich vor athemraubendem
Herzklopfen. „Egon, ich schwöre Dir, Du irrst Dich —"

Er hörte sie nicht mehr. Da stürzte sie verzweifelnd
zu Westarp zurück und seinen Arm umklammernd rief sie:
„Gehen Sie ihm nach! Um Gottes willen, schnell! Sagen
Sie ihm — bekennen Sie Alles — mir ist es jetzt gleich!
Nur werden Sie nicht sein Mörder. Haben Sie doch
Erbarmen und gehen Sie ihm nach!"

Aber Westarp, schwer gereizt in seinem Stolze, schüttelte
kalt lächelnd den Kopf. Da fuhr sie auf wie eine Ver=
zweifelnde und stürzte den Gang herauf, den Egon soeben
vor ihr gegangen. —

In seinem Arbeitszimmer brannte die Lampe und be=
leuchtete die ruhelos auf und nieder schreitende Gestalt
des Barons. Jetzt war sein Verdacht Wahrheit geworden.
Jetzt erntete er die Früchte seiner allen Widerstand be=
zwingenden Liebe.

Die Thür ging auf. Erika trat ein. Sie war troß des eiligen Laufes weißer als die Spiße ihres Gewandes. Vor ihrem Gatten blieb sie wie angewurzelt stehen.

Er wandte sich verächtlich von ihr ab.

Da fiel sie ihm zu Füßen.

Er hob sie nicht empor. „Steh' auf," sagte er un= willig.

Sie regte sich nicht. Die Hände vor ihr Antlitz ge= preßt gab sie kaum ein Lebenszeichen von sich.

Aber in ihr rang die Pflicht mit der Scham den härtesten Kampf, da überstürzten sich die Worte, mit denen sie die Beichte beginnen wollte und doch nicht be= ginnen konnte, da fühlte sie sich von den kommenden Mi= nuten schon verurtheilt, moralisch vernichtet.

Er kam ihr nicht zu Hilfe. „Hast Du eine Ent= schuldigung für Dich? Ich finde keine."

„Doch!" sagte sie zitternd. „Ich — Westarp — er weiß —"

„Wie soll ich Dich verstehen?" fragte er ungeduldig, da die abgerissenen Worte ihm völlig unverständlich blieben.

„Westarp weiß —" wiederholte sie, aber die Zunge stockte abermals.

„Was weiß er?" forschte der Baron, sie verwundert betrachtend.

„Daß —"

Er nahm sie bei der Hand. „Steh' auf!"

Sie schüttelte stumm den Kopf.

Da beugte er sich tiefer nieder, um die Silben zu unterscheiden.

„Als ich in Marienwerder war, kam ich in das Haus des Kommerzienraths Beinlich —" Sie zuckte bei Nennung dieses Namens zusammen, als empfinde sie einen körper= lichen Schmerz.

Der Baron ward aufmerksam. Er hatte Recht, Erika's
Schuld begann in diesem Hause.

„Weiter!" sagte er herbe.

„Die Frau war mir nicht wohlgesinnt, niemals. Sie
haßte mich —"

„Weiter!" wiederholte der Freiherr noch schroffer.

„Da, eines Tages, kam Westarp in's Haus und —"
Sie stockte. „Ich wies ihn ab, ich verachtete ihn —"

Egon athmete erleichtert auf. „Du verachtetest ihn?"

Sie nickte heftig. „Hassen — verachten -- ich weiß es
nicht mehr. Jetzt — bald darauf während einer Gesellschaft gab mir die Kommerzienräthin ihr Brillantgehänge
zum Aufbewahren. Ich — und dann war es fort. Ich
sollte — ich sollte die Diebin sein. Ich weinte, ich
schwor, umsonst. Man schleppte mich vor Gericht und —"
Erika's Lippen verstummten.

„Und?" fragte der Freiherr fast erstarrend vor dem,
was nun folgen sollte.

„Ich hatte es nicht genommen!" schrie sie plötzlich auf,
und ihre Hände sanken vom Antlitz herab, welches endlich
Thränen überströmten. „Aber man glaubte mir nicht.
Man schickte mich in Untersuchungshaft und" — sie sprang
verzweifelt empor — „entließ mich dann wegen Mangels
an Beweisen — als Diebin dennoch gebrandmarkt."

„Du? Nicht möglich!" Der Freiherr trat leichen-
blaß zurück.

Erika's Geheimniß, so lange versteinert in Schmerz
und Angst, strömte jetzt mit rückhaltlosem Schluchzen über.
Es war ihr jetzt Alles gleich — nur endlich einmal die
erdrückende Last von sich abwerfen um jeden Preis. Ohne
mit ihren Gedanken die Folgen dieses traurigen Bekennt-
nisses zu streifen, gab sie sich völlig der Wonne hin, die
jahrelange Qual mit einem Male von sich zu schleudern,
wie ein Fiebernder den marternden Fiebertraum. Ver-

gessen war selbst der Verdacht, welchen Egon auf ihre
Treue geworfen hatte, und damit auch die Person des
Mannes, welcher denselben hervorgerufen.

Die Hände gegen ihr hoch klopfendes Herz gepreßt,
so sprach sie, so bekannte sie. Jeden, auch den kleinsten
Umstand brachte sie dem tödtlich erschrockenen Manne zu
Gehör, nichts blieb ihm verborgen von den Gefühlen der
Verzweiflung, des machtlosen Kampfes gegen die unerbitt-
liche Gewalt. Von jenem Augenblick an, wo sie das
Juwelenkreuz bewundernd in der Hand gehalten und beim
Zuruf ihrer Herrin hastig in die Tasche gesteckt hatte, um
es ihr späterhin abzuliefern, bis zu dem schrecklichen Moment, wo sie noch inmitten der Gesellschaft das Schmuckstück vergebens bei sich suchte und nicht fand, wo das erstaunte Lächeln der Umstehenden und der triumphirende
feindselige Blick der Kommerzienräthin vernichtend auf ihr
ruhten, und das befriedigte Mienenspiel Westarp's ihr
nahezu die Besinnung raubte, während Scham und Entrüstung ihre Zunge verstummen machten, entrollte sie
ihrem Gatten ein so packendes Bild dieses schrecklichen
Vorganges, daß der Freiherr zwischen Zorn und Mitleid
kämpfend nicht eine Silbe zu erwiedern vermochte.

Auch dann noch, als sie bis zur Athemlosigkeit erschöpft schwieg, kam er ihrer geistigen und körperlichen
Noth nicht zu Hilfe. Ihr erstickter Ruf: „Ich bin nur
schuldig in dem, was ich aus Liebe zu Dir fehlte!" ließ
ihn zusammenschrecken.

„Aus Liebe zu mir?" fragte er dumpf. „Aus Selbstsucht für Dich!"

Sie griff nach seiner Hand. „Ich konnte Dich nicht
verlieren. Ich wollte glücklich sein!"

„Warst Du glücklich?" forschte er unbarmherzig.

„Nein!"

„Nun also, so war Dein Gewissen reger als Dein Herz."

„Hätteſt Du mich erwählt, wenn ich Dir damals Alles geſtanden hätte?" fragte ſie ſtockend, und eine glühende Röthe heißer Scham färbte jäh ihr bleiches Antlitz.

Er wandte ſich, in ſeinem beſten Gefühl tief verletzt, ab.

„Egon — eine Schuld aus Liebe!"

„Dieſer Bube!" murmelte er ingrimmig. „Du gabſt ihm das Recht, meinen blinden Glauben zu höhnen, mit Deiner Ehre zu ſpielen, darauf zu ſpekuliren. Wärſt Du aufrichtig geweſen, vor der ganzen Welt hätte ich Dich vertheidigt. Und wäre ſelbſt meine Liebe, mein Stolz nicht ſtark genug geweſen, ein natürliches Vorurtheil zu überwinden, wie hoch würde ich Dich geſtellt haben um eben dieſer Aufrichtigkeit willen! Mir haſt Du verheim= licht, was jeder Schreiber in Marienwerder Dir zum Vorwurf machen darf. Und Du glaubteſt, daß dieſes dünne Gewebe ewig dauern könne? Der erſte Zufall riß es auseinander, und was ich Dir in jener trauten Stunde unſerer Verlobung —"

Er konnte nicht vollenden, wandte ſich ab und verließ das Zimmer.

5.

Der nächſte Morgen brach ſonnenhell an, als der Freiherr nach ſchlafloſer Nacht ſein Fenſter öffnete. In kühler, thauiger Friſche prangten die Blumenbeete, über= ſtreut von glitzernden Frühperlen. Zarte, weiße Herbſt= fäden hingen von Strauch zu Strauch, von Baum zu Baum und umhüllten die grünen Blätter wie mit Schleiern. Tiefe Ruhe athmete Alles, Frieden und geſättigte Sommer= luft.

Egon v. Wartenberg überblickte ſein ſchönes Eigenthum mit gedankenloſen Blicken. Es wühlte und kämpfte in

ihm noch mit unverminderter Gewalt. Er konnte Erika
nicht freisprechen von der Schuld vorsätzlicher Täuschung
und — dieses Letztere stachelte ihn gegen sich selber auf —
konnte sich eines leisen Zweifels nicht erwehren, ob sie
nicht doch von Armuth oder Eitelkeit verführt, das Kleinod
ungerechterweise an sich gebracht. Zwar schleuderte der
Freiherr diesen Gedanken, so oft er sich regte, mit Abscheu
von sich, aber Erika's ihm ganz unbegreifliche Verschwiegen=
heit, die er bei ihr am wenigsten vorausgesetzt, verwirrte
das klare Bild, welches er bis dahin im Herzen getragen.

Immer wieder und wieder mußte er sich die Frage
vorlegen: was soll daraus werden? Ohne daß er eine
Antwort darauf fand.

Flüchtig kam ihm der Gedanke, ob er das Gerichts=
verfahren in Erika's Sache noch einmal anstrengen sollte.
Aber sein eigener Zweifel schlug diesen Vorsatz ebenso
schnell nieder als das Bewußtsein, ein besseres Resultat
nicht erzielen zu können. Wo waren die Beweise ihrer
Unschuld?

In dieser stummen Selbstqual erschien es ihm wie
eine Erlösung, seinem Zorn Westarp gegenüber freien
Lauf lassen zu können, ihm, der es gewagt, seine Haus=
ehre anzutasten.

Der Freiherr schlug auf die Handglocke.

„Bitten Sie Mynheer van Geeden, mir für einige
Minuten die Ehre seines Besuches zu schenken."

Der Diener verschwand.

Gleich darauf ward der schwere, etwas schleppende
Schritt des Holländers auf dem Gange gehört, und seine
breite Gestalt erschien im Rahmen der Thür.

„Sie wünschen, lieber Freund?"

Der Baron trat ihm entgegen und bot ihm beide
Hände. „Mein ehrlicher Freund, nehmen Sie Platz!
Und was ich Ihnen jetzt sage, überlegen Sie bei sich,

ohne mich zu fragen. Ich stehe im Begriff, mich mit
einem ehrlosen Buben zu schießen — er heißt Westarp!"

Das offene, Behaglichkeit athmende Gesicht Mynheers
erstarrte vor Ueberraschung. Seine wasserblauen Augen
schlossen sich vor Unwillen. „Ich verstehe," sagte er dann
langsam. „Herr v. Westarp gehörte nicht zu unserer
Gesellschaft, er kam von ungefähr dazu — Sie dürfen das
nicht vergessen."

In diesem Augenblick ertönte das Rollen eines davon=
fahrenden Wagens. Gleich darauf klopfte Jemand an die
Thür.

„Herein!"

Mr. Elton trat zögernd ein. Bei Mynheer van Geeden's
Anblick schien er sich zurückziehen zu wollen, aber der
Freiherr winkte ihm, näher zu treten.

„Mynheer van Geeden ist mein Vertrauensmann in
dieser Sache. Bitte, sprechen Sie ohne Umschweife! Ent=
ledigen Sie sich Ihres Auftrages."

„Ich" — die kleine Gestalt wand sich in sichtbarer
Verlegenheit hin und her. „Herr v. Westarp — ich bitte
um Verzeihung, es ist mir selbst unbeschreiblich peinlich,
gewissermaßen die Verantwortung zu tragen, obwohl ich
kein großer Menschenkenner bin."

Der Freiherr reichte ihm die Hand. „Ich trage Ihnen
nicht das Mindeste nach, Mr. Elton. Sie waren und
sind mir ein willkommener Gast. Zur Sache jetzt!"

„Herr v. Westarp," begann Elton mit zunehmender
Geläufigkeit, „fühlt sich durch Ihre gestrige Haltung in
seinem Zartgefühl gekränkt und verletzt und erwartet
Zurücknahme der Beleidigung oder —"

„Ich bitte, das Weitere mit Mynheer van Geeden
abzumachen!" fiel der Baron bleich vor Erregung ein und
verließ das Zimmer. —

Am Spätnachmittage verabschiedete sich Mr. Elton von

den übrigen Herren, und in der Frühe des folgenden Tages fuhr der Freiherr in van Geeden's Begleitung nach der nächsten Bahnstation, hinter welcher sich ein ausgedehnter Hochwald hinzog.

Weder Elton noch van Geeden war es vergönnt gewesen, Erika's liebliches Antlitz zum Abschied zu sehen. Sie war leidend und hielt sich in ihren Gemächern eingeschlossen. Selbst ihren Töchtern war der Zutritt in dieselben versagt worden.

Der Baron hatte nach reiflichem Entschluß vorderhand jede Annäherung an seine Gattin vermieden, bis er die Unverschämtheit Westarp's hinreichend gezüchtigt haben würde.

Am Abend spät kehrten beide Herren sichtlich müde und abgespannt zurück. Mr. Elton fehlte. Er hatte den Freundschaftsdienst übernommen, den plötzlich ziemlich heftig erkrankten Herrn v. Westarp zu pflegen.

Spät erst in der Nacht erlosch das Licht in Egon's Arbeitszimmer. Das Schicksal hatte in dieser Sache gerecht entschieden. Wie aber konnte die hoffnungslose Spaltung seiner einst so glücklichen Ehe ausgeglichen werden?

Mit dem Morgengrauen schlief er endlich ein, ohne zu einer Entscheidung durchgedrungen zu sein, und die mißhandelte Natur forderte ihr Recht bis in die späteren Morgenstunden hinein.

Da erwachte der Freiherr mit einem jähen Schreck. Heute war ja der Tag, zu welchem die Einladungen zur Mittagstafel längst ergangen waren, an die aber weder er noch Erika im Sturm der letzten Begebenheiten gedacht hatten. Seine Unruhe wuchs. Zur Absage war es zu spät, und naturgemäß lag dem Freiherrn viel daran, jedes Aufsehen gerade jetzt von seinem Hause fernzuhalten.

Es gereichte ihm zur Befriedigung, als er im Speise-

saal die Vorbereitungen zur Ausschmückung der Festtafel
in vollem Gange fand. Das Küchenpersonal hatte gleich=
falls seine Schuldigkeit gethan und nichts versäumt, den
bewährten Ruf der freiherrlichen Gastmähler von Neuem zu
rechtfertigen. So kam Egon dann zu dem Entschlusse, diesen
Zwang aus gewichtigen Gründen auf sich zu nehmen und,
um allem unnützen Geschwätz die Spitze abzubrechen, auch
Erika zu vermögen, sich demselben freiwillig zu unterziehen.

Er begab sich zum Zimmer seiner Gattin. Auf sein
wiederholtes Klopfen öffnete sie endlich die Thür.

Ihr Anblick schnitt ihm in's Herz.

Sie wandte sich zur Seite, als er hastig hereintrat.

Diese scheue Bewegung that ihm unsäglich wehe.

„Erika," sagte er leise, als spräche er zu einer Kranken.

Sie war blaß wie eine Leiche, nur einzelne rothe Flecken
glühten auf Stirn und Wangen.

Sein unseliger Zweifel quälte ihn von Neuem. War
sie wirklich unschuldig?

„Du siehst sehr schlecht aus. Fühlst Du Dich unwohl?"

„Nein!"

Er wollte ihr die Hand reichen, aber sie wich zurück.
Ihr Zartgefühl, ihre Liebe hatten errathen, was sein Mit=
gefühl in Banden hielt.

„Ich wollte Dich daran erinnern —"

„Morgen früh werde ich so weit sein!" fiel sie hastig ein.

„Armes Kind," sagte er tief bewegt. „Du bist an
Deinem Feinde gerächt, er wird Dir nicht wieder in den
Weg treten."

Ihre tief umschatteten Augen flammten flüchtig auf.
„Du? Du hast Dein Leben gewagt?" Es schwindelte ihr,
sie mußte sich an die Wand lehnen.

„Wird es Dir möglich sein, heute beim Essen zu er=
scheinen?" fragte er zögernd. „Unsere Gäste sind nicht
mehr abzubestellen."

„Kannst Du deswegen?" fragte sie mit noch geschlossenen
Wimpern.

Er nickte. „Darf ich darauf rechnen? Es wäre mir
um unser Beider willen sehr lieb."

„Ja!" flüsterte sie leise.

„Ich danke Dir," sagte er. — „Erika!" Er konnte es
nicht hindern, daß sein Herz überquoll. „Erika!"

Sie schüttelte stumm den Kopf und trat in's Neben=
zimmer. —

Trotz allen Kummers empfand der Baron etwas wie
Dankbarkeit und Erleichterung, als er sich ihres guten
Willens versichert halten durfte. Sein überaus reizbares
Selbstgefühl fand eine gewisse Beruhigung in der pünkt=
lichen Beobachtung der nun einmal unumgänglichen Pflichten
der Konvenienz.

Zur festgesetzten Stunde begannen sich die Räume des
Schlosses mit den erwarteten Gästen zu füllen. Es war
ein nicht allzu großer, aber mannigfach zusammengesetzter
Kreis, in welchem der Hausherr mit ruhiger Freundlich=
keit sich bewegte, während Erika nur mit Aufbietung aller
Kräfte ein scheinbares Interesse zu wahren vermochte.

Der Anblick des heißgeliebten, ihr jetzt so weit ent=
fremdeten Mannes, dem sie die Freiheit zurückzugeben ent=
schlossen war um jeden Preis, raubte ihr für Sekunden
den Athem. Dazu gesellte sich in immer rascherer Folge
ein steter Wechsel von Fiebergluth und Fieberkälte, mit
einem erstickenden Angstgefühl verbunden, welches ihren
Lippen ein frohes Lächeln zur Unmöglichkeit machte.

Aber dieses Opfer war ja das letzte, welches sie Egon
bringen konnte, und sie würde es gebracht haben, hätte
auch ihr Leben davon abgehangen. Es war dies die letzte
Gelegenheit, sich noch einmal eins mit ihm zu fühlen, mit
ihm, den sie aus Liebe so schwer gekränkt und der nicht
verzeihen konnte, verzeihen wollte.

Aus diesen Betrachtungen wurde Erika durch einen
Zuruf ihres Gatten aufgeschreckt. Er führte eine kleine,
unscheinbare Dame am Arme, neben welcher ein ihr fremder
Herr schritt.

„Mein neuer Rechtsbeistand, Doktor Bruno Waßmuth!"

Erika schaute bei Nennung dieses Namens hastig auf.
Ein eigenthümliches Schreckgefühl ließ ihre Gesichtszüge
erst jäh erröthen und dann erblassen.

Das fahle Antlitz des Fremden verrieth keinerlei Ueber=
raschung. Kalt und scheu wie immer blickte er auf das
reizvolle junge Weib, während eine Fluthwelle ahnungs=
voller Gefühle ihren Busen hob und senkte.

„Die Gemahlin des Herrn Waßmuth!" drang Egon's
Stimme an ihr Ohr.

Sie raffte ihre letzte Kraft zusammen, die drohende
körperliche Schwäche zu überwinden.

„Ich freue mich" — sagte sie mit einer ihr selbst fremd
klingenden Stimme, dabei schaute sie in Anna Waßmuth's
verlegen lächelndes Antlitz und hinab auf einen funkelnden
Stern auf deren dunklem Seidengewand. Jetzt — dem
Freiherrn schnitt es wie ein Messerstich durch die Seele,
während der Rechtsanwalt verdrießlich und halb und halb
erschreckt zu seiner nichts ahnenden Gattin hinübersah —
jetzt drang ein gellender Aufschrei über Erika's Lippen,
ein Angst= und ein Freudenruf zugleich, ihre Hände glitten
auseinander, um sich krampfhaft schnell der bestürzten Frau
entgegenzustrecken.

„Erika!" rief der Freiherr.

Sie sah wie eine Irrsinnige starr auf das leuchtende
Rubinkreuz inmitten funkelnder Brillanten nieder. Plötzlich
öffneten sich die blassen Lippen. „Das Kreuz — das
Kreuz — dort!" Bewußtlos sank sie nieder.

In der allgemeinen Bestürzung, welche diesem unver=
mutheten Vorfall folgte, entging es dem Freiherrn nicht,

daß Wasmuth's Antlitz eine geisterhafte Blässe annahm. Seine ohnmächtige Gattin im Arm haltend, warf er dem Rechtsanwalt einen durchbohrenden Blick zu, den dieser mit unsicherem Lächeln erwiederte.

Obwohl kein Mensch aus der Gesellschaft den Zusammenhang dieses Zwischenspiels ahnte, und Jeder nur innige Theilnahme für die leidende Baronin empfand, deren ganze Haltung heute bereits von fortschreitender Krankheit zeugte, lastete dennoch eine dumpfe Schwüle über dem folgenden Festmahl, welchem der Freiherr nur mit allergrößter Ueberwindung beiwohnte.

Sehr schnell ward die Tafel aufgehoben. In rascher Reihenfolge entleerten sich die Räume, und bald leuchtete der Glanz der Wachskerzen über die haftig wieder hergestellte Ordnung.

Drinnen aber in ihrem Schlafgemach lag Erika, das blonde Haar von der Stirn zurückgestrichen, mit den fieberglänzenden Augen in rastloser Bewegung um sich schauend, der Besinnung beraubt.

Der Arzt erklärte ein schweres Nervenfieber im Anzug. Verzweifelnd hielt Egon die heiße Hand der Kranken in der seinen. Jetzt, wo er im Begriff stand, Erika zu verlieren, fand sich die volle heiße Liebe in seinem Herzen wieder, fand er auch plötzlich ein Verständniß für die Verheimlichung ihres Leidens. Und sie hatte unschuldig gelitten. Eine jubelnde Stimme im Innern rief es ihm fortwährend zu. Wie immer der Zusammenhang sein mochte zwischen jenem Brillantkreuz und dem entwendeten Schmuckstück der Kommerzienräthin Veinlich, Erika's Hand war rein wie das Sonnenlicht. Ihr unvermittelter Aufschrei hatte es bezeugt, mehr, als Worte es versichern konnten, daß die Wahrscheinlichkeit vorlag, die seiner Zeit auf so räthselhafte Weise verschwundenen Juwelen an einer andern Person wieder gefunden zu haben. Mochte diese

Thatsache eine Täuschung sein oder nicht, im ersteren Fall
konnte und mußte eine Entschuldigung dem Rechtsanwalt
und seiner Gattin gegenüber genügen, im letzteren —

Die Wärterin rief den Freiherrn aus der Krankenstube
hinaus. Es sei eine Dame unten vorgefahren, die ihn
ohne Verzug zu sprechen wünsche.

Widerwillig nur gab er der Bitte Gehör. Aber sein
Staunen war unbeschreiblich, als er in der Eintretenden
die Gattin des Rechtsanwalts Wasmuth erkannte.

Sie war in tiefe Trauergewänder gehüllt, ihr Antlitz
von Thränen geröthet und geschwollen.

„Was führt Sie zu mir, gnädige Frau?" Der Freiherr schritt ihr hastig entgegen.

Sie konnte nicht sprechen. Ihre Erschütterung drohte
sie völlig zu überwältigen.

„Ihr Gatte —?" unterbrach Egon endlich ihr heftiges
Schluchzen. „Ich bitte, da ich nicht errathen kann —"

„Nein, das kann Niemand," murmelte die unglückliche
Frau, ihr Taschentuch fest gegen die bebenden Lippen
drückend, „Niemand erräth, was ihn antrieb — ich selbst
nicht."

„Ihr Gatte —?" wiederholte der Freiherr halb ungeduldig, halb in höchstgespannter Erwartung.

„Ist todt — erschossen," flüsterte sie, scheu um sich
blickend. „Gestern Nacht hat er sich selbst getödtet. Das
Kreuz ist schuld daran. Was hat es für eine Bewandtniß
mit diesem unglückseligen Kreuz? Sagen Sie es mir, ich
bitte Sie!"

Der Freiherr blickte lange forschend in das flehende
Antlitz des armen jungen Weibes, endlich nahm er ihre
zitternde Rechte in die seine. „Von wem erhielten Sie
das Schmuckstück geschenkt?"

„Von meinem Mann. Es war kein Unrecht dabei.
Er hatte sich das Geld dazu erspart."

„Wann schenkte er es Ihnen?"

„In unserer Verlobungszeit. Ich wünschte mir ein=
mal im Scherz Brillanten, und Benno liebte mich damals
über alle Maßen, ganz so wie er mich zuletzt als die Ur=
sache seiner wunderbaren Verstimmung haßte."

„Er brachte es Ihnen mit?"

„Ja, ich erinnere mich des Tages noch wie heute. Er war
damals in Marienwerder beim Gericht beschäftigt. Zum
Weihnachtsfest kam er auf Urlaub zu uns und am Heilig=
abend schenkte er es mir. Noch vor der Hochzeit ließ er
sich versetzen und schlug später die Anwaltscarrière ein."

„Wußte Ihr Gatte gestern, daß Sie das Kreuz anlegen
würden?" fragte der Freiherr mit nicht ganz sicherer Stimme.

„Nein, o nein! Ich durfte es später niemals mehr
tragen, obwohl ich nie erfuhr, weshalb. Gestern hatte ich
es heimlich angelegt aus Eitelkeit. Nun sagen Sie mir
um Gottes willen, gibt es einen Grund, der meinen Mann
um dieses Schmuckstückes halber in den Tod jagen konnte?
Ich kenne keinen, keinen!"

Sie schlug die Hände abermals vor ihr Antlitz und
schluchzte laut auf.

Der Freiherr, obwohl Zorn und Verachtung seine
Stirn purpurroth färbten, denn die Wahrheit lag jetzt
hell vor seinen Blicken, konnte sein Mitgefühl diesem
sprechenden Jammer nicht verschließen. Er erbarmte sich
der fremden Noth.

„Lassen Sie die Sache ruhen," sagte er, Anna Was=
muth's Hände sanft herabziehend und in den seinen hal=
tend. „Sprechen Sie zu Niemand darüber. Was auch ge=
schehen sein mag — es ist todt. Forschen Sie nicht, grübeln
Sie nicht. Nehmen Sie an, daß Alles gut ist, wie es
kam, so werden Sie am sichersten Frieden finden. Das
Kreuz aber schicken Sie mir, ich allein kenne seine fer=
nere Bestimmung."

Es mochte ihr doch wohl eine leise Ahnung durch die
Seele ziehen, denn sie neigte schweigend und dankend das
Haupt.

Am nächsten Tage erhielt der Freiherr den verhängnißvollen Schmuck zugestellt, welcher einst die Liebesleiden-
schaft eines moralisch schwach veranlagten Menschen bis
zum Verbrechen erregt, um ihn sodann in doppeltem Schuld-
bewußtsein aller Lebensfreude zu berauben. Dem Arm
der Gerechtigkeit vorgreifend gab er sich freiwillig den Tod.

Gleich nach Empfang der Sendung sprach der Freiherr
in einem Schreiben an die Kommerzienräthin Beinlich
seine tief verletzten Gefühle rückhaltlos aus, indem er zugleich die Person des Thäters namhaft machte und den
Brillantschmuck beifügte.

— — — — — —

Lange Wochen hindurch schwebte Erika zwischen Leben
und Tod. Die Gluth des Fiebers drohte ihren Körper
mehr als einmal zu verzehren, und nur der hingebenden
Pflege, welche sie umgab, dankte sie die endliche Zunahme
ihrer Kräfte.

Der Freiherr, von Reue und Sorge überwältigt, wich
kaum für Stunden vom Lager seiner Gattin, obwohl die
Heftigkeit ihrer Fieberphantasien seine geistige Marter
stetig vermehrte. Erika's ängstliche Bitte, sie von Westarp
zu befreien, ihr Flehen um Erhörung, und das jauchzende
Entzücken ihrer endlichen Schuldentlastung drangen ihm
wie ebensoviele Dolchstiche durch's Herz.

Aber dann kam eine Stunde, wo Erika's blaue Augen
wieder verständnißvoll um sich schauten und erwartungs-
freudig dem Wintersonnenlicht entgegen strebten, eine
Stunde, wo sie aufgehört hatte, ihre Umgebung für ihr
Leben zittern zu lassen, wo sie den Eintritt ihres Gatten
mit tief bewußtem Zagen fürchtete und doch ersehnte.

Und in dieser Stunde war es, wo Egon ihr die ganze

Fülle seiner nie erloschenen Liebe offenbarte, wo er sie mit wortlosem Entzücken wieder und wieder an sein Herz drückte, sie und die Kinder, welche ihrer Freude nicht Meister werden konnten, die geliebte Mutter wieder glück= lich lächelnd und genesend zu sehen.

Erika's Hand in der seinen haltend, erzählte der Frei= herr ihr den letzten Verlauf der Dinge.

Als er schwieg, schlang sie die Arme um seinen Hals, zog sein Haupt zu sich nieder und fragte schamhaft er= röthend: „Was war nun größer, meine Schuld oder meine Liebe?"

Er küßte ihr die Worte von den Lippen.

———

Amor in Gala.

Aus dem Tagebuche eines Hoffräuleins.

Von

F. v. Bülow.

———

Schönwalde, 7. März.

Gott sei Dank, endlich entlassen! Vier Stunden stocksteif im Eisenbahnwagen sitzen, ohne gähnen zu dürfen, und dabei auf jeden Wink der Herrschaften achten! Für ein wildes Ding, wie mich, ist's Sträflingsarbeit! Seit Jahresfrist bin ich nun an diesem Hofe und noch immer sehne ich mich nach meinem Dorfe!

Der Eisenbahnfahrt folgte eine Wagenfahrt durch grelle Sonne. Obwohl's erst März ist, sind wir beinahe geröstet. Hier feierlicher Empfang, umständliche Begrüßung. O Himmel, bin ich müde! Aber Prinz Gustav sieht brillant aus! Dem schmeicheln die Photographen einmal nicht.

Schönwalde, 8. März.

„Das Landleben hat doch viel Charme für mich," sagte die Frau Prinzessin heute zu ihrem Faktotum, dem Kammerherrn v. Wergelin. Ich dachte: was wissen königliche Hoheit vom Landleben! Wiesenau trat mir vor Augen, meine Heuhaufen, meine Pferde, meine Hunde — ja, das war Landleben! Und hier? Ob das vergoldete Gefängniß von Grün umgeben ist, oder vom Straßenlabyrinth — die Gitterstäbe fühlt man doch.

Aber über den Wergelin muß ich immer lachen, ich
kann nicht anders. Wenn er mit süßlichem Tone und
schmachtenden Augen von der „pittoresken Scenerie" oder
von dem „alpinen Charakter der Landschaft" redet, sieht
er gar zu albern aus. Warum er nur niemals reden
kann, wie ihm der Schnabel gewachsen ist? Heute, als
ich 'mal wieder hinter meinem Sonnenschirm lachte, bemerkte ich plötzlich, daß Prinz Gustav mich mit Vergnügen
beobachtete. Ich glaube, ich bin feuerroth geworden.
Hoffentlich hat's nur die Gräfin Klettenhofen nicht gesehen. Sie hat mich ohnehin auf dem Strich und ist
eine alte Spionenseele, die überall Unheil wittert.

Prinzeß Hedwig ließ sich heute von Wiesenau erzählen,
und wie ich dort herumzutollen pflegte.

„Du glückliche Käthe!" sagte sie. „Wenn ich doch
auch einmal auf einen Baum klettern könnte!"

Sie ist jetzt neunzehn, gerade ein Jahr älter als ich;
sieht aber aus wie feines Porzellan in Spitzenumhüllung.

12. März.

Auch hier verstreicht ein Tag genau wie der andere, trotz
des beständigen Kommens und Gehens von Gästen. Vor-
mittags liegen Prinzeß und ich den Studien ob. Wir lesen
die Briefe der Frau v. Sévigné. Wenn die Klettenhofen
nicht dabei säße, möchte man manchmal grad 'naus lachen.

Um ein Uhr wird zum Gabelfrühstück angetreten.
Dann Siesta — des Tages beste Stunde. Von Drei an
„Promenade", meist zu Wagen, seltener zu Fuß. Reiten
darf Prinzeß leider nicht, es greift sie an. Um sieben
Uhr wird dinirt, dann bemüht sich im Salon alle Welt
so fad und langweilig zu sein, wie's irgend geht.

Ich gähnte heute 'mal mit offenem Mund hinter
meinem Fächer. Da rief plötzlich Prinz Gustav: „Ich
freue mich immer, Fräulein v. Rosen im Salon so leb-

haft angeregt zu sehen!" Er sieht's darauf ab, mich in Verlegenheit zu setzen, und freut sich wie ein Kobold, wenn ich roth werde. Na, morgen reist er ab.

14. März.

Prinz Gustav ist doch nicht abgereist.

18. März.

Ich habe mich eingeschlossen und geheult wie ein Schloßhund. Die Klettenhofen ist ein altes Greuel! Das war nämlich so.

Gestern steh' ich mit Prinzeß im rothen Zimmer, wo wir uns versammeln, um zur Tafel zu gehen. Da kommt Prinz Gustav und Baron Egon Doverow, der Adjutant. Ersterer soll die Prinzeß zu Tisch führen, der Andere mich. Doverow sieht etwas befangen aus, aber der Prinz schelmisch und vergnügt wie je. Er verneigt sich tief vor Prinzeß Hedwig, tiefer als vorschriftsmäßig, und — ich trau' meinen Ohren nicht! -- bittet um die Ehre, Fräulein v. Rosen zu Tisch führen zu dürfen.

Mir wurde siedend heiß vor Bestürzung, und ich sagte: „Verzeihen, Hoheit, das geht nicht. Es ist gegen die Rangordnung!"

Aber während ich rede, nimmt meine Prinzeß ruhig den Arm Doverow's und geht mit ihm ab. Was bleibt mir übrig, als mit dem Prinzen zu folgen?

Nachher war mir's schon recht! Doverow starrt die Prinzeß an und spricht keine zehn Worte. Der Prinz dagegen —!

Zum Glück saßen wir mit der Klettenhofen auf einer Seite, so daß sie uns nicht sehen konnte. Sonst wär' ich meines Lebens nicht froh geworden. So aber war's entzückend! Was er mir Alles zugeflüstert hat! Ich fragt' ihn, warum er nicht abgereist sei. Da sah er mir ganz eigenthümlich tief in die Augen und sagte, gerade jetzt

habe Schönwalde zuviel Anziehendes für ihn. Er neckte
mich damit, daß ich hinter meinem Fächer solch' aus=
drucksvolles Mienenspiel triebe; er wünsche allemal, mit=
thun zu können, sagte er, und wenn er mich störe, so sei
es nur der Aerger darüber, daß er ausgeschlossen sei.
„Denken Sie, wie famos es wäre, wenn wir Zwei zu=
sammen so hinter'm Fächer hervor alle Welt auslachen
könnten!" Ich wurde immerfort roth, das fühlte ich.
Wie kann er nur sagen: „Wir Zwei zusammen!" Eigent=
lich hätt' ich überhaupt bös werden müssen, aber ich
bracht's nicht über's Herz. Er war gar zu nett!

Nach Tisch drückte mir Prinzeß Hedwig verstohlen die
Hand, aber so fest, daß es fast schmerzte. Was hat sie
nur? Ich dachte schon, die Sache wäre glatt vorüber=
gegangen, da bleibt auf einmal die Frau Prinzessin stehen
und fragt: „Was hatte dieser Umtausch der Plätze denn
zu bedeuten?"

Wir kennen Alle diesen kühlen, leisen Ton und zittern
davor. Ich sehe unwillkürlich nach der Klettenhofen, die
sich in ihrer neuen Damastrobe wie ein gemästeter Pfau
spreizt. Sie sieht nicht roth aus, nein, blau. Zum Glück
nimmt ihr Prinzeß Hedwig das Antworten ab. „Es
war eine Verabredung zwischen Prinz Gustav und mir,"
sagt sie muthig, „ein Scherz, um Käthe Rosen zu necken."

Ich athmete erleichtert auf. Aber: „Das dicke Ende
kommt nach," wie unser alter Kutscher zu sagen pflegte.
Heute erschien plötzlich die Klettenhofen in meinem Zimmer,
und nun gab's eine Strafpredigt. Ich hasse diese Gräfin!
Sie blickt Eis und spricht Dolche. Frivol nannte sie mich
und kokett und gewissenlos und pflichtvergessen — zehn
Schmähungen in einem Athem! Ich mochte kein Wort
zu meiner Vertheidigung vorbringen, so zuwider war sie
mir! Ach, wäre der Prinz doch nur abgereist, je weiter,
desto lieber!

20. März.

Wir sollen auf Wunsch des Hofraths Doktor Selden-
meyer Lawn-Tennis spielen, das heißt Prinzeß Hedwig
soll es, um kräftiger zu werden. Wunderbare Kostüme
sind dazu von London verschrieben worden.

Heute fingen wir an. Ein englischer Major macht den
Lehrer. Erst war's öde, dann geriethen wir in Eifer.
Leider mußten wir da aufhören. Ich war sehr lustig,
obwohl ich mir vorgenommen hatte, Prinz Gustav, der
mitspielte, nie wieder anzusehen. Es ist nur halb und
halb geglückt. Der schöne Doverow zeichnete sich 'mal
wieder durch Zerstreutheit aus. Was dem nur immer im
Kopfe steckt?

23. März.

Heute ist Prinz Gustav nun wirklich abgereist. Mir
ist's, als habe er alles Leben aus Schönwalde mit fortgenommen. Er kommt aber bald wieder, sagt er.

Prinzeß Hedwig ist manchmal so sonderbar. Heute
fand ich sie an ihrem entzückenden Schreibtischchen sitzend,
damit beschäftigt, lauter E und D auf ein Blatt Papier
zu schreiben. Ich glaubte, sie mache ein Räthsel und
fragte: „Was soll das sein?" Da fuhr sie zusammen,
zerriß das Papier in kleine Fetzen und sagte in kurzem,
hartem Ton: „Nichts."

Ich fragte: „Sind Sie mir böse, liebste Prinzeß?
Bitte nicht! Ich habe ja Niemanden hier, als nur Sie!"

Da streichelte sie mein Haar und fing an zu weinen,
Was hat sie nur?

28. März.

Ich glaube, jetzt weiß ich, was sie hat.

Heute fragte mich Gräfin Adeline Welsau, welche die
Frau Prinzessin ihres schönen Gesanges wegen einzuladen
pflegt: „Wie ist's denn nun geworden?"

Ich fragte ganz dumm zurück: „Was?"

„Nun, mit der Verlobung!" antwortete sie.

„Verlobung? Welche Verlobung?" Mir klopfte auf einmal das Herz zum Zerspringen. Und die Welsau glaubte, ich stelle mich absichtlich unwissend.

„Sie brauchen nicht so geheimnißvoll zu thun, Fräulein v. Rosen," sagte sie, „alle Welt spricht ja bereits davon."

Ich versicherte nochmals ernsthaft, daß ich von nichts wisse. Da sagte sie: „Prinz Gustav ist nach Schönwalde geschickt worden, weil man ihn mit unserer kleinen Prinzeß zu vermählen wünscht. Haben sich denn nun die Herzen gefunden?"

Mir wurde es dunkel vor den Augen. „Prinzeß hat nicht geruht, mich zur Vertrauten ihrer Herzensangelegenheiten zu machen," sagte ich schroff.

Gräfin Welsau wird mich jetzt ein unausstehlich hochmüthiges Ding nennen. So geht es mir immer, weil ich einmal die Aushorcherei nicht vertragen kann. Sie würde mich vielleicht milder beurtheilen, wenn sie wüßte . . . aber zum Glück weiß das Niemand!

30. März.

Das hätte ich nicht gedacht, nein, das nicht! Ich würde es Niemand glauben, wenn ich's nicht mit eigenen Augen gesehen und mit eigenen Ohren gehört hätte. Die Frau Prinzessin hatte auf der Waldwiese ein Fest für die Dorfkinder veranstaltet. Wir durften den Kuchen vertheilen, die Chokolade einschenken und dann mitspielen. Es war herrlich! Die Kinder verloren bald die anfängliche Scheu und wurden rechtschaffen wild. Ich fühlte mich wohler als lange und tollte nach Herzenslust mit den Rangen herum.

Bei dem Versteckspiel geriethen wir von der Wiese in den Wald. Ich fand mich mit aufgelösten Zöpfen, kochheiß im Gesicht und nach Athem schnappend an einem

Eichstamm lehnend. Meine jugendlichen Verfolger hatten mich offenbar aus dem Auge verloren, und ich benützte die einsame Stelle, um meinen Anzug wieder etwas in Ordnung zu bringen.

Auf einmal hörte ich Stimmen auf dem Waldpfade. Rasch versteckte ich mich, um die Leute vorbei zu lassen. Aber ohne Arg lugte ich durch das Gezweig und sah — meine Prinzeß an der Seite Doverow's.

Wie seltsam, dacht' ich. Sie gingen sehr langsam und sprachen leise. Schon wollt' ich aus meinem Versteck hervorbrechen, denn vor den Beiden genire ich mich nicht. Aber sie waren so vertieft in ihr Gespräch, daß ich nicht stören mochte.

Egon Doverow ist so schrecklich ernsthaft, und die Prinzeß redet auch gern ein bischen klug. Weiter dacht' ich nichts.

Aber seine Stimme klang merkwürdig erregt. Auf einmal hört' ich die Prinzeß sagen: „Ich kann nicht, Herr v. Doverow! Ich beschwöre Sie, mir zu glauben. Rücksichten, deren Nöthigung Sie unterschätzen — mein Gott, wozu rede ich? Sie wollen mir nicht glauben, und wissen doch, wie mein armes Herz blutet! Sie wissen doch, daß ich Sie allein, Sie allein liebe. Aber wer fragt nach meinen Gefühlen? Ich darf nicht! Ich kann nicht!"

Da sagte er leidenschaftlich: „Sie können, sobald Sie wollen! Haben Sie den Muth, mit den veralteten Ueber= lieferungen zu brechen. Es gibt kein heiligeres Gesetz, als die Stimme des Herzens!"

„Die Pflicht ist heiliger," antwortete die Prinzeß.

Sie waren gerade bei der Eiche stehen geblieben, so daß ich jede Silbe gehört hatte. Jetzt sank ihr Sprechen zum Flüsterton herab. Ich verstand nichts mehr, aber ich sah, daß sie ihm die Lippen zum Kusse bot.

Es war still ringsum, bis auf das geheimnißvolle

Waldesrauschen, und ich dachte, sie müßten meinen Herz-
schlag hören.

Als ich zehn Minuten später mit mühsam bewältigter
Erregung zu der Gesellschaft zurückkehrte, fand ich die
Prinzeß liebenswürdig plaudernd und scherzend, als sei
nicht das Mindeste vorgefallen. Sie war nicht einmal
röther als sonst.

2. April.

Sie hat's gemerkt.

Ich stand heute vor der Abendmahlzeit im rothen
Zimmer und kramte in den Photographien der Frau
Prinzessin, die da zu allgemeiner Besichtigung herum
liegen. Prinz Gustav's Bild schob ich rasch unter die
anderen, dann betrachtete ich lange ein Bild von Baron
Egon Doverow. Er hat einen interessanten Kopf, das
Gesicht sieht männlich, stolz und leidenschaftlich aus;
freilich auch ein wenig düster.

Auf einmal fragt dicht hinter mir die Prinzeß: „Wer
ist denn der Glückliche, in dessen Anblick Käthe Rosen so
ganz versunken ist?"

Ich fuhr zusammen, wie auf einem Unrecht ertappt,
und warf die Unglücksphotographie hastig zu den übrigen.
Aber die Prinzeß nahm sie auf, sah sie an und warf
einen langen, fragenden Blick auf mich.

Ich hätte Alles darum gegeben, in diesem Augenblick
unbefangen erscheinen zu können, und dabei fühlte ich, daß
mein Blick unsicher wurde, daß ich heiß erröthete.

Sie sagte nur: „Ah!" Dann kamen die Herren. Wir
gingen zu Tisch.

3. April.

Und sie war doch auf falscher Fährte! Heute ließ sie
mich nach dem Frühstück zu sich rufen.

„Käthe," begann sie mit einem forschenden Blick in
meine Augen, „interessirst Du Dich für Doverow?"

„In wiefern?" stotterte ich.

„Ich will es wissen. Liebst Du ihn? Ja oder nein!"

„Prinzeß!" rief ich vorwurfsvoll.

Und da trat sie einen Schritt zurück und sagte wieder ihr kleines „Ah!" der Ueberraschung. Sie hatte mir angesehen, daß ich Bescheid wußte.

Erst schien sie mir zu zürnen, dann gab sie sich einer sanfteren Regung hin und beichtete. Sie habe von Anfang an für Egon Doberow geschwärmt, erzählte sie mit bezauberndem Lächeln; der Baron sei nur gar zu leidenschaftlich und ungestüm, so daß ihr zuweilen angst und bange werde. Er quäle sie ein wenig.

„Wie kann er es nur wagen!" rief ich.

Da sah die Prinzeß so zwischen den blonden Wimpern durch über mein Gesicht und schien zu denken: „Davon verstehst Du, gutes Kind, nichts."

„Und was soll daraus werden?" fragte ich kleinlaut.

Sie seufzte. „Ich muß natürlich ein Ende machen," sagte sie trübe. „Papa und Mama wünschen, mich dem Prinzen Gustav zu vermählen."

„Und Sie willigen ein?"

„Ja, gewiß," sagte sie ruhig. „Natürlich darf der Prinz von meinen Beziehungen zu Doberow nie etwas erfahren. Kann ich mich auch auf Dich verlassen, Kleine?"

Ich nickte. Sprechen konnt' ich nicht.

Prinzeß Hedwig strich mir liebkosend über den Scheitel. „Du bist ganz blaß geworden, Käthe. Solch' ein aufgeregtes, kleines Persönchen! Was würde unsere gute Klettenhofen sagen?" —

Du lieber Gott, wenn doch Alles erst hinter mir wäre! —

5. April.

Sie muß es ihm irgendwie gesteckt haben, daß ich eingeweiht bin. Heute auf der Promenade schlängelt sich

Herr v. Doverow an mich heran und flüstert mir zu: „Mein gnädiges Fräulein, ich flehe Sie an, mir zu helfen!"

Ich that, als hätte ich nichts gehört und wandte mich ab. Aber er hielt wohl mein Schweigen für Einverständniß, denn er fuhr nur dringender fort: „Ich muß die Prinzeß sprechen. Wollen Sie mir behilflich sein?"

Da wurde ich ganz böse und sagte schroff: „Ich kann Ihnen nicht helfen, Herr v. Doverow, und will auch nicht."

Er versuchte nicht wieder, mich anzureden.

Ist es nicht eine schöne Idee, der Zukünftigen des Prinzen Gustav zum Stelldichein mit einem Anderen zu verhelfen? O mein Gott! Ich weiß nicht mehr aus und ein in dieser Welt der Lügen!

10. April.

Da haben wir glücklich den Skandal! Daß sie es dahin kommen lassen konnte! Wenn sie die Kraft fand, den Mann, den sie liebte, aufzugeben, warum that sie's nicht ganz? —

Ich war bei der Toilette, das heißt, ich las im Modejournal, während die Jungfer mir das Haar striegelte, wollte sagen bürstete. Stürzt auf einmal roth wie eine Päonie, und keuchend wie eine Gebirgslokomotive, die Klettenhofen in's Zimmer.

„Wo ist die Prinzeß?"

„Hier nicht!" sagte ich. Aber ich war so erschrocken, daß mir das Journal aus den Händen fiel. Nachher, wie ich aufstand, fühlt' ich, daß mir die Kniee zitterten.

Die Klettenhofen plumpste auf mein kleines Sopha, daß es in allen Fugen krachte. Sie war ganz außer sich, wie ich sie noch gar nicht gesehen habe. Sie vergaß sogar, daß sie mich nicht ausstehen kann.

„Das ist eine schöne Geschichte!" keuchte sie. „Wenn königliche Hoheit etwas merkt, sterbe ich!"

Ich schickte die Jungfer hinaus und flocht mir rasch
die Zöpfe selbst. Währenddem erzählte die Gräfin, die
Prinzeß sei mit einem Herrn im Park gesehen worden,
hinten beim Schilfteich unter den alten Weiden. Sie, die
Klettenhofen, habe dies selbstverständlich nicht geglaubt,
aber doch unter irgend einem Vorwande nach der Prinzeß
geschickt, die sie bei der Toilette vermuthet habe. Die
Abgesandte habe das Nest leer gefunden. „Thun Sie mir
den einzigsten Gefallen, Fräulein v. Rosen, und laufen
Sie rasch nach dem Schilfteich! Aber um Gottes willen
nicht vorn herum, sondern zwischen den Boskets durch,
daß Sie nicht vom Schloß aus gesehen werden. Sagen
Sie der Prinzeß, daß man aufmerksam geworden ist.
Wenn Sie Beide miteinander zurückkommen, läßt sich
vielleicht noch ein Eklat vermeiden! Aber eilen Sie,
bestes Kind! Wenn königliche Hoheit etwas erführe —
ich stürbe!“

Ich hatte schon, während sie sprach, die Zöpfe auf=
gesteckt und den Frisirmantel abgestreift. Rasch schlüpfte
ich in die Morgenblouse und machte die Knöpfe auf der
Treppe zu, so trieb mich's hinaus. Die Jungfer keuchte
hinter mir her und brachte mir Hut und Handschuhe.

Gott sei Dank, laufen kann ich. Im Umsehen war ich
am Schilfteich. Das Laub ist noch sehr zart, so daß ich
schon von Weitem der Prinzeß rosenfarbenes Morgenkleid
schimmern sah. Sie saß auf der Steinbank am Fuße des
Tritonen unter der alten Weide. Doverow stand am
Stamme des Baumes und redete dringlich auf sie ein.

Natürlich hatten sie Ort und Zeit vergessen. Ich
schämte mich in ihrer Seele und vor mir selbst. Einen
Augenblick war's mir, als müßt' ich auf dem Fuße um=
kehren und fortlaufen. Aber es mußte sein.

Sie sahen mich erst, als ich dicht vor ihnen stand.
Ueber dem Rauschen des Wassers, das der Muschel des

Tritonen entstürzt und in den Teich fällt, hatten sie mich gar nicht gehört.

„Hoheit," sagte ich, vom Laufen ganz außer Athem, „es ist die höchste Zeit zum Ankleiden. Man hat mich geschickt."

Sie war ganz weiß geworden; verlor aber nicht die äußere Ruhe. „Wie wir uns doch verplaudert haben, Baron," sagte sie mit einem Lächeln und stand auf.

Raschen Schrittes, und ohne sich nur einmal nach Doberow umzusehen, ging sie neben mir her.

„Hat man mich vermißt?" fragte sie hastig.

Ich wiederholte den Bericht der Klettenhofen.

„Das ist sehr fatal, das ist sehr fatal!" murmelte sie. „Es ist wirklich die höchste Zeit, daß wir ein Ende machen!"

Ich seufzte und dachte: dazu ist's jetzt nur ein bis= chen spät! — Ich glaube, die Klettenhofen hat etwas mit den Uhren gemacht, sonst hätten wir unmöglich zur rechten Zeit fertig werden können. Aber so wurden wir fertig; nur daß ich mich schrecklich eilte, und daß die Frau Prinzessin sagte: „Die kleine Rosen vernachlässigt sich im Aeußern."

Na, die Klettenhofen wußte warum und ersparte mir diesmal die Predigt.

15. April.

Gott weiß, was bei uns in der Luft liegt! Die Stim= mung ist gewitterschwül. Ich fürchte, die Frau Prinzessin hat doch Witterung gekriegt. Die Klettenhofen wird am Ende sterben müssen!

Das ist Galgenhumor, denn mir ist hundeelend.

Draußen regnete es heute, so daß der Spaziergang unterblieb. Dafür mußte die Welsau singen. Sie sang ein trauriges, kleines Lied, in dem es hieß:

> „Ach, wär' ich geblieben
> Auf meiner Heide!"

Grab' als wär's auf mich gemacht! Mir stieg das
Weinen im Halse herauf; aber ich mußte ein ruhiges Ge=
sicht zeigen. Leider hatt' ich den Fächer nicht bei mir.
In meiner Angst dreht' ich mein Taschentuch zu einer
dünnen Spirale. Dabei ist es zerrissen.

Mir liegt's auf den Nerven wie ein drohendes Unheil.

18. April.

Es ist hereingebrochen. Ich ahnte es ja. —

Die Frau Prinzessin befahl mich heute auf ihr Zim=
mer und war so auffallend gnädig, daß mir gleich bange
wurde. Ich mußte ihr erzählen, ob ich mich am Hofe ein=
gelebt habe, ob ich mich in Schönwalde wohl fühle u. s. w.

Dann kam's heraus. Der Prinz und die Frau Prin=
zessin fühlten so viel gnädiges Wohlwollen für mich, daß
ihnen daran gelegen sei, mich eine gute Heirath machen
zu sehen. Es erscheine dies in erhöhtem Grade wünschens=
werth, als ich das Unglück habe, keine Eltern mehr zu
besitzen. Jetzt böte sich die erwünschte Gelegenheit zu
meinem Glück, indem ein reicher Kavalier vom Hofe um
die Erlaubniß eingekommen sei, sich um meine Hand be=
werben zu dürfen. Sie, die Prinzessin, habe ihm ver=
sprochen, in höchsteigner Person seine Sache bei mir zu
führen. Es sei dies ein Glück, das ich nicht aus irgend
einer Mädchenlaune von der Hand weisen dürfe u. s. w.

Es war Alles in honigsüße Worte eingepackt.

Ich fragte zitternd: „Wer ist's, königliche Hoheit?"

Und die kühle, sanfte Stimme der Frau Prinzessin
antwortete: „Baron Egon Doberow."

Da wurde mir dunkel vor den Augen und schwindelig.

„Aber bestes Kind, was fehlt Dir?" rief die Frau
Prinzessin ganz erschrocken. „Wer hätte diese Nerven=
schwäche bei unserem Röschen erwartet?"

Es sollte gütig klingen; aber ich fühlte, daß die Frau

Prinzeſſin mir zürnte. Die Hofdame, Gräfin Boden,
mußte mich nach meinem Zimmer führen.

„Wenn Sie ruhiger geworden ſind, beſprechen wir das
Weitere,“ ſagte die Frau Prinzeſſin mir noch.

19. April.

Heute, kurz vor Tiſche ſchlüpfte Prinzeß Hedwig in
mein Zimmer, das ich heute nicht verlaſſen hatte. Sie
küßte mich zärtlich und ſagte: „Ich weiß Alles.“

„Sie wiſſen es!“ rief ich, „und lehnen ſich nicht dagegen auf?!“

„Du thörichtes, rebelliſches Ding!“ ſagte ſie und ſtrei-
chelte meine Hände.

Ich war ſprachlos. Iſt das die vielbeſungene Macht
der Liebe? Die Gräfin Welſau ſingt:

> „Wenn Zwei ſich lieben mit heißen Flammen,
> Gott thut ein Wunder und führt ſie zuſammen.

Das klingt ſo überzeugend, und ich hab's geglaubt. Bald
glaub' ich nichts mehr.

„Sieh, wenn ich mir jetzt die Augen rothweinen wollte,“
fuhr Prinzeß Hedwig fort, „ich hätte wohl Grund dazu.
Aber Du? Was geſchieht Dir denn? Einen hübſchen,
reichen, angeſehenen Mann ſollſt Du heirathen, einen Mann,
um den Viele Dich beneiden werden. Iſt denn das ſo
ſchlimm? Komm, ſei vernünftig, Käthe!“

„Aber er liebt ja Dich!“ rief ich, „er müßte mich ja
verabſcheuen!“

„Er wäre ſehr thöricht,“ ſagte die Prinzeß. „Biſt Du
nicht jung und reizend?“

„Wie können Sie . . . wie kann er ſich zu ſo etwas
hergeben!“ rief ich unter hervorſtürzenden Thränen. „Weshalb reist er nicht lieber fort, weit fort? Was kann ihn
daran hindern?“

„Seine Ehre,“ ſagte Prinzeß Hedwig leiſe. „Siehſt
Du, er hat mich bloßgeſtellt. Man ſpricht von unſeren

Zusammenkünften im Garten. Wenn er sich jetzt mit Dir verlobt, erhält es den Anschein, als sei das Alles nur Deinethalben gewesen. Du siehst, es nimmt dadurch einen völlig harmlosen Charakter an."

Ich nickte stumm.

„Gerade jetzt schweben die Verhandlungen über eine Vermählung zwischen mir und dem Prinzen Gustav, welcher, nebenbei gesagt, für Dich schwärmt. Du kannst Dir denken, daß Mama die Entdeckung meines Verhältnisses zu Doverow äußerst ungnädig aufnahm. Sie hat mich nicht geschont. Die peinliche Geschichte muß durchaus vertuscht werden. Und darum, liebe Käthe, wirst Du nicht länger Deinen Trotzkopf aufsetzen. Du thust mir zu Gefallen, was Mama verlangt. Nicht wahr?"

„Peinliche Geschichte" nennt sie ihre Liebe! Ich kann diese Menschen nicht verstehen.

22. April.

Da meine Augen roth und geschwollen sind, bin ich vom Dienst befreit worden. Die Klettenhofen sieht mich stechend an, wenn sie mir irgendwo begegnet. Sie sind Alle gegen mich verschworen; aber ich will nicht! ich will nicht!

1. Mai.

An Einen hatte ich noch geglaubt, und das gab mir Muth, ihnen Allen Widerstand zu leisten. Jetzt ist auch das am Ende; nun mag aus mir werden, was will. —

Ich durfte heute mit nur einem Diener spazieren reiten. In Gesellschaft soll ich mich jetzt nicht sehen lassen, und die Frau Prinzessin meinte, der Ritt würde mich erfrischen. Es war auch wundervoll! Der kleine Araberhengst folgte, als seien meine leisesten Bewegungen Worte. Er ist ein Wunder von Intelligenz und Feuer, ein reizendes Thier!

Ich ritt durch den Wald und kreuzte nahe der Eisen=bahn die Fahrstraße. Da kamen grad' zwei Hofwagen

von der Station her. Ich hielt den „Achmed" zurück, um
die Equipagen vorbei zu lassen. Auf einmal erkannte ich
Prinz Gustav.

Auch er hatte mich erkannt, ließ halten und stieg aus.
Dann, nachdem Alle mich begrüßt, hieß er seine Herren
langsam vorausfahren und ging neben meinem Pferde her
in das Holz hinein.

Er thut eben immer grad', was ihm einfällt, und thut's
mit einer so genialen Unbekümmertheit, daß man ihm viel
mehr zu gute hält, als anderen Leuten. Ich nun gar
hätt' ihm zujubeln mögen, denn es schien mir, als sei er
eigens zu meiner Rettung dahergekommen.

Er begann damit, mir in der anmuthigsten Weise
Liebenswürdigkeiten zu sagen. Es waren Schmeichelworte;
aber sie kamen so treuherzig heraus, man konnte nicht
böse sein. Nachher wollt' er wissen, warum ich geweint
habe. Seine Worte hatten rasch den Weg zu meinem
Herzen gefunden; sie ließen mich hoffnungsvoll fühlen.
Der meint's gut mit mir, dacht' ich, und wird's nicht zu-
lassen, daß ich gezwungen werde, den Doverow zu heirathen. Verwirrt und ängstlich ob des Verraths erzählt'
ich ihm ganz kurz, daß Baron Doverow um mich ange-
halten habe, und daß die Frau Prinzessin meine Ein-
willigung verlange.

„Arme, süße Heiderose!" sagte er zärtlich.

Da mußt' ich wieder weinen. „Ich kann's nicht, und
ich lieb' ihn nicht, und ich mag nicht!" schluchzte ich.

„Pst!" machte er mit dem Zeigefinger über den Lippen,
und sah sich dann nach dem Reitknecht um. Aber der
hielt sich wohlweislich in gehöriger Entfernung.

„Es ist die alte Geschichte, Fräulein Käthe," sagte er
leise und vertraulich. „Unsere Stellung legt uns Pflichten
auf. Trösten wir uns miteinander, denn wir sind Leidens-
genossen. Ich habe mein Herz an ein gewisses kleines

Rößlein verloren; aber darnach fragt Niemand, sondern ich
muß die zu dem Hoffräulein gehörende, langweilig vor=
nehme Prinzeß heirathen."

„Sie — Sie rathen mir also —" stammelte ich mit
abgewandtem Gesicht.

„Ich rathe Ihnen als Freund, gute Miene zum bösen
Spiel zu machen. Und im Grunde ist's so schlimm gar
nicht. Doverow ist ein sehr anständiger Kerl und hat
Geld. Passen Sie 'mal auf, Käthchen, die junge Baronin
Doverow wird ganz anders fetirt werden, als das Fräulein
v. Rosen, das als Anhängsel der Prinzeß immer eine unter=
geordnete Rolle spielt. Und dann wollen wir Alle zusammen
einen lustigen Hof halten. Nun, verstehe ich zu trösten?"

„Sie müssen zu Ihren Herren zurück," mahnte ich mit
tief gesenktem Kopf. „Diese Unterhaltung hat schon zu
lange gewährt."

Er streckte sich, hob den Kopf und sah mir verlangend
in die Augen.

„Einen Kuß zum Abschied, süße Käthe!" flüsterte er.
„Für die nachherige Bravheit verdienen wir's wirklich!
Ein Kuß in Ehren — Sie wissen. Bitte, bitte!"

Aber ich drängte ihn fort und schlug meinem Achmed
eins mit der Gerte gegen die Flanken, daß er sofort in
Galop davonsprengte.

Jetzt wollt' ich, ich wär' todt!

2. Mai.

Außen Blüthenduft, smaragdenes Grün, Sonnenschein;
in meinem Herzen kalte Nacht!

Was sollt' ich mich noch sperren? Für wen und wozu?
So ließ ich ihnen den Willen.

Im Zimmer der Frau Prinzessin brachte man uns
zusammen. Doverow sah kalt und weiß wie Marmor aus,
als er seinen Antrag vorbrachte und mir die Hand küßte.
Ich hatte Roth aufgelegt.

Sein fragender, zweifelnder Blick war mir peinlich. Aber die Klettenhofen hatte mich gut abgerichtet. Ich betete meine Lektion ohne Stocken herunter.

Die Frau Prinzessin umarmte und küßte mich. Sie war mit mir zufrieden.

3. Mai.

Zum ersten Male wieder mit den Herrschaften gespeist. Die Frau Prinzessin verkündete bei Tische unsere Verlobung. Alle Welt beglückwünschte mich, auch Prinz Gustav. Er sagte leise zu mir: „Ich beneide den Doverow," dabei sah er mich an, wie man die Braut eines Anderen nicht ansehen sollte. Ich trug ein blaßrosa Seiden= kleid mit Heckenrosen, und man fand mich hübsch. Doverow redet mich nur an, wenn es nicht anders geht. Er haßt mich natürlich.

5. Mai.

Baron Doverow ist abgereist; auf seine Güter sagt man. Das ist gut; denn Jedermann konnte ihm die Todesqual seiner unglücklichen Liebe vom Gesicht ablesen. Er eignet sich so wenig zum Komödiespielen wie ich.

Daß auch mein Herz um ein zerstörtes Idealbild blutet, ahnt zum Glück Niemand.

Schloß Karlskron, 1. Juni.

Wir sind für einige Wochen nach der Residenz zurück= gekehrt. Die Verlobung meiner Prinzeß ist veröffentlicht worden, und die Gratulationsbesuche enden nicht. Prinzeß scheint sich mit viel Gleichmuth in das Unabänderliche zu finden. „Wenn ich Doverow täglich sähe," sagte sie zu mir, „so wär's mir schwerer. Die Entfernung läßt sein Bild erblassen."

In mir ist Alles todt.

3. Juni.

Heute war Doverow hier, um den königlichen Hoheiten seine Aufwartung zu machen und anstandshalber nach dem

Befinden seiner Braut zu fragen. Ich sah ihn im Salon der Klettenhofen, und wir waren so förmlich kalt, daß die gute Gräfin selbst zufriedengestellt schien. Das will etwas sagen.

Ich schaudere vor jeder Begegnung mit diesem Manne, dem man mich aufgedrungen hat, zurück. Meine Stellung ihm gegenüber ist demüthigend, erniedrigend! —

Die Prinzeß, die den Baron nicht hat sehen dürfen, erschien bei Tische mit rothgeweinten Augen. Wenn das nur nicht wieder ein Unwetter heraufbeschwört.

4. Juni.

Ich dacht' es doch. Die Frau Prinzessin wünscht mit der „Affaire Doberow" ein= für allemal abzuschließen, da Prinzeß Hedwig durch ihr Weinen gestern bewiesen hat, daß sie nicht ganz „taktfest" ist. Darum soll die Hochzeit beschleunigt werden. Ich bin zu einer Unterredung be= fohlen worden.

Prinzeß Hedwig zeigte mir ein Zeitungsblatt, das sich im Idyllenton über ihre Verlobung ausspricht.

„In dem herrlichen Naturpark des prinzlichen Jagd= schlosses Schönwalde," heißt es da, „trat die holde Prin= zessin, einer erblühenden Rosenknospe gleich, dem jugendlich schönen Prinzen entgegen, und Beider Herzen waren ge= fangen. Nur innigste Neigung ist es, was dies fürstliche Paar dem Bunde der Ehe zuführt."

Ich sah die Prinzeß an. „Es nimmt sich doch ganz hübsch aus," sagte sie, und lächelte melancholisch.

6. Juni.

Ich bekam ein Briefchen von Doberow. Seine Hand= schrift ist männlich und vornehm. Er bittet um eine Unter= redung unter vier Augen, ehe die Entscheidung wegen des Hochzeitstages getroffen würde. Ich habe bei der Frau Prinzessin angefragt. Sie will's nicht. Ich soll ihn im Beisein der Klettenhofen sprechen. Die Gräfin hat's ihm geschrieben.

7. Juni.

Doverow verzichtet unter diesen Umständen. Natürlich ist er beleidigt. Er haßt uns Alle und glaubt, ich sei mit den Anderen im Bunde. Ich fürchte mich vor ihm. Wenn er doch nur jetzt sagte: „Ich will nicht!" Könnt' ich ihm nur einen Vorwand dazu bieten, aber mir fehlt jede Freiheit der Bewegung. Man bewacht mich wie eine Gefangene. Fürchten sie, daß ich ihnen davonlaufe? Vielleicht thäte ich's, wenn ich könnte!

8. Juni.

Großer Ball beim Minister von S. Ich habe ganz wild getanzt trotz der Nadelblicke der Klettenhofen, die schließlich zu Messer=, Dolch= und Lanzenblicken anwuchsen. Tanzen ist gut für Verzweifelte. Es überkommt Einen dabei ein Taumel des Vergessens.

15. Juni.

Sie treffen Vorbereitungen zum „Polterabend". Grausamer Hohn! Es ist, als ob man eine Hinrichtung mit Scherzen einleiten wollte. Ich habe gebeten, mich in Ruhe zu lassen; aber das paßt ihnen nicht. Sie wollen sich amüsiren.

Festmahl beim Prinzen L. Man feierte das hohe Brautpaar. Prinzeß Hedwig nahm mit sehr viel Anmuth und natürlicher Würde die ihr gebrachten Huldigungen entgegen. Prinz Gustav war sichtlich stolz auf seine Braut. Er übertraf sich selbst an Liebenswürdigkeit und froher Laune. Der ihnen auferlegte Zwang drückt sie nicht sehr. Sie sind es eben nicht anders gewöhnt. —

Doverow hat mir einen sehr kostbaren Schmuck geschickt.

20. Juni.

Noch ein Tag, dann hat diese Marter ein Ende. Was nachher kommt, ist trostlos genug, aber wir werden doch nicht gezwungen sein, ewig zu lächeln.

Die Komödie des Polterabends ist glücklich überstanden.

Stundenlang an der Seite des unglücklichen Doberow fade
Scherze und unerträgliche Neckereien anhören zu müssen,
zu lächeln und zu lachen, erfreut, überrascht und gerührt
zu scheinen — und das Alles mit auf den Tod verwun=
detem Herzen — es war eine Höllenqual.

Und Doberow litt vielleicht noch mehr. Einmal be=
rührte ich aus Versehen seine Hand. Sie war kalt wie
Eis. Warum wagt er nicht, sich gegen den Zwang auf=
zulehnen?! Noch jetzt würde ein energisches Wort ihn frei
machen. —

Im Nebenzimmer liegt mein Brautstaat ausgebreitet.
Es ist Alles viel zu kostbar. Man scheint mir den Schmerz,
den man mir verursacht, bezahlen zu wollen.

O, wenn nur erst der morgende Tag vorüber wäre!
Mir ist's, als müßt' ich sterben!

21. Juni.

Nun ist's geschehen, und ich lebe noch. In einer Stunde
reise ich allein mit dem fremden Mann in die weite Welt.
Es scheint so unglaublich, so ganz widernatürlich!

Ein passiveres Ding von einer Braut ist wohl nie da=
gewesen. Erst schmückten sie mich sehr umständlich. Dann
empfingen mich die hohen Herrschaften. Die Frau Prin=
zessin umarmte und küßte mich, doch gemessen, um meine
duftige Toilette nicht zu zerknüllen. Die älteren Damen
folgten dem hohen Beispiel. Lauter Theaterumarmungen,
die mir trotz aller Flüchtigkeit den Athem benahmen.

Im großen Saale fand die Trauung statt. Ich war
während der ganzen Ceremonie wie betäubt. Dennoch sah
ich einmal, daß Prinzeß Hedwig das Taschentuch an die
Augen führte. Da warf ich zum ersten Male einen Blick
auf Doberow. Ich dachte, er müsse zucken vor Zorn und
Qual. Aber sein strenges Gesicht war aufwärts gerichtet
und trug den Ausdruck kalten Stolzes und trotziger Un=
bekümmertheit. Ich fürchte mich vor ihm.

Dann kam das Hochzeitsmahl. Endlose Tischreden, endlose Glückwünsche, endlose Judasküsse!

Prinz Gustav wagte es, mir zuzuflüstern: „Ich würde mein Glück mehr zu schätzen wissen, als dieser steife Doberow!" Ich wandte ihm schweigend den Rücken.

Bozen, 22. Juni. Abends spät.

Endlich allein. Mein Kopf schmerzt. Es ist das erste Mal, daß wir Rast machen. Bis jetzt sind wir Nacht und Tag im Eilzug gefahren. Zum Glück brauchte ich weder stocksteif zu sitzen, noch zu lächeln. Das Letztere besonders that wohl. Es war ein solches Ausruhen! — Wenn ich mich nicht von Doberow beobachtet gefühlt hätte, wäre mir wirklich wohl gewesen. Aber das gezwungene Beisammensein wirkt natürlich drückend auf uns Beide. Er behandelt mich wie ein dienstthuender Kammerherr seine Fürstin: sehr achtungsvoll, sehr aufmerksam. Wir reisen übrigens mit einem Diener und einer Jungfer.

Hätte Doberow nur einmal ein vertraulicheres Wort gesprochen, so hätt' ich vielleicht den Muth gefunden, ihn zu bitten, dieser erbärmlichen Ehekomödie baldmöglichst ein Ende zu machen. Wir haben gethan, was von uns verlangt worden. Nun ist's genug.

Bozen, 23. Juni.

Heute Morgen, als die Jungfer meine Rouleaux in die Höhe zog, fiel mein erster Blick auf die Bergmassen und das zwischen ihnen ausgebreitete paradiesische Thal. Unwillkürlich kam mir ein Freudenruf über die Lippen.

Als ich beim Frühstück saß, klopfte Jemand an die Thür. Ich glaubte, es sei der Kellner oder das Stubenmädchen, und sagte: „Herein!" Da kam Egon Doberow. Es machte mich zuerst schrecklich verlegen, denn es lagen allerhand Toilettengegenstände herum, und überhaupt —

Aber da ihm das Alles gleichgiltig zu sein schien, ließ ich ihn eintreten und bat ihn, Platz zu nehmen.

Er sah müde aus. Die Lider mit den dunklen Wimpern lagen ihm schwer über den Augen. Mit gleich-
giltiger Stimme sagte er etwas von Reisedispositionen
und ob ich vielleicht eine Fußtour in die Berge befehle.

Eine Fußtour allein mit ihm! Mir lief es förmlich
kalt über den Rücken.

„Lassen Sie uns lieber weiter reisen!" rief ich auf-
geregt. Das Sausen und Rasseln der Eisenbahn schien
mir das beste Betäubungsmittel.

Er sah auf. Nachdenklich und etwas besorgt ruhte
sein Blick auf meinem Gesicht.

„Ich sollte meinen, Sie müßten müde sein," sagte er.
Ich schüttelte den Kopf.

„Befehlen Sie also, daß wir heute schon weiterreisen?"

„Ja, weiter, weiter!" rief ich mit nervöser Ungeduld.
„Aber bitte, treffen Sie die Reisebestimmungen, ohne mich
zu Rathe zu ziehen, Herr v. Doberow. Es ist mir wirklich ganz gleichgiltig."

Er stand auf, machte eine kühle Verbeugung und ging.

Ich muß versuchen, etwas rücksichtsvoller zu sein. Was
soll ich ihn noch unbehaglicher machen, als er's ohnehin
ist! Fänd' ich nur erst den Muth, offen mit ihm zu
reden!

Venedig, den 26. Juni.

Eben haben wir uns ausgesprochen. Das erste Mal!
Es sind sehr viele Fremde hier, und wir wurden beobachtet.
Das war uns Beiden peinlich. Wir reisen als ein junges
Ehepaar und leben in Wahrheit wie Fremde miteinander.
Dies lächerliche Mißverhältniß muß nach außen hin ver-
deckt werden, und das ist auf Reisen nicht immer durch-
zuführen.

Dies ging mir heute durch den Kopf, und entschlossen,
ein Ende zu machen, ließ ich Herrn v. Doberow um eine
Unterredung bitten. Er erschien sofort, kühl und ernst,

wie immer. Ich mußte meinen ganzen Muth zusammen=
raffen.

„Es scheint mir unklug, Herr v. Doverow," begann
ich, „die traurige Komödie dieser uns aufgezwungenen Ehe
dem Gerede der Welt preiszugeben."

Die letzten Worte kamen unsicher über meine Lippen,
denn sein düster leidenschaftlicher Blick bohrte sich derart
in den meinen, daß ich für mich fürchtete.

„Aufgezwungen?" rief er mit böse blitzenden Augen.
„Ich meine, diese Heirath sei Ihr eigener Wunsch gewesen?"

„Mein Wunsch?"

Es muß wohl Mancherlei in diesem Ausruf gelegen
haben, was ihn irre machte. Er wurde auf einmal sehr
blaß und sah mich unsicher an.

„So wäre —" stotterte er und brach ab.

Wie ich ihn so verwirrt sah, wurde ich selbst ganz ruhig.

„Ich fügte mich dem Zwange, dem auch Sie sich gefügt
haben," sagte ich. „Es galt, uns Beide, oder vielmehr
Sie, auf gute Art unschädlich zu machen, damit aus
Schlimmem nicht Schlimmeres entstehe. Ist Ihnen das
nicht klar?"

Er war aufgesprungen und dicht vor mich hingetreten.
Jetzt faßte er mein Handgelenk und umklammerte es mit
gewaltsamem Griff. Er ist jähzornig, von wildem, un=
gestümem Wesen.

„Ist das wahr?" knirschte er.

Ich fürchtete ihn nicht mehr; dennoch klopfte mir das
Herz zum Zerspringen.

„Es ist die ganze Wahrheit, Herr v. Doverow."

Er ließ meine Hand fahren. „Und man hat mir
diese Heirath als Ihren Wunsch dargestellt!" rief er.
„Um der Nähe eines gewissen Prinzen zu entfliehen, hätten
Sie gewünscht — und sie, sie selbst hat mir das Märchen
aufgetischt!"

„Die Prinzeß?" stammelte ich. „Prinzeß Hedwig?"

Er nickte. „Sie wußte, daß ich sonst nicht auf den schmählichen Handel eingegangen wäre."

„Und ich habe sie lieb gehabt," schrie ich auf, „ich habe ihr vertraut!" Dann barg ich das Gesicht in den Händen und weinte heiße Thränen.

Auf einmal zog Jemand meine Hände leise fort. Erstaunt aufschauend, sah ich Doverow vor mir auf den Knieen liegen. Seine dunklen Augen blickten sanft und liebevoll.

„Werden Sie mir verzeihen können?" sagte er. „Wenn meine Sinne nicht so ganz von jenem unseligen Wahn umnachtet gewesen wären, hätte ich mit eigenen Augen sehen müssen, daß hinter dieser reinen Stirne keine niedrige Berechnung wohnt, hätte ich wissen müssen, daß ein Fräulein v. Rosen sich nicht verkauft."

Er sah so hübsch aus, so ehrlich und traurig, und ich hatte die Empfindung, als sei ich ihm mit einem Male viel wichtiger geworden, als alle Prinzessinnen der Welt. Ich begreife wirklich gar nicht, was mir in den Sinn kam; ohne es zu wissen und zu wollen, beugte ich mich nieder und — gab ihm einen Kuß. Gleich nachher schämte ich mich natürlich entsetzlich, stieß ihn von mir und rannte aus dem Zimmer.

Ich hab' ihn seitdem nicht gesehen.

Venedig, 27. Juni.

Heute, als ich mit der Morgentoilette fertig war — ich hatte mir viel Zeit genommen — ging ich zitternd in das Frühstückszimmer hinunter. Doverow saß und schrieb, sprang aber auf, sowie er mich in der Thür sah, und kam mir mit einem erwartungsvollen Ausdruck entgegen.

„Wie haben Sie geruht?" sagte er leise und küßte mir die Hand.

Er schien mir ganz verwandelt, weit, weit anziehender,

als sonst. Aber ich mußte in einem fort an den Kuß von gestern Abend denken und fühlte, daß ich roth wurde, sowie er mich ansah. Was mußte er nur denken?

Er hatte längst gefrühstückt, setzte sich aber, seine Schreiberei im Stich lassend, neben mich und sah mir zu. Andere Hotelgäste frühstückten an den zahlreichen kleinen Tischchen; wir sprachen darum halblaut und nur das Oberflächlichste. Er schlug eine Gondelfahrt auf dem Kanal vor, „denn,“ sagte er, „wir haben mancherlei Wichtiges miteinander zu verabreden.“

Mir war es recht.

So fuhren wir, dicht aneinander gedrängt, in dem kleinen, schwarzen, sargähnlichen Gondelhäuschen, und um uns plätscherte und glitzerte das Wasser. Aber seine erste Frage bereitete mir eine schmerzliche Ueberraschung. Er sagte: „Wünschen Sie, daß ich Schritte thue, eine gerichtliche Scheidung einzuleiten?“

Ich hatte daran wirklich noch gar nicht gedacht. „Es ist vielleicht das Richtigste,“ sagte ich überlegend; „jedenfalls würden Sie dadurch Ihre Freiheit zurückerlangen.“

„Ich pfeife auf diese Freiheit!“ bemerkte er schroff.

Ich sah ihn mitleidig an. Zu seiner heißgeliebten Prinzeß freilich konnt' es ihm nicht verhelfen. Sie blieb ihm verloren.

„Immerhin würde eine Scheidung so kurz nach der Heirath peinliches Aufsehen erregen,“ fuhr er fort. „Wenn Ihnen nichts daran liegt, Baronin, so würde ich empfehlen, es vorläufig bei dem Bestehenden zu lassen. Es bleibt uns unbenommen, getrennt von einander zu leben. Nicht wahr?“

Ich stimmte traurig zu. Seit gestern Abend hatte es mir scheinen wollen, als sei ihm mein Geschick keineswegs gleichgiltig. Was er aber jetzt vorbrachte, klang wieder völlig theilnahmlos. Mein nach Glück verlangendes Herz hatte wohl geirrt.

Ich nahm mich zusammen, um gleichfalls recht sachlich zu bleiben; aber das schmerzliche Zürnen gewann die Oberherrschaft.

„Befreien Sie sich nur von meiner Gegenwart, je eher, desto lieber," sagte ich. „Es muß ja entsetzlich sein, ein weibliches Wesen an sich gekettet zu sehen, mit der Leidenschaft für eine ganz Andere im Herzen."

Er unterbrach mich bitter: „Sie sprechen aus Erfahrung. In Schönwalde wollte man wissen, daß Fräulein v. Rosen die Huldigungen eines gewissen Prinzen gar nicht ungern entgegengenommen habe."

Ich war empört. „Das ist schändlich und grausam!" rief ich unter hervorbrechenden Thränen. „Niemand hat etwas darüber zu berichten! Niemand weiß das Geringste! Aber Ihnen will ich es sagen, weil Sie ein Recht darauf erlangt haben, Alles zu wissen. Es ist wirklich wahr: Prinz Gustav hat mein thörichtes, eitles Herz besessen; aber er hat es nie erfahren und Andere noch viel weniger."

Er faßte meine Hand. „H a t Ihr Herz besessen, sagen Sie? Besitzt er es jetzt wirklich nicht mehr? Ich beschwöre Sie, seien Sie wahr!"

Er schien tief erregt.

„Prinz Gustav steht vor der Vermählung mit Prinzeß Hedwig," sagte ich stolz, „und ich bin Ihre Frau, Herr v. Doberow."

„Aber die Herzen!" rief er, „die Herzen! Lassen sich die nach Wunsch einzwängen, Fräulein v. Rosen?" (Er nannte mich in seiner Aufregung bei meinem Mädchennamen!) „Sagen Sie mir aufrichtig, fühlen Sie noch stark für den Prinzen?"

Es klang leidenschaftlich, zärtlich, stürmisch. Wieder überkam mich die Verwirrung von gestern Abend, aber ich bezwang mich diesmal.

„Ich fühle nichts für den Prinzen," antwortete ich

leife, „nicht schwach und nicht stark. Ich hielt ihn für einen Menschen von tiefem Gemüth; aber es ist Alles Spielerei bei ihm bis auf den Grund. Selbst den Schmerz, den mir diese Täuschung bereitet hat, habe ich verwunden. Aber Sie, Herr v. Doverow, Sie haben mit ganzer Seele geliebt, ich weiß es. Wie können Sie dieses Alles ertragen?"

„Jawohl, ich habe sie geliebt," antwortete er mit halber Stimme dicht an meinem Ohr. „Ich betete sie an, ich liebte sie rasend, sinnlos und verzweifelt, bis ich erkennen mußte, daß ihr das äußere Ansehen mehr galt, als meine Liebe, die korrette Form mehr Werth für sie besaß, als das Wesen der Sache. Mit dieser Ueberzeugung war die Gluth meines Herzens erloschen. Ich kann nicht Menschen lieben, welche selbst die Schläge ihres Herzens nach dem vorgeschriebenen Ceremoniell reguliren. Ich liebe wahre und ganze Naturen, wie — meine Frau. Liebe Käthe, glauben Sie, daß Sie sich an mich würden gewöhnen können?"

Sein bebendes Flüstern, sein bittendes Gesicht, seine tiefe und starke Leidenschaft umstrickten mich völlig. Niemals war mir der Prinz oder irgend ein anderer Mensch halb so liebenswerth erschienen, wie in diesem Augenblicke Egon Doverow. Ich konnte nicht sprechen, konnte ihn nur ansehen.

Da plötzlich fühlte ich mich von seinen Armen eng umschlungen, fühlte seine Lippen heiß auf den meinen und hörte ihn unter Küssen, die mich fast erstickten, wieder und wieder meinen Namen stammeln. —

Die Junisonne scheint so hell und die Erde ist so schön! Und ich bin glücklicher, als alle Menschen auf der Welt, denn mein Mann liebt mich.

Sultanin Discha.

Ein ostafrikanisches Kulturbild.
Von
C. Falkenhorst.

———

Als im vorigen Jahre der Krieg mit den Arabern an der Ostküste von Afrika noch tobte, langte in einem der Häfen eine Parthie Elfenbein an, welches tief aus dem Inneren des Landes kam und die Tributzahlung einer schwarzen Sultanin für den unerschrockenen Afrikareisenden Paul Reichard war. Jahre waren seit der Rückkehr dieses deutschen Forschers verflossen, aber in der „Stadt", in welcher er einst gewohnt und regiert hatte, dachte man an ihn und sah ihn als den rechtmäßigen Häuptling oder Mtemi an — Engländer würden sagen als König des Reiches Ugunda.

Paul Reichard konnte den elfenbeinernen Tribut nicht versilbern oder daheim als theures Andenken aufstellen, denn in den Wirren des Aufstandes ging der ganze Vorrath verloren oder wurde gestohlen. Die Thatsache ist schon an und für sich interessant, für unsere Leser aber um so mehr, als dieselbe mit der ersten deutschen Gebietserwerbung in Ostafrika in Verbindung steht.

Es war vor zehn Jahren; man dachte und schrieb und redete in Deutschland über Kolonien, aber man beschränkte sich noch darauf und entsandte höchstens Forscher nach dem dunklen Welttheil. Dort war eine neue Aera angebrochen. Die Internationale Afrikanische Gesellschaft, die von Leopold II., König der Belgier, in hochherzigster Weise unterstützt wurde, nahm die Erschließung und Civilisirung Centralafrika's in Angriff. Stanley wirkte bereits am unteren Kongo, indem er für den künftigen Kongostaat Stationen gründete, und außerdem sollte eine Reihe von Stationen von der Sansibarküste bis zum Tanganjika angelegt werden. An diesem Werke betheiligte sich auch die Afrikanische Gesellschaft in Deutschland und rüstete, von der Reichsregierung und dem König Leopold II. unterstützt, eine Expedition aus, welche eine Station zwischen dem wichtigen Knotenpunkt der Karawanenstraßen, der Araberniederlassung Tabora und dem Tanganjikasee anlegen sollte. Zu Mitgliedern derselben wurden Hauptmann v. Schöler, der Zoologe Dr. Böhm und der Astronom Dr. Kayser gewählt. Außerdem wurde noch einem jungen Industriellen aus Kaiserslautern, Paul Reichard, gestattet, sich auf eigene Kosten an der Unternehmung zu betheiligen.

Die Expedition brach im Jahre 1880 auf und gründete eine Station zunächst in dem Dorfe Kakoma, südwestlich von Tabora, das jetzt fast im Mittelpunkte des westlichen Theiles von Deutsch-Afrika liegt. Hauptmann v. Schöler kehrte bald nach Europa zurück, die drei anderen Mitglieder blieben im Lande Ugunda. Der Häuptling desselben, Mlimangombe, welcher in der nahen Hauptstadt Gonda lebte, war anfangs den Europäern nicht besonders freundlich gesinnt. „Der Rinderhüter", wie sein Name in deutscher Uebertragung lautet, war dem Trunke ergeben, und erst als ihn die Wassersucht auf's Schlimmste peinigte, wandte er sich zu spät an die Weißen, um von ihnen Hilfe zu erlangen. Er starb am 18. Juli 1881. Sein Tod wurde den Unterthanen nach alter Sitte verheimlicht; die Wenigen, die darum wußten, beerdigten den

Todten heimlich während der Nacht in dem Hofe des
„Palastes"; sie versenkten den in bunte Tücher verhüllten
Leichnam in die Grube mit vier lebenden gefesselten Sklaven, zwei Knaben und zwei Mädchen. Die armen Opfer
wurden mit Speerstichen getödtet, dann die Gruft rasch
verschüttet und alle Spuren derselben auf das Sorg-
fältigste verwischt. Dann traten die Vornehmen zu der
geheimen Wahl zusammen und riefen Discha,*) eine
Schwester Mlimangombe's, zum Mtemi oder Häuptling aus.

Der Regierungswechsel ist überall mit Gefahren für
den Staat verbunden, und auch Discha befürchtete einen
Angriff des benachbarten mit den Arabern befreundeten
Häuptlings Sike von Unjamjembe. Sie sandte darum
Boten nach Kakoma und bestürmte die Deutschen mit
Bitten, ihre Station nach Gonda zu verlegen und die
Herrschaft mit ihr zu theilen. In den hierauf folgenden
langwierigen Verhandlungen wurden die Deutschen wirklich zu Häuptlingen eingesetzt und lernten die Sitten und
Gebräuche der Neger genau kennen. Nach ihren Berichten
an den Vorstand der Afrikanischen Gesellschaft entwerfen
wir das nachfolgende Bild von Ugunda, seinem Volke und
seiner Sultanin. Es ist ein innerafrikanisches Bild, aus
welchem die Leser mit Menschen bekannt werden, unter
denen jetzt die Deutschen unter Emin Pascha's Leitung
ihre civilisatorische Thätigkeit zu entfalten beginnen.

Der Schauplatz, auf den wir uns begeben, ist keineswegs eine üppige Tropenlandschaft. Der bei Weitem
größte Theil des Gebietes wird zwar vom Walde bedeckt,
aber es ist der Puri, der trockene, schattenlose afrikanische
Wald. In ihm wachsen neben Akazien und Mimosen
Bäume, die unseren Buchen, Eschen und Ulmen ähnlich
sehen, nur daß sie nicht so reich belaubt und selten so

*) Oder Ndischa, wie sie neuerdings genannt wird.

schön wie die unserigen gewachsen sind. Die Palme erscheint zwar an Regenbächen und Stromläufen, aber nur
rings um die niemals versiegenden Flüsse und Teiche wird
die Vegetation üppiger und zaubert in den ausgedehnten
Wäldern mit ihren vielen Schlingpflanzen, hohen Baum-
riesen und dichtem Unterholz das Bild des Urwaldes hervor. Sonst dehnt sich neben dem Puri die öde, savannen-
artige offene Landschaft aus, welche hier die Boga genannt wird.

Auf dieser etwa 1000 Meter über dem Meere gelegenen
Hochfläche wohnen die verschiedenen Stämme der Wa-
nyamwesi in runden Strohhütten, hauptsächlich Ackerbau
und in geringerem Maße Viehzucht treibend. Wir werden
sie in der Hauptstadt Discha's näher kennen lernen.

Dieselbe heißt, wie bereits erwähnt, Gonda und hatte
zur Zeit, als Reichard und seine Genossen dort weilten,
etwa 500 Einwohner, darunter höchstens 40 Freie, alle
übrigen waren Sklaven. Die Strohhütten sind in Gonda
seltener, sie werden durch die feuerbeständigeren viereckigen
Lehmhäuser nach arabischem Muster, die Tembes mit
einem inneren Hof, verdrängt. Durch dicht zusammen-
gedrängte Straßen, die eigentlich nur zufällig unbebaut
gebliebene Stellen sind und bei Regenwetter sich in un-
ergründliche Sümpfe verwandeln, gelangt man zu der
Häuptlingswohnung, dem Palast oder Kwikuru. Auch er
ist ein Tembe, also ein viereckiger Lehmbau, der in der
Mitte einen großen Hof besitzt. Die Seitenlänge dieses
Kwikuru beträgt 30 bis 40 Meter. Gonda ist außerdem
eine Festung mit zwei Vertheidigungslinien: Erdwall und
Graben bilden die äußere, eine tembeartige Lehmmauer
die innere Linie.

Acht Tage, nachdem Discha zur Sultanin ausgerufen
worden war, kam Reichard nach Gonda, um mit ihr zu
verhandeln. Die Machthaberin wohnte noch nicht in dem

Kwikuru, sondern in ihrer Privatwohnung, einer ganz niedrigen, halbzerfallenen Hütte. Das Hauptzimmer war ein kleiner Raum von etwa 10 Meter Länge und 2 Meter Breite, durch eine zerrissene Schilfmatte in zwei Theile getrennt und so niedrig, daß man kaum stehen konnte. Der Boden aus gestampftem Lehm lag tiefer, als der Weg, weshalb bei starkem Regen Wasser eindrang, welches auch durch das schlechte Dach seinen Weg finden konnte. Links vom Eingang befand sich die Feuerstätte, von der ein beißender Rauch aufstieg, der das Innere der Tembe mit Qualm erfüllte. An den rußschwarzen Wänden standen Schachteln mit Maiskolben, auf denen schreiend und quiekend unzählige Ratten ihr Wesen trieben.

Hier empfing die Sultanin Reichard. Ihre äußere Erscheinung schildert dieser wie folgt: „Discha ist eine kleine, robuste Gestalt, doch kann man ihr eine gewisse Würde nicht absprechen, welche sich besonders in ihrem selbstbewußten Gange offenbart. Sie ist von heller, kaffeebrauner Farbe, Füße und Hände sind sehr klein und wohlgeformt, die Stirn ist niedrig und etwas vorspringend, die Nase klein und aufgestülpt, die Backenknochen vortretend. Die aufgeworfenen Lippen geben dem Gesicht im Verein mit dem großen Kinn und den etwas tiefliegenden braunen Augen den Ausdruck von Lüsternheit, gemischt mit Grausamkeit. Die Haare trägt sie kurz geschoren. Bekleidet war sie mit einer weißen Schuka, welche sie nach Art der Küstenbewohner hoch unter den Achseln auf der Brust befestigt trug. Als einzigen Schmuck hatte sie eine Unzahl aus Schwanzhaaren der Giraffe hergestellter und mit feinem Kupfer= und Messingdraht umsponnener Ringe um die Knöchel gelegt."

Discha war verheirathet, und zwar hatte sie bereits den dritten Mann; die beiden anderen hatte sie mit eigener Hand getödtet, den einen durch einen Beilhieb in den

Nacken, den anderen durch einen Lanzenstich. Von ihrem dritten sollte sie sich jetzt trennen, denn eine Sultanin darf nicht verheirathet sein, sie wird überhaupt als ein Mann, als Häuptling betrachtet.

Discha war gewählt, aber um diese Wahl giltig zu machen, bedurfte es noch einer feierlichen Einsetzung. Diese zog sich nun sehr in die Länge und fand erst nach einem Jahre statt. Das Volk wußte indessen, daß es eine neue Sultanin habe, und fühlte es auch.

Stirbt ein Mtemi eines nicht gewaltsamen Todes, so ist daran nach dem Glauben des Volkes ein Mrosi, ein Zauberer oder eine Hexe schuld. Der Hexenwahn blüht nämlich noch heute in Afrika, und ihm zufolge soll auch der neugewählte Mtemi von einer ganzen Anzahl Warosi*) bedroht sein, die ihn durch Gift und Zauberei tödten wollen. Dieses Unheil muß natürlich verhütet werden, und bevor noch ein Anschlag geschehen, spürt einer der Priester nach den Warosi. Der Angeschuldigte wird dann sofort festgenommen und muß sich dem Gottesgerichte unterwerfen. Zu diesem Zwecke muß der Angeklagte ein erbsengroßes Stückchen einer giftigen Wurzel, die von jenseits des Tanganjika kommt, mit Wasser verschlucken und so lange auf und nieder gehen, bis sich die Wirkung einstellt. Bricht er das Gift aus, so ist er unschuldig. Behält er es bei sich oder stellen sich Anzeichen von Vergiftung ein, so wird er, wenn er nicht an den Folgen des Giftes stirbt, hingerichtet.

Der letzte Akt dieser Hexenprozesse spielt sich vor dem ältesten Thore der Stadt, dem Thore Songäro ab. Dort wird das Opfer gemartert und dann mit einer Keule erschlagen. Die Leiche bleibt unbestattet liegen, und wenn sie von den nicht häufigen Hyänen eine Zeitlang unberührt

---

*) Mehrzahl von „Mrosi".

gelassen wird, so gilt das als ein weiterer Schuldbeweis.
Solche Hinrichtungen sind ziemlich häufig, denn jede heftige
Erkrankung eines gewöhnlichen Bürgers wird auf Hexerei
zurückgeführt, und Krankheitsfälle bieten somit oft eine
willkommene Gelegenheit, sich eines unliebsamen Feindes
zu entledigen.

In der Zeit zwischen der Wahl und der Einsetzung
Discha's trat nun Kassita, der Sohn Mlimangombe's,
als Thronprätendent auf und suchte zu diesem Zwecke die
Unterstützung der Araber in Tabora zu erlangen. Er
wurde aber von diesen ausgeplündert, verrathen und nebst
seinem Onkel Kahumba ermordet. Die Köpfe Beider
wurden alsdann vor dem Songäro niedergelegt, und bald
darauf an derselben Stelle die Mutter Kassita's in grausamer Weise hingerichtet.

Ein Jahr nach der Wahl Discha's erfolgte endlich die
große Feier der Thronbesteigung.

Discha hatte sich der Landessitte gemäß versteckt und
wurde erst nach langem Suchen in einer Hütte entdeckt
und von dem Verwalter der Deutschen, der ihr Neuig-
keiten aus Tabora zu bringen vorgab, herausgelockt. Sie
wurde von dem Neger sofort ergriffen und erhielt, als
sie sich dagegen sträubte, von ihm einen Backenstreich.
Sodann wurde sie gefesselt und in ein Tembe geschleppt,
das sie bis zum nächsten Neumond, dem Tage ihrer Thronbesteigung, nicht verlassen durfte. Dort besuchte Dr. Kayser
die Sultanin und fand sie im kläglichsten Zustande vor.
In einem vom Feuer nur spärlich erhellten, raucherfüllten
Raume lag sie am Boden, von kräftigen Wanyamwesi-
händen gehalten, denen sie sich zu entwinden strebte. Dabei schrie sie unaufhörlich nach ihrer Mutter und nach
ihrem Bruder und betheuerte laut heulend, sie wolle nicht
Sultanin werden, sie wolle vom Lande Ugunda nichts
wissen, und verwünschte Land und Leute. Das gehört

auch zu dem Ceremoniell, der Kronprätendent darf nicht bei seiner Gefangennehmung erklären, er wolle gern Häuptling werden.

Das Nächste, was Discha nun thun mußte, war die Scheidung ihrer Ehe mit Maniamega, ihrem gegenwärtigen Manne. Die Ceremonie bestand darin, daß Discha und Maniamega je eine Ziege schlachteten. Discha sprach dabei folgende Worte: „Wir haben gesagt, nicht zu verlassen den Gefährten. Jetzt heben wir auf die Brüderschaft." Die von Discha geschlachtete Ziege bedeutete den Maniamega, und wie das Blut aus der Ziege floß, so floß nach ihrer Auffassung Discha's Blut aus dem Körper des Maniamega zurück; und entsprechend verhielt es sich mit der Ziege des anderen Theiles.

Am 25. Juli Abends erfolgte die Ueberführung der Sultanin nach dem Kwikuru. Discha wurde, in schmutzige Tücher ganz eingehüllt, herausgeführt, die Deutschen folgten ihr und ringsum befanden sich Priester, welche mit Rasseln und Kürbisflaschen den bösen Geist verscheuchten, dann folgte eine johlende und schreiende Menschenmasse und dazwischen knallten ohne Aufhören die Flinten. Hinter den Priestern wurde noch eine neu für diese Feier angefertigte Trommel geschlagen.

Im Kwikuru angelangt, wählte sie drei Würdenträger: zwei alte Weiber, Wagori, welche den neuen Mtemi vor Zauberei schützen sollten, und einen jungen Mgawe als adeligen Beirath.

Am anderen Tage wurde sie zum ersten Male als Sultanin in's Freie geführt. Man hatte ihr das Häuptlingszeichen, die abgeschliffene Platte einer Schneckenschale mit Streifen von Löwen= und Pantherfell, an der Stirn befestigt, die Deutschen stifteten ihr das königliche Gewand, einen arabischen, mit Silber gestickten schwarzen Kaftan, und ein paar neue Tücher, und nun zog man unter dem=

selben Lärm wie am vorhergehenden Tage auf den Richt-
platz vor dem Songäro.

Hier wurden Discha Bogen und Pfeil überreicht, den
sie abschoß, um ihre Kraft zu zeigen. Sodann nahm sie
auf ihrem Throne Platz; es war das ein einfacher Sessel,
mit dem Felle eines eben geschlachteten Hammels über-
zogen. Zu beiden Seiten ließen sich die Würdenträger
und Reichard, sowie Dr. Kayser nieder. Das Volk stand
in weitem Halbkreise rings umher, und in der Ferne
führten Ruga-Ruga, Soldaten und Walddiebe, Kriegs-
tänze auf.

Discha empfing nunmehr eine alte, ganz aus Eisen
bestehende Lanze; dadurch wurde symbolisch angedeutet,
daß sie nunmehr Gewalt über Leben und Tod habe, sowie, daß sie fürder als Mann zu betrachten sei. Die
Mgori erhielt eine große eiserne Hacke, das Sinnbild der
den Weibern obliegenden Arbeit, und der junge Mgawe
ein altes Gewehr, zum Zeichen, daß er der General von
Gonda sei. Es folgte ein origineller Akt. Dem neuen Häuptling wurde Verstand eingepaukt. Die neue, nach unten
zu trichterförmig auslaufende Trommel wurde unter anfangs sehr kräftigen, dann abschwellenden Schlägen Discha
zuerst an das rechte, dann an das linke Ohr gehalten.
Derselben Prozedur mußten sich auch die Würdenträger
unterwerfen. Die Priester näherten sich der Sultanin und
flüsterten ihr geheimnißvolle Worte in's Ohr, und der
Oberpriester zertrümmerte mit drei Hammerschlägen einen
Flaschenkürbis über Discha's Haupt, indem er sagte, daß
Jeder, der das Zeichen ihrer Sultanswürde, die Muschelplatte, berühre, ebenso wie der Kürbis mit seiner ganzen
Familie zerschlagen werden solle. Eine feierliche Rede,
in welcher erklärt wurde, Discha sei jetzt Mtemi geworden und die Wasungu (Europäer) seien mit ihr gleich-
berechtigt, beschloß die Krönungsfeier.

Unter Flintengeknalle, Tanz und Gesang ging man nach dem Kwikuru, wo Discha die Huldigungen ihrer Unterthanen entgegennahm. Jeder, der sie begrüßte, mußte eine Kleinigkeit geben, sei es einen Pfeil oder einen Spieß, oder Zeug, oder Perlen, oder Hühner u. s. w. In der Stadt wurde noch tagelang getrunken, gesungen, getanzt und geschossen.

So war Discha ein Mann geworden. Ihr geschiedener Gatte mußte das Land verlassen, der Mtemi Discha, der jetzt Kumilua hieß, mußte aber wie alle Häuptlinge auch Frauen besitzen. Dies geschah in folgender Weise.

Discha war doch immerhin ein Weib geblieben, und als weiblicher Häuptling wählte sie sich nun einfach — männliche Weiber: sechs bis sieben junge 17- bis 20jährige Burschen, welche fortan als Weiber galten, sich als solche kleiden mußten, gar keine Stimme mehr im Rathe hatten und keine Waffen trugen.

Die Deutschen übten ihre Hoheitsrechte thatsächlich aus; sie nahmen an allen Berathungen theil, entschieden über Leben und Tod, Krieg und Frieden und verwendeten Leute zu Frohndiensten. Das Land Ugunda gehörte ihnen neben Discha als Häuptlingseigenthum. Sie durften die Muschelplatte, das Abzeichen der Häuptlingswürde, tragen, und man mußte sie als Häuptlinge begrüßen. Selbst Discha war ihnen unterthan, und als die schwarze Dame einmal unbotmäßig wurde, wurde sie gezwungen, Abbitte zu leisten, öffentlich die Kniee vor den weißen Häuptlingen zu beugen und ihnen zum Zeichen der Unterwerfung eine Hacke, eine Ziege und einen Sklaven zu überreichen.

Die Deutschen waren auch bestrebt, in Ugunda Ruhe und Sicherheit herzustellen, und die Eingeborenen sahen sie ungern scheiden. Das Schicksal der Expedition ist bekannt. Dr. Böhm, der in dem „idyllischen Waidmanns-heil", einer Blockhütte, die ihm Reichard erbaute, anfangs

seinen Studien oblag, erlitt durch den Brand derselben
die schwersten Verluste; er wurde dann beim Sturme auf
ein Kawendedorf verwundet, zog trotzdem mit Reichard in
das Urualand jenseits des Tanganjika und fand dort den
Tod. Kayser war schon früher gestorben.

Paul Reichard allein setzte die Erforschung fort und
drang bis in das Reich Msiris vor, um mit einer reichen
Ausbeute nach vielen überstandenen Gefahren heimzu-
kehren. Als er auf der Rückreise wieder Ugunda besuchte,
übertrug er Discha in Stellvertretung seine Oberhoheit
unter Vorbehalt seiner sämmtlichen Rechte für den Fall
seiner Rückkehr.

Die Elfenbeinsendung, von der wir Eingangs berich-
teten, beweist, daß man ihn in Ugunda nicht vergessen
hat. Die Afrikanische Gesellschaft in Deutschland hat sich
aufgelöst und auf alle ihre Ansprüche in jenem Lande
verzichtet, und so ist unser berühmter Paul Reichard
heute noch der Mtemi oder Sultan von Ugunda, zur Zeit
wohnhaft in Berlin, und die Sultanin Discha seine Stell-
vertreterin. Reichard hat in letzter Zeit den Wunsch geäußert, daß seine Rechte von Staatswegen anerkannt werden möchten.

Jedenfalls wird nun nach Abschluß des deutsch-eng-
lischen Vertrages in nächster Zeit im Innern von Ostafrika
das unterbrochene Kulturwerk mit verstärkten Kräften fortgesetzt werden, und in Tabora und Ugunda werden wieder
Deutsche einziehen. Daß dieses Kulturwerk kein leichtes
sein wird, darüber könnte uns die Schilderung der Sultanin und ihres Volkes belehren, aus derselben haben wir
aber zugleich ersehen, daß die Arbeit nicht aussichtslos
ist, im Gegentheil gute Früchte tragen kann.

Eine technische Revolution.

Blicke in die Zukunft.

Von

W. Pießlmann.

Die letzten drei Jahrzehnte unseres Jahrhunderts werden in der Geschichte der Industrie und der Wissenschaft stets eine hervorragende Stellung einnehmen, denn niemals vorher in geschichtlich bekannter Zeit haben sich die Erfindungen auf dem Gebiete des Verkehrs, der Technik und der Industrie so gehäuft, wie gerade am Ausgange des 19. Jahrhunderts. Wir haben bereits verlernt, über neue Erfindungen, mögen sie noch so wunderbar sein, zu erstaunen; und doch geriethen in den jüngsten Tagen die Techniker der Eisenindustrie in große Aufregung über die Erfindung der Gebrüder Mannesmann aus Remscheid, weil diese etwas erreichten, was bisher für unmöglich galt und der gesammten Eisenindustrie der Zukunft neue, noch nicht absehbare Bahnen eröffnet.

Aus den Tageszeitungen wird es den Lesern vielleicht schon bekannt sein, daß die Gebrüder Mannesmann das sogenannte Schrägwalzverfahren erfunden haben, vermittelst dessen es jetzt möglich ist, fertige Röhren von allen Weiten aus massiven Metallblöcken ohne Anwendung eine Dorns oder im Innern thätigen Werkzeuges zu walzen. Da diese Erfindung auf den ersten Blick dem Nichtfach- mann wenig wichtig erscheinen dürfte, so soll im Folgen-

ben in kurzen Zügen angedeutet werden, welche Bedeutung
dieselbe nicht nur für die Eisenindustrie, sondern für unser
gesammtes modernes Leben hat.

In der Baukunst, beim Brückenbau, in allen Betrieben,
die von einer Centralstelle ausgehen, wie Wasserversorgung,
Gasversorgung, Versorgung mit Druckluft u. s. w., bedarf
man metallener Röhren. Zwei Wege gab es bisher, um
diese Röhren herzustellen: das Gießen des flüssigen Me-
talls um einen in der Mitte einer Form befestigten Kern
und das Zusammenbiegen eines fertigen Bleches zu der
gewünschten Form. Das erste dieser Verfahren ist natürlich nur da anwendbar, wo das Metall sich schmelzen
läßt, also bei Gußeisen, Stahl u. dergl. Es liefert
Röhren ohne Naht; aber wie bei allen gegossenen Gegenständen ist man nie sicher, daß dieselben in ihrer ganzen
Masse frei von Blasen und Fehlern sind. Das zweite
Verfahren, das Zusammenbiegen, war bisher das allein
anwendbare bei Schmiedeeisen, welches nicht gegossen werden
kann. Solche Röhren müssen da, wo die Kanten sich be-
rühren, durch Schweißung, oder bei sehr weiten Röhren,
durch Nieten geschlossen werden, wodurch die sogenannte
Naht entsteht, welche den schwächsten, dem Zerreißen am
meisten ausgesetzten Theil der Röhre bildet. Beim Walzen
der gewöhnlichen Gas- und Wasserröhren wird die Form-
gebung und die Schweißung dadurch vereinigt, daß man
die Röhren über einen sogenannten Dorn walzt. In
allen Fällen, in denen man bisher schmiedeeiserne oder
stählerne Röhren ohne Naht haben mußte, blieb nichts
Anderes übrig, als dieselben in sehr mühsamer Weise dadurch herzustellen, daß man massive Stäbe auf der Dreh-
bank ausbohrte, eine Arbeit, die höchst kostspielig und
immerhin nur auf kurze Arbeitsstücke beschränkt ist.

Alle dem macht nun das Mannesmann'sche Walzverfahren ein Ende, indem es uns erlaubt, Röhren von

beliebiger Länge ohne Naht auf einfachem und billigem
Wege herzustellen. Das Verfahren ist von dem gewöhnlichen Walzverfahren ganz verschieden. Bei dem gewöhnlichen Verfahren üben die Walzen einen heftigen Druck
auf das Arbeitsstück aus; dasselbe quetscht sich langsam
durch die von den Walzen eingeschlossene Oeffnung durch,
und das weiche Metall nimmt dabei die Form dieser
Oeffnung an. Ob dieses Durchquetschen langsam oder

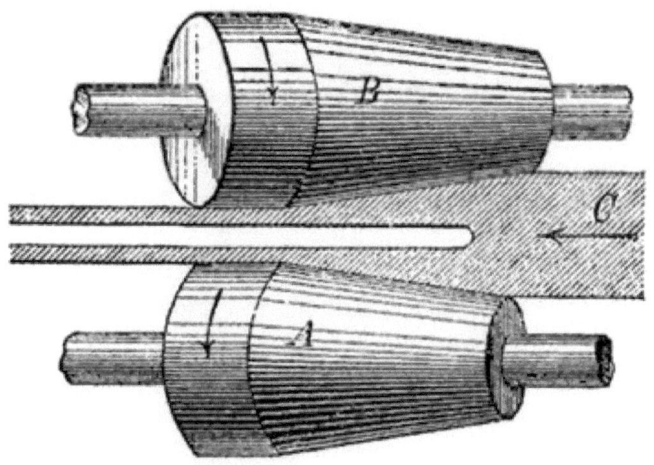

schnell geschieht, ist in der Hauptsache gleichgiltig; auf
den ausgeübten Druck kommt es allein an.

Das Mannesmann'sche Verfahren nun beruht auf
einem Reibräderwerk mit schräg gestellten und darum
schraubenartig wirkenden Walzen; die Walzen A und B
haben, wie die obenstehende Illustration zeigt, die Form von
Kegeln (richtiger Konoiden), deren Spitzen in gleicher Richtung liegen und deren Oberflächen mit Furchen versehen
sind. Das rothglühende Metall C geht nun in der Längen-
richtung der sich in derselben Richtung drehenden Walzen
durch sie hindurch, wird von ihnen gepackt, gestreckt, ge-

dreht und am anderen Walzenende als Rohr abgeliefert.
Diese Verwandlung beruht auf der sich allmählig steigern-
den Oberflächengeschwindigkeit der kegelförmigen Walzen
infolge der Durchmesservergrößerung bei gleichbleibender
Winkelgeschwindigkeit, beziehungsweise Umdrehungszahl.
Vermöge dieser Geschwindigkeitszunahme wird von der
weichen Metallmasse eine Mantelschicht längs der Achsen-
richtung fortgeschoben, also gewissermaßen dem Block die
Haut über die Ohren gezogen, während der Kern in dem
Maße langsamer nachfolgt, wie die Dicke des Blockes sich
infolge der fortgesetzten Abschälung allmählig vermindert.
Aus diesem Vorgange läßt sich auch die Bildung des
Loches erklären. Die einzelnen Eisentheilchen
werden spiralförmig verschoben, bleiben an
den Walzen sozusagen kleben, und in der Mitte
bildet sich die Höhlung.

Das Verfahren kann nun für bestimmte Zwecke in
mehreren Abweichungen, auf die wir nicht näher eingehen,
zur Ausführung gelangen.

In beliebiger Länge kann man auf diese Weise Röhren
aus Stahl oder Eisen wie aus jedem anderen Metall herstellen, in denen die einzelnen Stahltheile und Stahlfasern
nicht parallell zur Längsrichtung des Rohres liegen,
sondern gewissermaßen in Spiralen um das Rohr herum
gewickelt sind. Es entsteht aber durch diese spiralförmige
Anordnung der Metallfasern eine außerordentliche Festigkeit und Zähigkeit, durch welche dem Rohre ein innerer
und äußerer Druck zugemuthet werden kann, den man
bisher für unmöglich in der Technik hielt.

Die Einrichtungen der Walzen erlauben es, Röhrchen
herzustellen, deren innere Weite, der sogenannte lichte
Raum, so gering ist, daß man gerade eine Stricknadel
hindurchstecken kann, während durch bloßes Verstellen der
Walzen mit derselben Maschine Röhren bis zu einem

Meter lichter Weite und darüber erzeugt werden. Auch
kann man, wenn man will, die Röhren so herstellen, daß
sie vorn und hinten verschlossen sind, man kann ihnen
ferner jeden Querschnitt (viereckig, oval) geben, ja sie
sogar in die Form der Eisenbahnschienen überführen —
kurzum, für die Technik der Röhrenfabrikation eröffnet
sich ein ganz neues Gebiet.

Wenn man bedenkt, daß nach angestellten Versuchen
diese nach dem Mannesmann'schen Verfahren hergestellten
Röhren einen Druck von viertausend Atmosphären ertragen
können, also eine Widerstandskraft beweisen, die Alles
übersteigt, was sich selbst der phantastischeste Kopf bisher
in dieser Hinsicht träumen ließ; daß durch die schräg
gestellten Walzen das spröde Metall geknetet und geformt
wird wie ein weicher Körper, so eröffnet sich für die ge=
sammte Eisentechnik ein geradezu märchenhafter Blick in
die Zukunft. Die gewaltigsten Eisenbauten, die man bis
heute anstaunte, sind ein überwundener Standpunkt.
Fernerhin wird man noch ganz andere Dinge leisten.

Wie staunte man noch im vorigen Jahre die neue
gewaltige Firth of Forth=Brücke an, welche vor wenigen
Monaten erst in England dem Verkehr übergeben wurde!
Und es war damals allerdings ein Wunderwerk, das viele
Gefahren zu überwinden hatte. Die Hauptgefahr, welche
bei der Konstruktion der Brücke war, lag nicht etwa
darin, daß dieselbe die Eisenbahnzüge nicht tragen könnte,
sondern vielmehr in ihrem ungeheuren Eigengewicht und
in dem Umstande, daß sie bei Sturm dem Druck des
Windes eine gar zu große Fläche bot. Die Belastung
einer so großen Brücke durch einen Eisenbahnzug beträgt
nach der Aeußerung eines bekannten Technikers nicht mehr
als die Belastung eines Tisches, über den eine Fliege
hinwegkriecht. Was den Brücken von großer Spannung
und außerordentlicher Höhe bisher Gefährliches innewohnte,

entstand durch das kolossale Gewicht an Eisen, aus dem
sie konstruirt waren. Man war gezwungen, mächtige
Träger, genietete Eisenstücke zu verwenden, welche man
entsprechend den Ansprüchen auf Druck und Zug möglichst
stark konstruiren und herstellen mußte.

Gern hätte man zu dem Auskunftsmittel gegriffen,
hohle Röhren an Stelle der eisernen Träger zu verwenden,
weil diese ja ein geringeres Eigengewicht haben, es war
aber — wie bereits erwähnt — bisher unmöglich, Röhren
von bestimmter Länge herzustellen, ganz abgesehen davon,
daß die gegossenen oder genieteten Röhren die Zumuthungen
nicht aushalten konnten, die man bei solchen Brücken an
sie stellt.

Diesem Uebelstande wird durch das Mannesmann'sche
Verfahren nun ein = für allemal ein Ende gemacht. Die
kühnsten Brückenbauten, die gewaltigsten Eisenbauten, gegen
die der Eiffelthurm ein wahres Kinderspiel ist, können
künftighin errichtet werden, indem man die nach dem
Mannesmann'schen Verfahren hergestellten Röhren verwendet, und ein unabsehbares Gebiet eröffnet sich den
Technikern, welche sich bisher mit der pneumatischen Packet-
und Personenbeförderung beschäftigten.

Bekanntlich gibt es jetzt schon Rohrposten in Berlin,
Wien und Paris, d. h. Verkehrsanstalten, in denen in
unterirdischen Röhren Büchsen mit Briefen oder Postkarten
fortbewegt werden, indem man vor diesen Büchsen einen
luftleeren Raum schafft und dann atmosphärische Luft
hinter die Büchsen treten läßt, so daß diese die Blech=
büchsen in den Röhren forttreibt. Diese Beförderung ist
eine so rasche und sichere, daß man längst daran gedacht
hat, dieselbe auch auf größere Packete, ja auch auf Personen auszudehnen; immer aber scheiterten bisher diese
Pläne an der Unmöglichkeit, Röhren herzustellen, die den
kolossalen Druck aushalten könnten, den die verdichtete

Luft bei Fortbewegung von solchen Riesenblechbüchsen, in denen Gepäckstücke oder Menschen eingeschlossen wären, auf die Wandung der Röhren ausüben würde. Denn bis= her gab es keine Möglichkeit, Röhren herzustellen, die einem Druck von zwanzig bis dreißig Atmosphären Wider= stand leisten konnten. Auch in dieser Beziehung eröffnet das Mannesmann'sche Verfahren neue Ausblicke, und die Eisenbahn der Zukunft ist vielleicht die pneumatische, viel= leicht die pneumatisch=elektrische.

Wie viel sicherer und rascher die Beförderung von Gepäckstücken und Personen vor sich gehen würde, wenn die Wagen durch verdichtete Luft in Röhren fortgeschoben würden, in denen weder eine Entgleisung, noch eine Stö= rung durch Witterungseinflüsse möglich ist, kann man sich denken. In England hat man die ersten Versuche gemacht, Personen in solchen verschlossenen Wagen zu befördern. Die heutige Technik baut wunderbare Apparate für Luft= erneuerung, so daß ohne jede Gefahr Personen zwölf bis vierundzwanzig Stunden lang in solchen Wagen aus= halten können. Nothwendig ist aber der so lange Auf= enthalt nicht, denn an den Stationen, wo ein= und aus= gestiegen wird, träte ja von selbst wieder eine Lufterneuerung innerhalb der geöffneten Wagen ein.

In den mächtigen Röhren der Eisenbahnbeförderung, welche überirdisch oder unterirdisch, je nach Bedarf, an= gelegt werden könnten, würden die Wagen mit Hilfe des Luftdruckes mit einer Geschwindigkeit dahinfahren, welche bei einer anderen Beförderung unmöglich zu erreichen ist. Ein Verunglücken in der bisherigen Weise durch Entgleisen oder Zusammenstoß würde für diese Wagen vollständig unmöglich sein; erhöhte Sicherheit und Geschwindigkeit wären also die Vortheile dieser Zukunftsbahn.

Daß es natürlich noch einige Zeit dauern wird, bis man die pneumatische Bahn für die Personenbeförderung

benutzen wird, ist selbstverständlich. Man wird erst Ver=
suche mit der Beförderung von Gepäckstücken machen, und
die Amerikaner haben bereits eine Bahn von New=York
nach Chicago zur Beförderung von Gütern und Packeten
in dieser Weise anzulegen beschlossen.

Aber auch zu anderen Zwecken, als zur Beförderung
durch Druckluft, werden die nach dem Mannesmann'schen
Verfahren hergestellten Röhren verwendet werden können.
Bekanntlich benutzt man in großen Städten schon jetzt die
komprimirte Luft dazu, um kleine Maschinen zu treiben.
Handwerkern und kleinen Fabrikanten wird diese Luft
durch Röhren zugeführt, und dieselben erhalten dadurch
ein außerordentlich gefahrloses, billiges und wirksames
Betriebsmittel für ihre Maschinen. An der Ausdehnung
des Röhrennetzes aber, an der umfangreicheren Verwen=
dung komprimirter Luft auch für die Zwecke der Groß=
industrie war man bisher verhindert, weil die Röhren den
dazu erforderlichen kolossalen Druck nicht aushalten konnten.
Auch in dieser Beziehung werden die nach dem Mannes=
mann'schen Verfahren hergestellten Röhren sich nützlich
erweisen. Ein starker Wasserfall im Gebirge wird ver=
wendet werden können zum Betriebe von Maschinen; die
komprimirte Luft wird in kolossalen Röhren, welche jedem
Drucke widerstehen, meilenweit fortgeleitet werden können,
um für die Industrien aller Art, ja selbst vielleicht für
die Landwirthschaft Verwendung zu finden.

Man halte diese Ideen nicht etwa für Spiele der
Einbildungskraft. Die nächsten Jahrzehnte schon werden
darüber belehren, daß auf dem großen Gebiete des Ver=
kehrs gerade durch das Mannesmann'sche Verfahren Wand=
lungen geschaffen werden, die man bis heute selbst in tech=
nischen Kreisen für unmöglich gehalten hat. Man denke
nur an den Siegeslauf, den das elektrische Licht binnen
wenigen Jahren um die ganze Welt genommen hat, und

man wird es nicht für unmöglich halten, daß eine ähn=
liche Umwälzung auf dem Gebiete des Verkehrs bevor=
steht, wenn erst die Errichtung pneumatischer Betriebe
aller Art von spekulativen Unternehmern in Angriff ge=
nommen wird.

Interessant dürfte es noch sein, die Geschichte des
Mannesmann'schen Verfahrens zu verfolgen.

Der Vater der drei Gebrüder Mannesmann, denen
gemeinsam die Erfindung geglückt ist, war ein Eisenhütten=
techniker in Westphalen, der sich viele Jahre damit be=
schäftigt hatte, ein Verfahren zum Walzen von Röhren
zu erfinden. Es gelang ihm dies zwar nicht, aber die
Erfahrungen, die er gesammelt hatte, hinterließ er seinen
Söhnen zugleich mit dem Auftrage, den eingeschlagenen
Weg weiter zu verfolgen. Jahrelang experimentirten die
Brüder, bis ihnen die große Erfindung endlich gelang.
Zu ihrer Ausnutzung aber benöthigten sie eines bedeuten=
den Kapitals, und dieses fanden sie in England, wo auf
ihre Patente hin sofort ein Eisenhüttenwerk errichtet wurde;
erst nachdem sich hier im Großen ihre Erfindung auf das
Glänzendste bewährt hatte, traten die Erfinder damit an
die Oeffentlichkeit. Gegenwärtig haben sie drei Fabriken
im Betriebe: eine in Remscheid, die zweite in Böhmen
und die dritte in Wales, auf englischem Boden, aber mit
deutschem Kapital betrieben. Im April 1890 kamen sie
mit ihrer Erfindung nach Berlin und stellten sie hier für
Techniker und Laien zur Besichtigung aus. Selbst die
bedeutendsten Autoritäten auf dem Gebiete der Eisenhütten=
technik erklären, die Tragweite der Mannesmann'schen Er=
findung lasse sich noch gar nicht übersehen; welchen Werth sie
für die Zukunft habe, könne heute noch Keiner sagen, daß
ihr Werth aber ein ungeheurer sei, vermöge Niemand zu
bestreiten.

Wenn aber der Stolz auf Erfindungen und Erfinder

berechtigt ist, dann können wir uns wohl darüber freuen, daß eine so hervorragende Erfindung von Deutschen ausgegangen ist.

Schöne Männer.

Skizze

von

Richard March.

Nicht nur das weibliche, sondern auch das männliche Geschlecht hat in Bezug auf Schönheit seine Ideale und glänzenden Gestirne aufzuweisen. Zu den Ersteren wären vor Allen die Gestalten eines Apollo und Antinous zu rechnen: Jener, ein Gott, dargestellt als bartloser, gelockter Jüngling von schlankem Wuchse, mit dem Ausdrucke göttlicher Hoheit im Angesichte; dieser mit kurzem, gelocktem, in die Stirne fallendem Haare, starken, düsteren Brauen, einem großen, schwärmerischen, Melancholie verrathenden Auge, vollem Munde, hochgewölbter Brust und kraftvoller Gestalt. Im Eros, im Zeus, im Mars und Herkules hat uns das Alterthum noch andere Ideale höchster männlicher Schönheit aufgestellt.

Im Mittelalter galt zum Theil als Urbild männlicher Schönheit der Christuskopf, bei den Germanen Siegfried. Gehen wir aber von den Idealen zu den „glänzenden Gestirnen", d. h. zu Männern über, die wirklich gelebt und auf Göttlichkeit nie Anspruch gemacht haben, so wäre unter den römischen Kaisern vor Allem Marc Aurel zu nennen, der Philosoph auf dem Throne.

Er war, wie Shakespeare's Lear, „jeder Zoll ein König", und wurde an Wohlgestalt nur von dem Anführer seiner Leibwache übertroffen. Es war dies Theodo, ein junger Rhätier (Schweizer), der zuerst die Kaiserin vor dem Anfalle eines Auerochsen und dann den Kaiser selbst wiederholt aus dringender Lebensgefahr gerettet hatte. Als er nicht mehr dienen wollte, gründete er im Suevenlande (Schwaben) einen Wohnsitz, welchem er zum Andenken an seine Heldenthat — er hatte den Auerochsen (Ur) ganz allein bezwungen — den Namen Ursperg verlieh. Hieraus entwickelte sich im Laufe der Zeiten das Schloß Aursperg, die Wiege des noch blühenden Geschlechtes der Auersperge, eines Geschlechtes, dessen erster im Mittelalter genannter Sprosse, Oderich der Auersperger, nicht allein durch körperliche, sondern auch durch geistige Vorzüge hochberühmt wurde in deutschen Landen.

Wie übrigens genugsam bekannt, waren die alten Deutschen überhaupt schöne Männer, und seit der römische Geschichtsschreiber Cornelius Tacitus Germanien geschildert, hat man nicht aufgehört, deutsche Recken zu bewundern. Aus den verschiedenen Stämmen ragten wieder die Männer einzelner Geschlechter durch besondere körperliche Schönheit hervor, z. B. die Hohenstaufen, dann die Babenberger, ferner die Hohenzollern, deren echt germanische Schönheit namentlich in Kaiser Friedrich III. zum auffälligsten Ausdruck kam und, als derselbe im Dezember 1856 in seiner Eigenschaft als Kronprinz Friedrich Wilhelm von Preußen am Hofe Napoleon's III. erschien, allgemeine Bewunderung erregte. Namentlich Kaiserin Eugenie war von der Schönheit des deutschen Prinzen hingerissen. „Welch' ein Mann!" rief sie damals bewundernd aus, und das will viel sagen, wenn erwogen wird, daß sie aus Spanien stammte, wo die schönen Männer angeblich so wild wachsen, wie in Sachsen die schönen Mädchen.

Sodann entsprossen dem Hause Habsburg mehrere Männer, welche, wie z. B. Herzog Friedrich (geb. 1286) und Wilhelm (geb. 1370) den Beinamen „schön" erhielten. Besonders Letzterer wurde viel bewundert, und wo sich — so heißt es in einer alten Chronik — dieser herrliche Mann mit seinem hellbraunen Gelocke und ebensolchem Schnurr= und Knebelbart zeigte, da war's, als ginge eine Sonne auf. Herzog Wilhelm scheint daher noch schöner gewesen zu sein, als der im 14. Jahrhundert in Italien als Staats= und Kriegsmann wirkende Herzog Otto von Braunschweig, ein Mann, nach dem, als er sich verheirathen wollte, drei Königinnen heiß begehrten.

Sehr schön war auch Kaiser Siegmund aus dem Hause Luxemburg (geb. 1368), Maximilian I. aber, „dem goldgelbes Haar wie Sonnenlicht um die Schläfen floß," galt sogar für den schönsten Mann des 15. Jahrhunderts.

Hoher Körperschönheit erfreuten sich ferner, um nur einige der Großen dieser Erde, die man sich eben nicht anders als schön und stattlich vorstellen kann, zu nennen: Maximilian's Günstling, Herzog Ulrich von Württemberg, Sultan Soliman der Große, sowie dessen heldenmüthiger Gegner Graf Niklas Salm (gefallen auf den Wällen Wiens 1529), König Matthias Corvinus von Ungarn, Peter der Große, August der Starke, Franz Stephan von Lothringen, der Gemahl Maria Theresia's, und Beider Sohn, Kaiser Joseph II., dessen herrliche blaue Augen zumal die Wiener derart entzückten, daß sich Alles in Stoffe von der neu erfundenen „kaiseraugenblauen Farbe" kleidete.

Ferner wurde auch ein russischer Kaiser, Alexander I. (geb. 1777), als „Schönheit" viel gefeiert. Doch gewissermaßen mit Unrecht, denn sein bartloses, weiches, blasses Angesicht hatte etwas Frauenhaftes, das durch seine übermäßige Körperfülle noch gesteigert wurde. Weibische Schönheit in der Männerwelt, welche auf Frauen bekanntlich nur selten Eindruck macht, ist übrigens keine ungewöhnliche Erscheinung. Der Franzose Jean Ponce de Leon wandte, um seine mädchenhafte Schönheit vor dem Verwelken zu bewahren, eine lange Reihe der schwierigsten Toilettekünste an, und als Alles nichts half, ging er nach Louisiana in Amerika, weil, einer indianischen Sage nach, dort die Quelle der ewigen Jugend und Schönheit zu finden sein sollte. Doch obwohl er in jedem See, in jedem Flusse und Bache, ja sogar in jedem Sumpfe badete, wollte die Last der Jahre nicht leichter, und das Angesicht nicht wieder so glatt und rosig werden, wie es einst gewesen.

Wir könnten nun noch viele weibisch=schöne Männer, namentlich solche nennen, die sich ihr Aeußeres zu Nutze gemacht, Frauenkleider getragen und in dieser Maske allerlei Betrügereien und Gaunerstreiche ausgeführt haben, allein wir wollen uns nur an historische Persönlichkeiten halten und daher zunächst Sabbathäus Zewy, den 1620 geborenen Sohn eines Smyrnaer Handelsmannes nennen, und zwar nicht so sehr deshalb, weil er die Stirne hatte, 1645 als der längst verheißene Messias aufzutreten, sondern weil er „von engelhafter Schönheit", das Entzücken Aller war, die in sein strahlendes Angesicht blicken durften.

Ganz anders, „hinreißend und kriegerisch anfeuernd", war die Schönheit eines anderen falschen Heilandes, des italienischen Abenteurers Giovanni Battista Boetti, der sich 1785, gleichfalls in Kleinasien, unter dem Namen des Propheten Mansur für den Mahdi erklärte, zahlreiche Anhänger gewann, zuerst den Türken, dann den Georgiern und anderen kaukasischen Völkerschaften viel zu schaffen machte und schließlich sogar den russischen General Aprarin besiegte. Aber seine Macht brach, nicht wie die Zewy's, der Dolch eines Mörders, sondern der „rollende Rubel".

Durch Verrath gefangen genommen und in ein Städtchen
am schwarzen Meere verbannt, starb er dort 1798.

Italien ist seit jeher die Heimath schöner Männer ge=
wesen, und nicht wenige von ihnen haben kläglich geendet,
so z. B. die Abenteurer Mamugna, fälschlich Graf Ma=
mugnano genannt, sowie Giovanni Cajetani, der Sohn
eines Goldschmiedes aus Neapel, welcher sich auch den
Grafentitel beilegte. Beide haben, wo sie sich in Deutsch=
land zeigten, Dank ihrer „erhabenen echt aristokratischen
Schönheit", Aller Blicke und Herzen gefangen genommen,
zahllose Betrügereien verübt, und Beide sind gehenkt
worden. Und zwar der Erstere im Jahre 1591 zu Mün=
chen, der Andere 1709 zu Küstrin.

Gewaltsam, jedoch völlig unschuldig, als bloßes Opfer
seiner Schönheit endete auch Graf Ferdinand Leopold
v. Hallweil, genannt „der schöne Kämmerer" des Kaisers
Leopold I. Er wurde nämlich 1696 in Wien von dem
portugiesischen Gesandten Marchese Aronches aus dem
alleinigen Grunde ermordet, weil er vermöge seiner herr=
lichen Erscheinung alle Damenherzen gewann. Wie dieser
Graf Hallweil eigentlich beschaffen, ob er ein Apollo,
Antinous, Mars oder Herkules gewesen, darüber wird
nirgends berichtet, und weil sich männliche Schönheit
ebenso schwer beschreiben läßt, wie die weibliche, auch von
Goethe, einem der schönsten Männer des 18. Jahrhunderts,
nur gesagt, er sei in seiner Jugend ein Apollo, im Alter
aber Zeus, der Olympier, gewesen.

Unter Dichtern, bildenden und darstellenden Künstlern,
namentlich unter Letzteren, gab es seit jeher sehr viele
schöne Männer, und in dem vor etwa fünfzig Jahren am
Wiener Burgtheater thätig gewesenen jugendlichen Helden
und Liebhaber Landvogt wollte man gar den wieder=
geborenen Antinous erblicken. Dieser „Schöne" war von
hoher Gestalt, hatte rosige Wangen, blonde Locken und

weithin leuchtende blaue Augen. Dazu trug er eine Art
Wertherkostüm, nämlich: gelbe Nangkingbeinkleider, lichte
Weste, blauen Frack und weißen Cylinder — kein Wunder
also, daß in ihm schwärmerische und kunstbegeisterte Damen
ihr Ideal erblickten.

Wie viele ihrer waren, wer vermöchte es zu sagen?
Die Häupter solcher „Lieben" werden nur in Amerika
gezählt, wo sich erst jüngst der schöne Schauspieler Kyrle
Bellow öffentlich zum Empfange von 3000 Liebesbriefen
begeisterter Anbeterinnen bekannte und, um Ruhe zu haben,
zugleich erklärte, bereits verheirathet zu sein. Trotzdem
folgte die ebenso reiche als excentrische Miß Coffin seinen
Spuren, aber nicht erröthend, sondern mit dem Revolver
in der Tasche. Und weil sich Bellow durchaus nicht zum
Altare führen lassen wollte, schoß sie in Chicago während
der Vorstellung aus einer Loge dreimal nach dem starren
Herzen des unerbittlichen Mannes, glücklicherweise, ohne
zu treffen, und seltsamerweise, ohne verhaftet zu werden.
Den Frauen in Amerika ist eben, wie den heiligen Affen
in Benares, Alles erlaubt.

Nach Maßgabe der 3000 Liebesbriefe sollte man nun
glauben, Kyrle Bellow sei der schönste Mann der Welt,
allein dem ist doch nicht so. Das ganze weibliche Paris
hat nämlich den im vorigen Sommer dort anwesend ge=
wesenen indischen Fürsten Pertrab Sing für den Schönsten
erklärt, und der Geschmack der Pariserinnen ist gewiß
maßgebender als der amerikanische.

Deshalb würden sich denn auch die Damen von Paris
mit dem Urtheile nicht einverstanden erklären, welches
eine größere Anzahl von Wienerinnen vor Jahresfrist in
Sachen männlicher Schönheit fällte. Aus der auf einem
Karnevalsfeste veranstalteten „Herrenschönheitskonkurrenz"
ist nämlich ein Mann als Sieger hervorgegangen, der
diesen Erfolg anderwärts kaum errungen hätte, denn er

besaß weder einen Christus-, noch einen Zeuskopf, er hatte
weder etwas von Apollo, noch vom Antinous, noch von
Mars oder Herkules an sich, sondern erschien dem kundigen
Auge blos als das allerdings immer seltener werdende
Urbild des echten und rechten Vollblutwieners.

Demnach scheint es, daß der Schönheitssinn der Völker
in ihren Rasseneigenthümlichkeiten wurzelt, und daß die
letzteren bei Entscheidungen in Sachen der Schönheit immer
dann den Ausschlag geben, wenn das allbezwingende, d. h.
jedem Geschmacke zusagende Schöne nicht vorhanden ist.

Bei dem Umstande nun, daß das Menschengeschlecht,
verschiedenen gelehrten Ausführungen zufolge, in Bezug
auf Körperschönheit im Rückgange begriffen sein soll, wird
so mancher unserer Leser geneigt sein, zu glauben, daß
jenes allbezwingende Schöne nirgends mehr gefunden
werden dürfte. Allein man braucht nur in die Umgebung
von Adana und Aleppo in Kleinasien zu gehen und die
dortigen rein erhaltenen Türken zu betrachten, um ge-
stehen zu müssen, daß Jeder von ihnen das Urbild männlicher Schönheit ist. Und diese Schönheit des Gesichtes
und Körpers ist den turkmenischen Volksstämmen Asiens
gemeinsam, wie denn die türkisch-mongolische Rasse heute
überhaupt vollkommener ist, als die kaukasische. Darum
findet man denn auch in Ungarn, namentlich unter der
Aristokratie, häufig Gestalten, deren männliche Schönheit
Alles zur Bewunderung zwingt und unter Umständen mit
sich fortzureißen vermag.

Typisch in dieser Beziehung ist der gelehrte Arzt Graf
Franz Szapary, der vor etwa vierzig Jahren im Reiche
der Stephanskrone das magnetische Heilverfahren in Aufnahme brachte und oft durch seine herrliche, machtvolle
Persönlichkeit allein wahre Wunderkuren vollbrachte. Nicht
wenige Aerzte haben mit demselben Mittel große Erfolge
erzielt, und darum darf es uns wohl Wunder nehmen,

daß es nicht ein Arzt, sondern ein Physiognomiker —
Ernst Schulz — ist, der vor einiger Zeit ein höchst in-
teressantes Buch „Ueber verschönernde Gesichtsbildung"
herausgegeben und darin den Grundsatz ausgesprochen hat,
daß die Schönheit des Angesichts und Körpers ebenso wie
körperliche Geschicklichkeit erworben und vermehrt werden
könne. Ueber die Mittel zu diesem Zwecke können wir
uns hier nicht verbreiten, genug daran, daß sie vorhanden
sind und von jedem Manne angewendet werden können,
ohne daß derselbe befürchten müßte, ein eitler Geck genannt zu werden, der es nur darauf abgesehen hat, durch
äußere Vorzüge zu blenden.

Und dieser Schimpf wird schon darum Niemanden
treffen können, der nicht wirklich an Gefallsucht leidet,
weil es eine ebenso unleugbare als erfreuliche Thatsache
ist, daß die Frauen an den Männern, nicht wie diese an
ihnen, blos Jugend und Schönheit, sondern vor Allem
geistige Vorzüge, hauptsächlich Charakterstärke und die
daraus entspringende Ueberlegenheit bewundern.

Aeußere Schönheit kommt beim Manne, wie zahlreiche
Beispiele beweisen, erst in zweiter, mitunter gar in letzter
Linie in Betracht. Dessenungeachtet ist das vernünftige
Streben darnach auch dem Manne gestattet, da heutzutage
die sogenannten Herren der Schöpfung ernstlich darauf
bedacht sein müssen, den Frauen, die ihnen so viele „Gebiete" abgejagt haben, wenigstens das Vorrecht zu ent-
reißen, kraft dessen unter dem Titel „des schönen Geschlechtes" nur sie — die Töchter Eva's — allein verstanden
werden.

Unser Zimmerschmuck.

Praktische Winke

von

A. Berthold.

———

Man hat nicht mit Unrecht behauptet, daß eines der sichersten Zeichen für den Wohlstand einer Nation, für die wirthschaftlichen Verhältnisse, aber auch für die allgemeine Bildung darin zu finden sei, ob die einzelnen Personen weniger oder mehr dafür ausgeben, um in ihrer Wohnung nicht nur die nothwendigsten Gebrauchsgegenstände, sondern auch eine gewisse Behaglichkeit zu haben.

In dieser Beziehung hat es bis vor Kurzem in Deutschland nicht gut ausgesehen.

Wir befanden uns seit dem dreißigjährigen Kriege unzweifelhaft in einem Verfall, soweit es sich um Kunst, Kunstsinn und Kunstgeschmack handelte. Wir wußten wohl, wie behaglich unsere Vorfahren gewohnt, welchen Sinn sie dafür gehabt hatten, die einfachsten Gebrauchsgegenstände zu verzieren und künstlerisch zu gestalten, wie sie einen gewissen äußeren Prunk selbst in der Aufstellung ihres Zinngeschirrs und der Gebrauchsgegenstände auf Wandbrettern und sogenannten Paneelen liebten, und doch folgten wir noch vor zwanzig Jahren dem Zuge der Zeit, welche eine erschreckende Nüchternheit und Einfachheit im öffentlichen wie im privaten Leben verlangte.

Wenn wir bei älteren Ehepaaren Einrichtungen aus

jener Zeit finden, so können wir es uns heute kaum noch
vorstellen, wie genügsam man damals gewesen ist, wie
entsetzlich steif und ohne allen Kunstsinn die Möbel und
Gebrauchsgegenstände hergestellt wurden, und wie sich
selbst Leute, die in sogenannten guten Verhältnissen lebten,
darauf beschränken konnten, nur das Allernothwendigste
anzuschaffen, als wäre jedes Mehr ein Verbrechen.

Die Neubegründung des Deutschen Reiches, der poli-
tische Aufschwung, den Deutschland genommen hat, schafften
in dieser Beziehung Wandel. Noch mehr aber wurde
unsere Industrie, insbesondere die Kunstindustrie, angeregt
durch die Worte des Geheimraths Reuleaux, die er aus
Philadelphia über die Betheiligung Deutschlands an der
dortigen Ausstellung schrieb, und deren vernichtendes Urtheil in den Worten gipfelte: „Billig und schlecht!"

Scham ergriff die ganze deutsche Industrie, muthig
raffte sie sich aber auf, und schon wenige Jahre später
konnte sie den Kampf auf dem Weltmarkte aufnehmen,
auf dem die deutsche Kunstindustrie seitdem Sieg um Sieg
erfahren hat. Längst überholt sind die Engländer und
die Italiener, die Franzosen hat die deutsche Kunstindustrie
in ihrem eigenen Lande, in Frankreich selbst, auf einzelnen
Gebieten vollständig geschlagen, so daß deutsche Waaren
jetzt nach Paris gehen, um dort, allerdings unter französischer Marke, verkauft zu werden. Nur noch auf einzelnen
Gebieten, wie z. B. dem des Kunstbronzegusses, steht Paris
unerreicht da, und die kostspieligen und langwierigen Versuche, die man in Deutschland gemacht hat, um ähnliche
Fabrikate zu erzielen, sind bis jetzt noch ohne nennens-
werthen Erfolg geblieben.

Diesem Aufschwung der Industrie, dem gleichzeitig eine
Veredelung des Geschmackes folgte, konnte sich selbst das
einfachste Handwerk nicht entziehen. Kein Tischler darf
heute mehr daran denken, so zu arbeiten, wie man vor

zwanzig Jahren arbeitete; kein Tapezierer dürfte es mehr
wagen, sich mit den Kenntnissen und den Dekorations-
künsten zu begnügen, die man vor fünfzehn Jahren noch
für vollständig ausreichend hielt.

Eine besondere Industrie aber ist entstanden, welche
es sich zur Aufgabe gemacht hat, Zimmerschmuck herzustellen, also unser Heim zu schmücken, Behaglichkeit darin
zu verbreiten, und diese Industrie hat natürlich nur Boden
und Umfang gewinnen können, weil die Neigung dazu im
deutschen Volke erwacht ist und von Tag zu Tag wächst.

Allerdings leidet die deutsche Industrie noch immer
unter der Sucht nach Billigkeit, die dem deutschen Publikum
leider angeboren zu sein scheint, und gerade da, wo es
sich um Zimmerschmuck handelt, findet man noch heute
oft recht geringwerthige Waare für allerdings sehr billiges
Geld. Gewarnt mag deshalb Jedermann werden, der
Gegenstände zur Ausschmückung der Wohnung und des
Hauses anschaffen will; er möge ja nicht nur auf die
Billigkeit sehen. Es gibt herrliche Sachen, Imitationen
von echten Bronzen und von kostbaren Hölzern, für verhältnißmäßig geringe Preise, aber nur in guten Geschäften.
Vor Allem hüte man sich vor den billigen Bazaren, welche
mit ihren Waaren von fünfzig Pfennigen bis drei Mark
der wahre Verderb des guten Geschmacks, aber auch unserer
erst neu aufgeblühten Kunstindustrie sind.

Wir wollen nun im Folgenden eine kurze Uebersicht
über die Industrie des Zimmerschmuckes geben, und hoffen,
dadurch den Lesern und besonders den Leserinnen einen
Gefallen zu erweisen.

Lächelnd wird es jede Leserin zugestehen, daß sie mehr-
mals im Jahre, bei Geburtstagen und anderen Festlich-
keiten in der Familie, wo es sich darum handelt, ein
Geschenk zu geben, sich gefragt haben wird: Was soll
ich schenken? Männer wissen sich ja in dieser Beziehung

leichter zu helfen, indem sie unter dem Vorwande, nicht zu wissen, was sie schenken sollen, baares Geld geben, das ja schließlich auch immer gern genommen wird. Die Damen aber wissen wohl, daß die Zeit, in der man Cigarrentaschen, Hausschuhe, Schlummerrollen und Sopha= kissen arbeitete, längst vorüber ist, daß diese Geschenke bei den meisten Männern nur noch ein ironisches Lächeln hervorrufen. Immer weniger üblich wird es auch, daß die Frauen sich untereinander mit solchen Handarbeiten beschenken, und die Rathlosigkeit ist daher bei allen Ge= burtstagen und sonstigen Feiern groß. „Was soll ich schenken?" Diese Frage beunruhigt Tausende.

Vielleicht freut sich daher manche Leserin, wenn ihr hier ein= für allemal der Rath ertheilt wird: Schenke bei allen solchen Gelegenheiten Sachen für den Zimmerschmuck, zur Dekoration des Hauses und der Wohnung, zur Ver= mehrung der Behaglichkeit; mache diese Geschenke in Deiner Familie, Deinen Freundinnen! Und dem Leser kann ebenso zugerufen werden: „Schenke Deiner Frau Gegenstände, durch welche euer Heim behaglich und verschönt wird; Du schenkst sie Dir gewissermaßen selbst und hast Freude an ihnen, machst aber ebenso Deiner Frau eine wirkliche Freude."

Die Handarbeit im Dienste des Zimmerschmuckes braucht aber nicht zu ruhen, wenn auch die Zeit der Schlummer= rollen 2c. vorüber ist. Neu aufgekommen sind die Holz= brandarbeiten, die Herstellung von allerlei Sächelchen und Dingelchen aus Karton, Pappe, Plüsch, Seide, Steifgaze mit Kleister und Scheere. Billige Bronzefarben erleichtern die Schaffung solcher Sachen, welche billig und mit Ge= schmack herzustellen sind und dadurch Werth behalten, daß sie eine Handarbeit der Geschenkgeberin bilden. Alle deutschen Frauenzeitungen bringen ausnahmslos fort= während Anleitungen zur Herstellung solcher kleinen Sachen,

die nur geringe Kosten verursachen, freilich allerdings auch
Geschick und natürliche Anlage bei den Verfertigerinnen
verlangen.

Da ja aber nicht alle Frauen Zeit zur Herstellung
solcher Dinge haben, da auch nicht alle Geschmack und
Geschicklichkeit der Hand und des Auges besitzen, so wird
in den meisten Fällen ein Geschenk gekauft werden müssen,
und wir wollen nun dazu übergehen, nachzusehen, was
unsere Industrie von solchen Sachen liefert. Ausdrücklich
sei bemerkt, daß diese Industrie nicht nur auf Leute Rück-
sicht nimmt, welche ihren Geldbeutel weit aufthun können,
daß man vielmehr schon für den Preis von dreißig bis
vierzig Pfennigen Sachen bekommt, die eine künstlerische
Form haben und geeignet sind, ein Zimmer zu verschönern;
daß demnach Jedem, der ein paar Pfennige aufwenden
will, Gelegenheit gegeben ist, auf diesem Gebiete sich etwas
anzuschaffen oder etwas zu verschenken.

Welch' kolossale Industrie ist nicht auf dem Gebiete
der getrockneten Blumen, der sogenannten Makartsträuße
entstanden! Für wenige Pfennige schon erhält man natürliche Palmblätter, welche fächerartig aussehen und von
denen zwei, drei Stück, an die Zimmerwand befestigt, einen
sehr hübschen Anblick gewähren oder leere Flecke verdecken.
Wendet man fünfzig Pfennige bis eine Mark auf, so gibt
es bereits Wedel, d. h. lange Rispen und Zweige. Die
Uwahblüthen, die Lactonien-, Thrinar-, Areka- und Pampas-
wedel bilden, nach eigenem Geschmack oder nach den An-
gaben des Tapeziers angebracht, schon Dekorationen für
ganze Quadratmeter. Ein bunter japanischer Fächer für
dreißig bis vierzig Pfennige dazwischen genagelt, gibt eine
Dekoration, welche das einfachste Zimmer verschönt und
wie verwandelt erscheinen läßt. Wer Geld hat, kann in
sogenannten Makartsträußen, in Dekorationen, die aus
getrockneten Blumen, aus getrockneten und bronzirten

Palmen, aus Pfauenfedern u. s. w. zusammengesetzt sind,
einen großartigen Luxus treiben, und wer von den Lesern
und Leserinnen einmal Gelegenheit hat, in größeren Städ=
ten die Auslagen der Geschäfte zu durchmustern, welche
mit diesen Sachen handeln, ist ganz verblüfft über die
Fülle des Gebotenen, über die künstlerische Zusammen=
stellung, über die Billigkeit, mit der man sich in einem
solchen Laden die Dekoration für große Zimmer beschaffen
kann.

Mehr und mehr wendet man nämlich jetzt Fächer, ge=
trocknete Palmblätter und Wedel dazu an, um Zimmer
zu dekoriren, während Bilder insofern in Abnahme ge=
kommen sind, als insbesondere die alten Gemälde mit
breiten Goldrahmen nicht mehr für modern gelten. Da=
gegen mag die Leserin immerhin darauf aufmerksam gemacht
werden, daß mit Bildern noch sehr viel Dekoration geschafft
werden kann, wenn man es nur versteht, die Rahmen der
Bilder passend zu den Möbeln des betreffenden Zimmers
herzustellen. Bilder sind sehr leicht zu beschaffen; sämmt=
liche deutschen illustrirten Zeitungen bringen jährlich Hun=
derte von prachtvollen Holzschnitten, welche in den meisten
Fällen verdienen, auf Karton aufgeklebt und eingerahmt
zu werden. Ein einfacher Rahmen genügt für das Bild,
die Kunst des Schenkenden aber wird diesen Rahmen ver=
schönen, indem durch Anbringung eines kleinen Sträußchens
aus getrockneten Blumen, eines Stückchens schleierartigen
Stoffes eine Umrahmung geschaffen wird, welche etwas
ganz Originelles und doch künstlerisch schön Wirkendes
bietet. Auch aus Plüsch= und Seidenresten schafft man
prächtigen Schmuck für Rahmen.

Einen sehr beliebten und vortrefflich wirkenden Zimmer=
schmuck erhält man durch Wandbretter und Paneele, die
man sich von jedem geschickten Tischler anfertigen lassen
kann, die man aber auch in jedem guten Geschäft für

billiges Geld einfach oder geschnitzt in allen Farben,
Formen und Holzarten erhält.

Einen wichtigen Zimmerschmuck bilden alle die Gegen=
stände, die man auf die Wandbretter setzt. Es sind dies
Gegenstände aus Thon, Gyps, Majolika, Fayence, Por=
zellan, Metall aller Art, Holz; dem Geschmack und den
Neigungen ist in dieser Art Dekoration der weiteste Spiel=
raum gelassen.

Wer es sich leisten kann, ist im Stande, sich eine kleine
Bronzegruppe Pariser Fabrikats anzuschaffen, welche viel=
leicht dreißig Centimeter hoch ist und zwei= bis dreitausend
Mark kostet; wer aber nicht über solche Mittel ver=
fügt, kann für wenige Mark sich außerordentlich schöne,
imitirte Gegenstände verschaffen, welche vollständig den
Zwecken entsprechen, wie die echten. Warum soll man
nicht Messing= und Tombakgegenstände an Stelle der
echten Bronze nehmen, wenn die Formen, welche man zur
Herstellung benutzte, künstlerisch schön und angenehm wir=
kende sind? Warum soll man nicht an Stelle der echten
Bronzebüsten Gypsbüsten nehmen, die mit Bronzefarbe
überstrichen sind und sich durch sorgfältige Arbeit aus=
zeichnen; warum soll man nicht an Stelle des kostspieligen
Zinkgusses galvanisirte Gegenstände verwenden?

Man gehe aber bei solchen Einkäufen stets nur in gute
und reelle Geschäfte, um nicht betrogen zu werden; man
erhält in einem solchen Geschäft schon für drei bis vier
Mark einen galvanisch verkupferten oder verzinkten Krug
aus Eisenguß, Vasen, ja sogar Statuetten, welche als
geradezu wunderbare Leistungen dieser Imitationstechnik
bezeichnet werden können.

Wer nicht echt Meißener oder Sèvresporzellan ver=
wenden kann, der begnüge sich mit Fayence oder Majo=
lika, ja mit künstlerisch lackirten Gegenständen und Vasen
aus Papiermaché, welche vollständig ihren Zweck erfüllen,

dekorativ zu wirken, und die ebenso nach künstlerischen
Prinzipien entworfen und angefertigt sind.

Allein auf diesem Gebiete der Vasen, Wandteller,
Schalen, Kannen, der alterthümlichen Humpen und bunten
Glasgefäße ist der denkbar weiteste Spielraum für allen
Geschmack gelassen, und gerade auf diesem Gebiete lassen
sich für verhältnißmäßig geringe Kosten höchst geschmack=
volle Geschenke für Verwandte und Bekannte auffinden.

Wer mehr aufzuwenden hat, kann Ziermöbel und
Prunkstücke kaufen, welche man heute ruhig schenken kann,
während es vor einigen Jahren noch nicht angängig ge=
wesen wäre, Möbelstücke selbst näheren Freunden und Ver=
wandten zu schenken. Unsere heutige Möbelindustrie hat
einen staunenswerthen Aufschwung genommen, sie liefert
Schränkchen zum Anhängen an die Wand, die man für
Cigarren, für Karten= und andere Gesellschaftsspiele, aber
auch für Nippessachen, für bessere Gläser u. s. w. ver=
wenden kann. Die Möbelindustrie liefert sogenannte Prunk=
und Bauerntischchen, Eckschränkchen, Etagèren, Eckbretter,
Truhen, Spiegel, ferner sogenannte Hocker mit und ohne
Metallbeschlag, in allen Holzarten, in einfachster Aus=
führung und mit kunstvollen Schnitzereien, und doch,
wenn man an die rechte Quelle geht, zu außerordentlich
billigen Preisen.

Es läßt sich durch die allmählige Anschaffung
solcher Dinge, die ja nicht zum nothwendigen Gebrauch
gehören, eine behagliche Dekoration in der Wohnung
schaffen, welche nicht nur dem Inhaber der Wohnung,
sondern auch dessen Bekannten und Freunden angenehm
auffällt.

Wenn man sich nur Mühe gibt, sich bei Bekannten
umzusehen, was ihnen fehlt, wenn man sich die Farbe
und Holzart ihrer Möbel merkt und vielleicht durch vor=
sichtiges Fragen etwaige Wünsche zu erfahren sucht, so

kann man schon mit zehn Mark ein Geschenk beschaffen, welches wahrhafte Freude hervorruft und dauernd an den Geber erinnert. Wie viel angenehmer ist ein solches Geschenk, als die althergebrachten Suppenlöffel oder Stickereien, von denen mancher Unglückliche zu seinem Geburtstage fünf bis sechs Exemplare von verschiedenen Seiten erhält.

Unsere Glasindustrie hat sich vortrefflich der Industrie des Zimmerschmuckes eingefügt. Sie schafft Prunkgefäße für Büffets, Wandbretter und Paneele, sie schafft ganze Fensterflügel, die man hinter den gewöhnlichen Fensterflügeln befestigen kann, die aus buntem Glase bestehen und einen höchst angenehmen Anblick gewähren. Bei solchem Zimmerschmuck kann man oft die Gardinen vollständig entbehren.

Wer aber nicht solche besondere Fenster aus Butzenscheiben oder aus Glasmalerei sich einhängen will, dem kommt die Papierindustrie entgegen, indem sie auf durchscheinendem Papier mit echten Farben sogenannte „Diaphanien" herstellt, welche man auf jede Fensterscheibe inwendig aufkleben und ebenso leicht wieder entfernen kann. Diese Diaphanien wirken täuschend wie Glasmalerei, schaffen eine eigenthümliche Beleuchtung im Zimmer und werden in geradezu musterhafter Ausführung von mehreren deutschen Fabriken hergestellt.

Eine großartige Industrie für Zimmerdekoration ist die der Stoffe, nicht nur der Teppiche, sondern auch der Stoffe, die man zum Behängen der Wände, zum Dekoriren von Spiegeln, Bildern, Thüren, Eckschränken, Oesen und Regalen verwendet. Wer es bezahlen kann, schafft sich echt arabische, türkische, ostindische Shawls und Gewebe an; Leute von bescheideneren Mitteln finden aber auch Produkte heimischer Industrie, welche in Farbenpracht, künstlerischer Zusammenstellung und großartiger Wirkung fast dasselbe leisten, wie die echten Sachen, und doch viel

billiger zu haben sind. Schon die Aufzählung der ver=
schiedenen Stoffarten, welche zu solchen Dekorationen dienen,
würde mehrere Seiten füllen. Leser und Leserinnen, welche
sich dafür interessiren, können sich in jedem größeren Ge=
schäft Auskunft holen, ebenso wird ihnen jeder Tapezierer,
der sein Handwerk versteht, Auskunft geben und Rath er=
theilen können. Ein einziger Shawl im Werthe von fünf
bis sechs Mark schmückt ein ganzes Zimmer, schließt eine
Ecke ab und bringt ein Bild oder einen Spiegel zu einer
Wirkung, wie man sie nie geahnt hat.

Wer es sich leisten kann, wird natürlich auch auf Möbel
einen besonderen Werth legen und auch hierin sich zu helfen
wissen, indem er, seinen Mitteln entsprechend, nicht auf
einmal, sondern allmählig Anschaffungen macht, indem er
ebenso bei Geschenken innerhalb naher Freundschaft und
Verwandtschaft bald diesen, bald jenen Gegenstand ein=
kauft, der noch zur Ausstattung der Wohnung fehlt, der
große Freude verursacht und immer wieder in angenehmer
Weise an den Geber erinnert.

Die vorstehenden Zeilen können natürlich nichts weiter
sein, als eine Anregung. Wer sich näher für den Zimmer=
schmuck und für die Behaglichkeit im Heim interessirt, der
lasse sich in der nächsten Buchhandlung ein Verzeichniß
der Werke geben, die über diesen Gegenstand in letzter
Zeit von Malern, Architekten, Künstlern anderer Art und
Dekorateuren geschrieben worden sind, und welche eine
eigene Literatur für sich bilden, als würdiges Seitenstück
zu der Industrie, die auf ihre Fahne geschrieben hat:
Ein behagliches Heim ist die größte Wohl=
that, die Jedermann, arm wie reich, sich selbst
schaffen kann.

Falsche Selbstanklagen.

Psychologisch-kriminalistische Skizze.
Von
A. O. Klaußmann.

(Nachdruck verboten.)

Freiwillige Geständnisse notorischer Verbrecher, in denen diese sich selbst beschuldigen, schwere Verbrechen oder Vergehen begangen zu haben, kommen wohl hin und wieder vor, sind dann aber meist aus kluger Berechnung gemacht. Gewöhnlich verbindet der Verbrecher mit einem solchen Geständniß die Absicht, sich einen Vortheil, womöglich die Flucht zu sichern. So geben Verbrecher, die sich in Untersuchungshaft befinden, manchmal an, sie hätten hier oder dort einen Mord begangen, und verlangen, an eine gewisse Stelle geführt zu werden, wo sie der Gerichtskommission die verscharrte Leiche zeigen wollten. Erklärt man solchen Leuten, daß sie an Händen und Füßen geschlossen und unter sicherer Bedeckung an jenen Ort geführt werden würden, so pflegen sie gewöhnlich ihr Geständniß sofort zurückzunehmen und zuzugeben, daß sie nur aus dem Gefängniß geführt sein wollten, um Gelegenheit zur Flucht zu erhalten.

Seltener kommt es vor, daß Männer, die sich in Freiheit befinden, und bisher unbescholten waren, sich fälschlich begangener Verbrechen bezichtigen; thun sie dies aber, dann pflegen sie dieses Geständniß nach kurzer Zeit zurückzunehmen, und selbst zuzugestehen, daß sie entweder betrunken waren, als sie das Geständniß machten, oder daß ihnen daran lag, Aufsehen zu erregen.

So hat vor ungefähr Jahresfrist ein Arbeiter in der Rheingegend seine Heimathsbehörde dadurch in Aufregung versetzt, daß er sich plötzlich beim Gericht meldete und mittheilte, er habe, als Matrose in der Marine dienend, auf einer afrikanischen Station Nachts den wachthabenden Offizier ermordet und über Bord geworfen. Man hielt den Mann fest und begann Nachforschungen anzustellen; nach drei Tagen aber gestand der angebliche Mörder schon ein, daß er gelogen habe. Das Motiv für seine Lüge war ein recht lächerliches. Der Arbeiter hatte einige Tage gekneipt und nun vor seiner Frau Angst, weil er erwartete, daß sie ihn für seine Bummelei nicht gerade zärtlich empfangen würde. Um nun nicht nach Hause gehen zu müssen, beschuldigte er sich selbst eines so schweren Verbrechens, da er dann sicher war, wenigstens vor seiner Frau Ruhe zu haben.

Ueberhaupt folgt solchen Selbstanschuldigungen fast ausnahmslos nach kurzer Zeit der Widerruf; dagegen finden sich merkwürdigerweise wiederholt Beispiele, daß Frauen sich schwerer Verbrechen beschuldigten, ohne dieselben begangen zu haben, und daß sie ihre Geständnisse nicht zurücknahmen, sondern sich hinrichten ließen, obgleich sie vollständig unschuldig waren.

Es wäre falsch, diese Hartnäckigkeit sich selbst bezichtigender Frauen stets auf Geistesstörung zurückzuführen; auch das Motiv der Eitelkeit, welches hysterische Frauen oft veranlaßt, in solcher Weise die Aufmerksamkeit auf sich zu lenken, um öffentlich eine Rolle zu spielen, ist nicht immer zutreffend; vielmehr darf es als eine Thatsache angesehen werden, daß sich bei vielen Frauen unter dem Drucke von Elend, Sorge und moralischen Kränkungen eine Todessehnsucht einstellt, die das Leben als werth-

los und jedes Ende, selbst das des Verbrechers, als er=
wünscht erscheinen läßt. —

Die Geschichte aller Völker belehrt uns darüber, daß
es stets Frauen gegeben hat, die mit einem gewissen Fa=
natismus sich dem Tode weihten. Thaten sie dies in der
Absicht, dem Vaterlande oder ihrer Familie zu helfen,
oder in Vertretung einer großen Idee, so verehrt man sie
als Heldinnen und Märtyrerinnen; ist ihr Beweggrund
aber eine Art Todessehnsucht, während sie doch den Selbst=
mord scheuten, so bilden sie Erscheinungen in der Kriminal=
geschichte, die räthselhaft sind, aber immer wiederkehren.

Zwei eigenthümliche Fälle dieser Art wollen wir im
Folgenden betrachten, von denen der eine vor fast zwei
Jahrhunderten, der andere erst vor kurzer Zeit vorkam.

Im Jahre 1715 starb der Handwerker Schön in
Nürnberg und hinterließ eine siebenzehnjährige Tochter
Eleonore Maria, welche ihn vier Jahre lang während
seiner Krankheit gepflegt hatte und nach seinem Tode in
große Noth gerieth, weil die Steuerbehörde behauptete,
der Verstorbene habe sein Einkommen nicht richtig ver=
steuert, und deshalb seinen ganzen Nachlaß einzog. Allein,
ohne Schutz und Hilfe, stand das siebenzehnjährige Mäd=
chen in der Welt da, irrte obdachlos in den Straßen
Nürnbergs umher, wurde Nachts aufgegriffen und, weil
sie keine Unterkunft hatte, auf mehrere Tage in's Spinn=
haus gesetzt. Dies verletzte ihr Scham= und Ehrgefühl
so tief, daß sie beschloß, sich in der Pegnitz zu ertränken.
Im Begriff, sich in's Wasser zu stürzen, wurde sie von
einer Frau zurückgehalten, einem armen Weibe, Namens
Anna Herl, welches an einen Invaliden verheirathet war
und alles Elend des Lebens bereits durchgekostet hatte.
Ihr Mann war krank, und die Frau mußte Tag und
Nacht arbeiten, um ihn und ihre beiden kleinen Kinder
zu ernähren.

Dennoch nahm dieses arme Weib die von aller Welt
verlassene Maria Schön zu sich, und ein Jahr lang lebten
die beiden Frauen zusammen, von Früh bis Abends un-
unterbrochen arbeitend, um sich, den kranken Mann und
die beiden Kinder zu erhalten. Endlich starb der Inva-
lide, und die Herl wurde krank. Marie arbeitete allein
für die Familie ihrer Wohlthäterin, bis auch ihr die
Kräfte versagten.

Die Noth stieg höher und höher, Verzweiflung erfaßte
die beiden Frauen, als die Kinder jammernd um Brod
baten. In dieser Verzweiflung sprang die achtzehnjäh-
rige Maria Schön auf, eilte nach dem Rathhause und
machte hier ein Geständniß, welches im Widerspruch steht
mit ihrem ganzen Vorleben. Sie erklärte nämlich, sie
habe zusammen mit der Anna Herl ein Kind ermordet.

Sofort wurde Maria festgesetzt, und auch die Anna
Herl verhaftet. Als man dieser das Geständniß der
Schön vorhielt, gerieth sie außer sich, erklärte, daß kein
Wort davon wahr sei, und daß sie nicht begreife, wie das
Mädchen, dem sie trotz ihrer schwachen Kräfte Wohlthaten
erwiesen habe, sie des Mordes beschuldigen könne. Man
drohte ihr mit der Folter, stellte ihr aber noch einmal
die Maria Schön gegenüber, und diese raunte, wie sich
später herausstellte, der unglücklichen Mutter die Worte
zu: „Gestehe, was man will; wenn wir sterben, kommen
Deine Kinder in das Waisenhaus und sind versorgt.“

Dies schien der Mutter einzuleuchten; sie erklärte
plötzlich, an dem Morde betheiligt zu sein, und die Leiche
in die Pegnitz geworfen zu haben.

Die Justiz war in jener Zeit entsetzlich schnell. Die
Frauen wurden zum Tode verurtheilt. Diese Hinrichtung
fand auch bereits am nächsten Tage statt und ist eines
der schrecklichsten Ereignisse in der Kriminalgeschichte.
Am besten schildern wir sie mit den Worten des fran-

zösischen Chronisten, welcher einige Jahre nach der Hin=
richtung diesen Fall mit einer Menge anderer inter=
essanter Rechtsfälle veröffentlichte:

„Am Morgen des zur Hinrichtung bestimmten Tages
wurden die Wittwe Herl und Maria Schön in eine Ka=
pelle geführt, wo sie sich durch gemeinsames Gebet auf
den Tod vorbereiteten. Die dumpfen Schläge der Glocke
kündeten die verhängnißvolle Stunde an; die Herl stieg
mit ruhiger Fassung auf den Karren. Auf dem Richt=
platz angekommen, sah sie, ohne zu erblassen, das Schaffot
und stieg mit Fassung die Stufen hinauf. Die zitternden
Lippen Maria's, die Blässe ihres Gesichtes verriethen die
Unruhe ihres Gemüthes; ihr Gewissen machte ihr Vor=
würfe über den Mord ihrer Wohlthäterin; sie stand
auf dem Punkt, die Wahrheit zu entdecken; aber am
Fuße des Schaffots angekommen, schwanden ihr die Kräfte;
sie blieb unbeweglich und wie halbtodt.

Die Wittwe Herl, welche zuerst das Schaffot betrat,
sah sie an und sprach, auf den Himmel deutend: „Noch
ein paar Minuten, und wir sehen uns dort wieder!"
Und als die Vorbereitungen zur Hinrichtung fertig waren,
nahm sie noch einmal Abschied von ihr mit den Worten:
„Muth, geliebte Maria! Nur eine Minute, und wir
finden uns vor Gottes Richterstuhl wieder."

Die Wittwe Herl kniet nieder und legt ihr Haupt
auf den Block; der Scharfrichter hebt das Beil; da stößt
das verzweifelte Mädchen einen Schrei aus.

„Tödtet sie nicht! Sie ist unschuldig. Ich bin eine
Meineidige! Ich allein habe den Mord begangen!"

Dann wirft sie sich dem Scharfrichter und dem Geist=
lichen zu Füßen und beschwört sie, die Hinrichtung auf=
zuschieben, erklärt, daß ihre Anklage eine falsche gewesen;
daß sie niemals einen Mord begangen habe; daß sie zu
sterben wünsche und mit Freuden sterben würde, wenn man

ihre Freundin retten und ihrer Seele einen schrecklichen
Vorwurf, ihre Wohlthäterin ermordet zu haben, ersparen
wolle.

Der über Maria's überzeugte Miene erstaunte Scharf=
richter fragt die Wittwe Herl, ob etwas Wahres an der
Erzählung des Mädchens, oder ob sie wahnsinnig gewor=
den sei. Die Herl erwiedert nach längerem Besinnen:
„Allerdings spricht sie die Wahrheit; ich bekenne mich zu
der Schuld, meinen Tod herbeigewünscht und an dieses
Mittel gedacht zu haben, um mich den Leiden dieser Welt
zu entziehen. Selbst jetzt noch ist meine einzige Hoffnung,
bald vom Leben befreit zu werden. Man wird also nicht
glauben, daß ich mich aus Liebe zum Leben für unschul=
dig erkläre; aber ich will lieber von Neuem alle Leiden
des Daseins erdulden, als diese Unglückliche in diesem
Zustande der Verzweiflung die Erde verlassen sehen."

Das Geschrei der Menge, welche sich um das Schaffot
drängt, zwingt die Behörden, die Hinrichtung aufzuschie=
ben. Es wird ein Bote an das Gericht geschickt, welches
sich von Neuem versammelt. Während dieser Zeit tritt
einer der Geistlichen zu den beiden Frauen und vernimmt
mit theilnehmender Aufmerksamkeit die Erzählung der
Wittwe und die leidenschaftliche Schilderung, die Maria
von der Güte und dem Edelmuth ihrer Freundin ent=
wirft.

Die Berathung des Gerichts dauert länger als eine
Stunde; endlich kehrt der Bote zurück; er bringt den
Befehl, die Hinrichtung vor sich gehen zu lassen.

Freude leuchtet auf dem Antlitz der Herl, sie bietet
zum zweiten Male ihren Hals dem Beile dar. Unter
dem Entsetzensschrei der Menge rollt der Kopf in den
Sand. Der Scharfrichter fällt in Ohnmacht, nachdem
er den tödtlichen Streich geführt hat. Sein Gehilfe muß
an seine Stelle treten; doch sind seine Dienste nicht mehr

nothwendig, denn Maria Schön ist nicht mehr. Ihr Körper ist so kalt, als ob sie schon vor mehreren Stunden gestorben wäre. Die Aufregung hatte sie getödtet."

— — — — — — — — — — — — —

Der zweite Fall, der hier angeführt werden soll, endete nicht so grausig, denn er spielt in der Neuzeit, und zwar im Jahre 1875.

In diesem Jahre starb in Hamburg der Apotheker Th. ziemlich plötzlich; wie die Aerzte annahmen, an einem Schlaganfall. Der Verstorbene hinterließ eine Frau, Namens Anna, die Tochter eines Apothekers in der Nähe von Hamburg, eine etwas hysterische Dame, die, wie alle solche Kranken, keine Unwahrheit scheute, um sich interessant zu machen und Aufsehen zu erregen.

Fünf Monate nach dem Tode ihres Gatten kam diese Frau plötzlich auf den Gedanken, sich selbst des Mordes an ihrem Gatten zu beschuldigen und diesen Mord ausdrücklich in einem Briefe an die Staatsanwaltschaft zuzugestehen. Man verhaftete sie, und sie legte folgendes Geständniß ab:

Sie habe ihren Mann nicht aus Liebe geheirathet, sondern mit ihm die Ehe geschlossen, trotzdem sie von ihrer Jugendzeit an einen Apothekergehilfen geliebt habe, der in der Offizin ihres Vaters angestellt gewesen sei. Mit diesem habe sie mit Erlaubniß ihres Vaters korrespondirt, ihr Mann habe auch gestattet, daß der frühere Jugendgeliebte in das Haus käme, da er die ganze Sache für eine Laune seiner Frau angesehen habe. Die Neigung zu dem früheren Geliebten sei aber in ihr so mächtig geworden, daß sie schließlich beschlossen habe, ihren Mann zu vergiften. Dies habe sie vermittelst Morphiumpillen gethan, welche sie selbst zubereitet habe; das Morphium habe sie aus der Apotheke ihres Vaters schon vor einer Reihe von Jahren entnommen.

Bei diesem Geständnisse blieb die Frau bis zu dem Augenblicke, in dem sie von den Geschworenen freigesprochen wurde. Schon während der Untersuchung und durch Vernehmung einer ganzen Anzahl von Zeugen wurde es dem Untersuchungsrichter klar, daß die Behauptung der sich selbst anklagenden Anna Th. eine Lüge sein müsse. Sie hatte mit ihrem Manne nachweislich in ganz zufriedener Ehe gelebt. Sie war zwar früher mit einem Anderen verlobt gewesen, der dann von dieser Verbindung zurückgetreten war, hatte auch, nachdem sie ihren Gatten geheirathet, diesem von ihrer Neigung zu dem Apothekergehilfen erzählt; allein der verstorbene Th., ein ruhiger, besonnener Mann, der wohl wußte, daß seine Frau ein exaltirtes Geschöpf sei, die oft nicht wußte, was sie that und sprach, hatte nur gelacht. Es wurde festgestellt, daß die Frau dem Manne während seiner kurzen Krankheit eine treue Pflegerin gewesen war, daß, als sie seinen Tod erfuhr, ihr Schmerz ein ungeheuchelter gewesen, kurz, daß in ihrem Benehmen nicht der geringste Verdacht lag, daß sie eine Giftmischerin hätte gewesen sein können.

Die Leiche des Verstorbenen wurde trotzdem ausgegraben und sezirt, aber die chemische Untersuchung ergab keine Spur von Vergiftung. Alle Zeugen, die vernommen wurden, sagten zu Gunsten der Angeklagten aus, alle behaupteten, sie sei eine aufgeregte Person, von der man sich indeß keiner bösen That versehen könne; man warf ihr nur Lügenhaftigkeit und die Sucht, Aufmerksamkeit zu erregen und sich in den Vordergrund zu stellen, vor.

Das Gericht nahm an, daß die Frau irrsinnig sei, und nicht weniger als vier tüchtige Aerzte, darunter zwei Irrenärzte, beschäftigten sich mit dem geistigen Zustande und der Zurechnungsfähigkeit der Selbstanklägerin. Man kam zu der Ueberzeugung, daß die Selbstanklägerin wohl eine exaltirte Frau sei, aber als irrsinnig nicht betrachtet werden könne.

Man suchte immer wieder nach den Motiven und kam schließlich dahinter, daß die Selbstanklägerin nach dem Tode ihres Gatten wieder zu dem früheren Geliebten in Beziehungen getreten war, daß dieser sie aber so kalt ablehnend behandelt hatte, daß sie dadurch in ihrer Eitelkeit auf das Tiefste verletzt wurde. Sie hielt sich dann einige Monate in der Einsamkeit, in dem Hause eines Onkels auf. Hier kam ihr wohl die Idee, sich des Verbrechens des Gattenmordes zu beschuldigen.

Mehrere Verwandte von ihr bestätigten, als es zur Verhandlung vor den Geschworenen kam, daß die Angeklagte eine wahre Sucht habe, Lügen zu erzählen, sich selbst der schauerlichsten Dinge zu beschuldigen, wenn sie nur dadurch Aufsehen erregen könne, und daß sie es verstehe, doch konsequent in ihren Lügen zu sein. Sie häufe lieber neue Lügen auf die alten, ehe sie sich dazu entschließe, zuzugestehen, daß sie gelogen habe.

Anna Th. wurde im Februar 1876 vor die Geschworenen gestellt und blieb hier bei ihrem Geständniß; sie nahm nicht ein Wort davon zurück. Drei Tage dauerte die Verhandlung, während welcher die Angeklagte dabei blieb, ihren Gatten ermordet zu haben, wogegen durch die Vernehmungen mehr und mehr diese Lüge widerlegt wurde. Als den Geschworenen die Frage wegen der Schuld der Anna Th. vorgelegt wurde, verneinten dieselben nach sehr kurzer Berathung jede Schuld, und der Gerichtshof sprach infolgedessen die Selbstanklägerin frei und entließ sie sofort aus der Haft.

Der Prozeß machte damals nicht nur in Deutschland, sondern auch in den Nachbarländern außerordentliches Aufsehen; eine Anzahl von Broschüren wurden über ihn geschrieben und in ihnen bald die Geisteskrankheit der Selbst-

anklägerin, bald ihre wirkliche Schuld zu beweisen ge=
sucht. Höchst wahrscheinlich lag aber kein anderes Motiv
vor, als daß die hysterische und exaltirte Frau, nachdem
sie eingesehen, daß sie sich mit ihren Ansichten über
die Liebe des Jugendfreundes zu ihr getäuscht hatte, sich
so erregt und erbittert fühlte, daß sie des Lebens über=
drüssig wurde. Sie hatte nicht den Muth oder die Nei=
gung dazu, sich das Leben zu nehmen, und wollte sich
durch die Selbstanklage eines Mordes die Möglichkeit
verschaffen, durch eine Hinrichtung aus dem Leben zu
scheiden.

Während der erste Fall an das Märtyrerthum streift
und alle edlen und heldenhaften Züge des Weibes offen=
bart, gehört der zweite offenbar unter jene geistigen und
moralischen Verirrungen, wie sie bei hysterischen und im
höchsten Grade empfindlichen und überspannten Frauen
nicht gar so selten sind.

Ueberhaupt ist die landläufige Meinung über den
Charakter und das Seelenleben des Weibes, wie sie sich
aus überkommenen Ansichten, zum Theil auch aus den
Schwärmereien verliebter Dichter gebildet hat, eine ganz
falsche, und die Psychologie findet da noch manche Räthsel
zu lösen, zu deren schwierigsten es gehört, die feinen und
verborgenen Triebfedern aufzudecken, welche zu Selbstan=
klagen, wie die oben geschilderten, führen.

Mannigfaltiges.

Die Guitarre der Rachel. — Die berühmte Tragödin, geboren den 24. März 1820 in der Schweiz als Tochter eines armen Hausirers, der mit seiner zahlreichen Familie sich nur mühselig durch's Leben schlug, mußte bekanntlich in ihrer harten und rauhen Jugend ihr tägliches Brod kümmerlich genug verdienen. In Lyon, wo die Eltern mit alten Kleidern handelten, sang die älteste Tochter Sarah in den Cafés zur Guitarre, und die kleine Rachel mußte mit dem Teller herumgehen, um die gespendeten Centimes einzusammeln, bis sie in ihrem zehnten Lebensjahre auch selbst als Sängerin auftrat und zwar in den Restaurants und Cafés von Paris, wohin die Familie gezogen war. Und als sie nachher den höchsten Gipfel theatralischen Ruhmes erreicht hatte, die Hohepriesterin der dramatischen Kunst in Frankreich geworden war, als sie Millionen besaß, da schämte sie sich des ehemaligen Elendes nicht, sondern sprach gern und häufig davon, sie kokettirte geradezu damit, daß sie aus so geringen Anfängen sich zu einer solchen Höhe emporgeschwungen. Vielleicht war das vergangene Elend auch mit die Ursache ihrer Habsucht, dieser Geldgier, die ihr häufig genug vorgeworfen wurde, und nicht mit Unrecht. Mit der Theaterverwaltung lag sie wegen der Gageverhältnisse, die sie zu ungeheuerlichen Ansprüchen steigerte, beständig im Streite; auf ihren vielen Kunstreisen wurde das liebe Publikum im In- und Auslande als ergiebiges Weidefeld betrachtet und mit allem Raffinement gehörig „abgegrast". Nicht nur, daß die Eintrittspreise, die man zahlen mußte, um ihre Glanzleistungen bewundern zu dürfen, sehr hoch waren, sie machte auch noch brillante Geschäfte durch den Verkauf ihrer Autographen und Porträts, welchen Handel sie durch ihren indu-

striös veranlagten Bruder Raphael betreiben ließ, der allein
in Rußland, als seine Schwester dort einige Monate spielte,
über hunderttausend Franken für solche Andenken eingenommen
haben soll.

Allerlei komische und pikante Geschichten über diese schwache
Seite der großen Künstlerin kursirten derzeit; die lustigste ist
wohl die von der alten Guitarre.

Eines schönen Tages besuchte die Rachel eine befreundete
Kollegin und sah bei derselben eine alte werthlose Guitarre, die
anscheinend seit Jahren nicht vom Schmutze und Staube gereinigt
worden war. Im spekulativen Gehirn der Tragödin blitzte sofort
ein Gedanke auf. „Ich bitte Dich, meine Liebe, schenke mir das
alte Ding!" sagte sie zur Freundin.

„Mit dem größten Vergnügen," antwortete diese. „Ich will
das unnütze Möbel gerne los sein. Nächstens hätte ich die
Guitarre doch in meinen Kamin gesteckt. Aber was willst Du
damit?"

„O, ich finde wohl noch eine Verwendung dafür," sprach
Rachel lächelnd. „Ich danke Dir für Deine Freundlichkeit. Du
bist doch meine liebste, beste Freundin!"

Sie ließ die Guitarre nach ihrer Wohnung bringen, wischte
den Staub davon ab, befestigte ein prächtiges rosaseidenes Band
daran und hing das Instrument an einer in die Augen fallenden
Stelle in ihrem Boudoir auf. Bald kam Derjenige, auf den sie
ihre Spekulation berechnet hatte, nämlich Graf Walewski, welcher
bekanntlich später Minister der auswärtigen Angelegenheiten wurde.
Er schwärmte für die große Künstlerin, er vergötterte sie und wünschte
von ihr ein Andenken zu empfangen, merkwürdiger als ein
Autograph oder Porträt mit eigenhändiger Unterschrift, denn
dergleichen besaßen ja schon sehr viele Kunstenthusiasten dank der
unermüdlichen Industrie des Bruders Raphael.

Mit Staunen sah der vornehme Besucher das unscheinbare
Instrument dahängen und fragte: „Warum haben Sie dies
närrische alte Ding da so auffallend angebracht zwischen Ihren
kostbaren Gemälden und Skulpturen?"

Rachel, indem sie eine künstliche Theaterthräne weinte, erwiederte mit sentimentalem Pathos: „O, Herr Graf, das ist die

Guitarre, womit ich einst als kleines Mädchen in den Straßen von Paris umherirrte und froh war, wenn ich in den Cafés einige Centimes verdienen konnte!"

„Ah, wie unsagbar rührend!" rief Walewski. „Aber dann ist diese alte Guitarre ja ein Andenken seltenster Art, ein kostbarer Schatz! Der Besitz desselben würde mich zum glücklichsten Sterblichen machen! — Ich weiß, Sie bewundern den kostbaren Rubinenschmuck bei dem Juwelier Herault, haben denselben aber nicht gekauft, weil er Ihnen für fünfzigtausend Franken zu theuer war. Nun wohl, schenken Sie mir die Guitarre und noch heute sende ich Ihnen den Schmuck!"

Rachel seufzte schwermüthig und konnte es anscheinend zuerst gar nicht über's Herz bringen, sich von der geliebten Guitarre zu trennen, zuletzt aber gab sie doch nach, überlieferte dem Grafen den alten Kasten und empfing dafür noch an demselben Tage den begehrten Rubinenschmuck.

Walewski, hocherfreut über seine Errungenschaft, zeigte mit Sammlerstolz den Schatz allen seinen Freunden. Nach einiger Zeit erfuhr auch die großmüthige Kollegin Rachel's Näheres über den sonderbaren Guitarrenhandel, sie ahnte sogleich etwas und wußte es so einzurichten, daß sie die berühmte Guitarre zu Gesicht bekam. Sie erkannte sofort ihr altes werthloses Instrument, welches sie hatte in den Kamin stecken wollen, und dachte im Stillen: „Ha, diese schlaue Rachel! Wie bewunderungswürdig hat sie es angestellt, um für dies alte Ding einen Schmuck zum Werth von fünfzigtausend Franken zu ergattern! Sie besitzt wirklich viel Talent, nicht nur für die Kunst, auch für den Handel mit alten Sachen. Aber ich will doch auch einen Antheil am Geschäft haben!"

Sie begab sich alsbald zur Tragödin und sagte: „Liebste Rachel, Du hast ein brillantes Geschäft gemacht mit meiner alten Guitarre. Von dem Profit kannst Du mir wohl zehntausend Franken abgeben, das scheint mir kein unbilliges Verlangen zu sein. Willst Du?"

„Fällt mir gar nicht ein!" schrie die Rachel. „Meine Idee ist es, welche der alten Guitarre den imaginären Werth verliehen hat. Daran hast Du keinen Theil!"

„Du willst also wirklich nicht?"

„Nein, meine Theuerste!"

„Nun, dann verrathe ich die ganze Geschichte!"

„Das magst Du thun, Liebste! Ich hindere Dich durchaus nicht. Den Schmuck habe ich ja in der Tasche!"

Zornentbrannt lief die Freundin nach Hause und schrieb einen langen Brief an den Grafen Walewski, in welchem sie ihm das Guitarrengeheimniß enthüllte. Walewski ärgerte sich zuerst ein wenig, dann aber lachte er und beschloß, die Guitarre sorgsam aufzubewahren, nicht mehr als rührendes Andenken an Rachel's arme Jugendzeit, sondern vielmehr als Andenken an das „geschäftliche Genie" der großen Künstlerin.　F. L.

Die Goldminen Salomo's. — „Und kamen gen Ophir, und holeten daselbst vierhundert und zwanzig Centner Golds, und brachten es dem Könige Salomo." So berichtet das alte Testament (1. Könige 9, 28) und seit jeher haben sich Forscher bemüht, dieses Goldland Ophir aufzufinden. Verschiedene Autoritäten haben behauptet, daß es ein Landstrich sei, der irgendwo an der Ostküste von Afrika gelegen sein müsse. Sie stützen sich dabei vor Allem auf weitere Mittheilungen im alten Testament, wonach die zu Ezeon-Geber gebauten Schiffe Salomo's drei Jahre ausblieben, um Gold, Edelgesteine u. s. w. aus Ophir zu holen.

Huet, der große Reisende Bruce, Robertson, der berühmte Geschichtsschreiber Quatremère und Andere behaupten, wie gesagt, mit Sicherheit, daß die Ostküste von Afrika der Platz gewesen sei, wohin die Schiffe Salomo's ausgerüstet wurden, während andere Schriftsteller vermuthen, daß das biblische Ophir irgendwo in Arabien oder Indien gesucht werden müsse.

Unter den verschiedenen Meinungen, die in unserer Zeit bezüglich der Lage von diesem Ophir ausgesprochen werden, treffen die meisten darin zusammen, daß dieser Landstrich in der Nähe von Sofala gelegen haben muß. Die alten Erdkundigen haben diese Gegend Cefola genannt und verstanden hierunter die ganze Küste zwischen der Mündung des Zambesi und der Delagoa-Bai.

Im Jahre 1480, also vor der Entdeckung des Seeweges nach Ostindien um die Südspitze von Afrika, wurde Sofala durch den Portugiesen Pedrao Cevalja besucht, und 1500 bauten die Por-

tugiesen eine starke Festung auf einem Eiland in der Mündung
des Rio de Sofala, nahe einer Stadt, die zweihundert Jahre
zuvor von den Arabern angelegt worden war und noch heute,
obschon in sehr verwahrlostem Zustande, besteht.

Sofala wurde seit jeher als ein Land betrachtet, das viel
Gold lieferte, und in Anbetracht des Umstandes, daß der Name
Sophira in der griechischen Uebersetzung des alten Testamentes
für Ophir gebraucht wurde, kommt man zu der Schlußfolgerung,
daß Sofala der Ort sein muß, wohin König Salomo seine Schiffe
sandte.

Logez erzählt uns, daß die Goldminen zu Sofala einst jährlich für zwei Millionen Dukaten Gold geliefert haben. Handels-
gesellschaften transvaalscher Bauern besuchen sie hie und da, um
Elfenbein, Wachs, Zimmerholz rc. gegen Manufakturwaaren ein-
zutauschen.

Vor Kurzem nun zogen zwei Brüder Possel aus Middelburg
in der südafrikanischen Republik zwecks einer Handelsexpedition
nach den Innenländern. Als sie nach Verfluß einiger Wochen
dort etwas heimisch wurden, erzählten ihnen die Eingeborenen,
daß irgendwo in Matabeleland eine ausgedehnte Ruine einer
Stadt sich befinde. Natürlich wurden die beiden Brüder von
ihrer Neugierde angespornt, den Ort zu besuchen. Doch als die
Eingeborenen diese ihre Absicht entdeckt hatten, zeigten sie sich so
feindlich, daß die Possels gezwungen waren, von ihrem Vor-
haben abzustehen.

Nach ihrer Heimkehr nach Middelburg wurde viel über die
Erzählung der Eingeborenen gesprochen. Die Neugierde wurde
dadurch mehr und mehr rege gemacht, und bei Vielen entstand
die Frage, ob wirklich etwas derartiges in Matabeleland zu
finden sei.

Im Monat Mai zogen die beiden Brüder Possel und neun
Kaffern mit Ochsenwagen dorthin, um Nachforschungen anzustellen,
sie waren entschlossen, allen Hindernissen zum Trotz „Salomo's
Ophir“ zu suchen.

Zwei Monate lang reisten sie in nördlicher Richtung von
Middelburg, bis sie von den Kriegern Bobengula's, des Königs
der Matabele, am weiteren Vordringen verhindert wurden.

Die beiden Brüder waren jedoch keineswegs geneigt, ihren Plan so bald aufzugeben. Nachdem sie miteinander berathschlagt hatten, beschloß der Aelteste von ihnen, die Reise nach den Ruinen auf geheime Weise zu Pferde fortzusetzen und die Wagen unter Aufsicht seines Bruders zurückzulassen. Von einem getreuen Kaffern begleitet, reiste er zwei Wochen lang weiter und erreichte dann in der That die Ruinen, die er in einiger Entfernung deutlich erkannte. Hier aber konnte er nicht weiter, da die Eingeborenen keinem Fremdling und insbesondere keinem Weißen erlaubten, sich den Ruinen zu sehr zu nähern.

Posselt blieb mehrere Tage in der Nähe der Ruinen, und machte bei dieser Gelegenheit, so oft er nur konnte, heimliche Nachforschungen.

Nach seiner Beschreibung haben die Ruinen ungefähr 470 Ellen im Umfange und einen massiven Eingang an der Nordseite. Es befand sich hier auch ein großes Gebäude, welches viel Aehnlichkeit mit einer Festung hatte. Hier waren die Mauern ungefähr 15 Fuß dick, worauf Steine von Granit in der Höhe von 10 bis 12 Fuß senkrecht standen. Bildwerke und Verzierungen waren allerorten zu sehen — ein Beweis, daß früher hier ein gebildetes Volk gewohnt hatte. Es glückte Posselt, das Bild eines Vogels, aus grünlichem Stein gehauen, und einen runden Stein mit sich zu nehmen. Er sah auch eine große steinerne Schüssel, welche von den Eingeborenen abgöttisch verehrt wurde. Posselt spricht die Zulu-, die Basuto- und die Matabelesprachen sehr fließend, und dies war ihm von großem Nutzen bei seiner waghalsigen Unternehmung. —

Der frühere Reisende Mauch nennt diese Ruine Simbabye und entdeckte sie am 5. September 1871 auf 20 ° 14′ südl. Br. und 31 ° 48′ östl. L. Ihre Entfernung beträgt ungefähr 180 Meilen westlich von Sofala und 80 Meilen nördlich von der Transvaalgrenze. Ist dieses Simbabye nun der Ort, wo die Minenarbeiter des Königs Salamo stationirt waren, dann ist es sehr wahrscheinlich, daß Sofala das biblische Ophir gewesen sein muß, wohin die Schiffe von Ezeon-Geber aus gingen.

Die Posselts sind sehr entzückt über ihren Besuch an der Ruine und haben fest beschlossen, den Ort auf's Neue aufzusuchen.

Die Strecken, welche sie durchreist haben, sind nach ihren An-
gaben nicht ungesund; es herrscht hier durchaus kein Fieber oder
andere epidemische Krankheiten, denen bereits so viele Afrikareisende
erlegen sind.

Daß zu längstvergangenen Zeiten in Matabeleland und
Transvaal ausgebreitete Bergwerke bestanden haben müssen, ist
bereits genügend bewiesen durch die vielen Schachte und langen
Tunnels, die von Zeit zu Zeit entdeckt werden. Seltsam ist es,
daß fast alle diese Schachte mit Quarz gefüllt sind, den man
gold- oder silberhaltig gefunden hat.

Einer der transvaalischen Pioniere, der verstorbene Hans
Steyn, ein geachtetes Mitglied der emigrirten Bauern von der
Kapkolonie, erzählte oft, daß er als Führer einer Reisegesellschaft
auf dem Wege nach Sofala die alte Ruine besucht habe, und
daß er unterwegs verschiedenen Eingeborenen begegnet sei, die
nach Sofala gingen mit Elfenbein und mit Goldstaub gefüllten
Federkielen. Wie er die Ruine beschrieb, nahm sie einen aus-
gebreiteten Raum ein, und ihre Mauern waren ausnehmend dick
und fest. Er sah auch verschiedene Bäume von sehr hohem Alter
in Reihen gepflanzt. Der Ort wurde von den Bauern „Jerusalem"
genannt, wahrscheinlich, weil sie damals bereits vermutheten,
daß das Gold für den Tempel von Jerusalem hier gefördert
wurde.   G. Gärtner.

Blücher's Eisenwille. — Graf Nostiz erzählt in seinem
Tagebuch folgenden charakteristischen Zug vom alten Marschall
Vorwärts: Am 19. September 1813 erhielt Blücher die Nachricht, daß sein Sohn, welcher Kommandeur des 1. schlesischen
Husarenregimentes war, in einem Gefecht bei Nollendorf gefangen
genommen worden sei. Er wollte es anfangs nicht glauben,
weil er, wie er sagte, ein solches Ereigniß bei seinem Sohne nicht
für möglich hielte. Doch weitere Mittheilungen benahmen ihm alle
Zweifel an der Richtigkeit dieser Nachricht. Der Oberst Blücher
war schwer verwundet und in bewußtlosem Zustande in die Hände
des Feindes gefallen. Dieser Umstand beruhigte den alten Vater
und er sagte: „Mein Franz ist doch ein tüchtiger Kerl, ich habe
ihm Unrecht gethan, aber das Regiment hat unverantwortlich
gehandelt, daß es seinen Kommandeur im Stiche gelassen hat."

Bald darauf wurde dem Feldmarschall von französischer Seite der Vorschlag gemacht, seinen Sohn gegen den gefangenen Oberst de Talleyrand auszuwechseln. Doch der Soldat trug in Blücher den Sieg davon über den Vater, obgleich er seinen Sohn zärtlich liebte, und er wies das Anerbieten zurück, weil er dem Feinde nicht einen gesunden kriegstüchtigen Offizier für einen kranken oder gar invaliden zurückgeben wollte. Trotz aller Vorstellungen blieb der Fürst bei diesem Entschlusse. C. T.

Die Fingernägel. — Die Betrachtung der menschlichen Hand bietet ein nicht gewöhnliches Interesse; denn in ihr sehen wir das vollkommenste Werkzeug unseres Körpers, welches eine Reihe von hervorragenden Eigenschaften besitzt und die schwierigsten technischen Aufgaben menschlichen Scharfsinnes auszuführen vermag. Besonders die schildartigen Nägel, welche den elastischen, dem Tastsinne dienenden Kissen an den Fingerenden einen gewissen Halt verleihen, unterstützen die Finger in Ausübung ihrer Fertigkeiten in ganz außerordentlichem Maße.

Gewöhnlich sieht man auf diese organischen Gebilde mit einer gewissen Verachtung herab, und die Meisten sind in unseren Tagen viel zu wenig geneigt, ihnen besondere Aufmerksamkeit und Sorgfalt zu schenken. Anders war es bei unseren Vorfahren und den hervorragendsten Kulturvölkern der alten Welt.

Die vornehmen Römerinnen hielten sich zur Pflege der Nägel besondere Sklavinnen, welche zum Putzen und Glätten derselben statt einer Scheere kleiner silberner Zangen und feiner Messerchen sich bedienten, aber auch häufig Gebrauch von allerlei Säften, Kräutern und mineralischen Pulvern machten, um die rauhen Unebenheiten und Nebenauswüchse der Nägel abzuglätten und zu entfernen. Der Nagel hatte unter der geschickten Hand der Sklavin erst dann seine vollkommene Schönheit erreicht, wenn er, regelmäßig beschnitten und rein abgeglättet, in sanfter Fleischfärbung erglänzte. Von so vorzüglicher Schönheit waren z. B. die Nägel der Cynthia, von welchen der verliebte Dichter Properz in einem seiner Gedichte spricht. Der Dichter Ovid, welcher in Fragen der Toilette ein kompetentes Urtheil zu sprechen vermochte, gab die Vorschrift:

„Nur mit geringer Bewegung begleite die Schöne die Rede,
Ist ihr der Finger zu fett, ist ihr der Nagel zu rauh!"

In diesen Versen ist darauf hingewiesen, daß zu den Bewegungen der Hand, wodurch der Mensch sich klar und verständlich machen und seine Empfindungen so schön und ausdrucksvoll darlegen kann, auch schöne Finger und ein wohlgepflegter Nagel erforderlich seien.

Wie die Chiromantiker aus den Linien der Hand das Schicksal der einzelnen Menschen lesen zu können behaupten, so glauben sie auch an den Nägeln Anhaltspunkte zu finden, welche ihrer Wissenschaft neues Material darbieten; denn auch die verschiedenen weißen, schwarzen, braunen, rothen und gelben Flecken, Punkte und Wölkchen auf den Nägeln sollen äußerst geeignet sein, über den Charakter und damit zugleich über das zukünftige Geschick der betreffenden Person Auskunft zu geben. Die Chiromantiker fanden diesen Glauben unter dem Volke allerdings schon vor, aber sie legten sich Vieles daraus für ihre Wissenschaft zurecht und suchten ein System darein zu bringen.

Der Volksglaube, nach welchem die kleinen Punkte und Gebilde auf dem Nagel für geheime Zeichen gelten, welche auf zukünftige Ereignisse deuten, läßt sich in Deutschland und in den nordischen Reichen bis auf die heidnische Vorzeit zurückverfolgen. Noch heutzutage nennt man auf den Faröern die weißen Pünktchen auf den Nägeln „Nornaspòr" (Nornenspuren), und es dürfte daher die Annahme nicht allzufern liegen, daß der Nagel das Symbol der Schicksalsgöttinnen, der Nornen, oder überhaupt ein den Nornen geheiligtes Glied gewesen sein möchte. Man begegnet auch noch hier und da dem diese Annahme bestätigenden Aberglauben, daß das Beschneiden der Nägel nur unter gewissen Umständen und zu gewissen Zeiten erfolgen dürfe, wenn Gefahren oder ein Unglück vermieden werden sollen. Nur am Freitag darf dies geschehen; denn dieser Tag war der Göttin Freya geheiligt, und diese stand wiederum in engster Beziehung zu den Schicksalsschwestern. Insofern bringt das Beschneiden der Nägel am Freitag Glück und Geld und schützt vor Zahnweh. Die weißen Flecken auf den Nägeln bedeuten Glück. So in Westpreußen, wo man sagt: „Die Nägel blühen", in Tirol, wo der Volksmund von der „Nagelblüh" spricht, und auch in Bayern und Holstein knüpfen sich an die „Sterne" und „Blumen" günstige

und glückliche Vorbedeutungen. In England ist derselbe Volksglaube vorherrschend. Dagegen sind gelbe, braune, rothe und
schwarze Flecken auf den Nägeln meist unglückverheißend; sie
bringen Noth, Sorge und Tod.

In der neuesten Zeit will man auf Grund einer physiologisch-
psychologischen Theorie aus der Form der Fingernägel auf das
Genaueste die guten und bösen Charaktereigenschaften, sowie die
geistige Begabung der Menschen erkennen. Demzufolge bedeuten
längliche und schmale Nägel den Besitz von Phantasie, von
poetischer und künstlerischer Anlage, aber auch Trägheit; lange
und breitgeformte flache Nägel zeigen Klugheit, gesundes Urtheil
und eine ernste Geistesrichtung an; breite kurze Nägel verrathen
Jähzorn, Streitsucht, Eigensinn; sehr roth gefärbte Nägel be-
kunden Gesundheit, Muth, Heiterkeit des Temperamentes, groß-
müthigen Charakter; harte und spröde Nägel offenbaren Grausamkeit, Mordlust, Zanksucht; klauenförmig gebogene deuten auf
Heuchelei und Bosheit; weiche, sehr biegsame und dünne Nägel
lassen auf Schwäche des Geistes und Körpers schließen, während
sehr kurze, bis auf das Fleisch gleichsam abgebissene Nägel Sinn-
lichkeit und Dummheit verrathen. Ob diese Theorie sich stets
als zutreffend erweisen mag, wollen wir nicht untersuchen; jedenfalls dürfte auch hierbei keine Regel ohne Ausnahme sein.

Bei den Zigeunern sollen nachstehende Grundsätze, wie man
den Menschen nach seinen Fingernägeln zu beurtheilen habe,
gelten. Wer weiße Stellen an den Nägeln hat, der schwärmt
für alle Frauen; er ist aber ebenso verliebter, wie unbeständiger
Natur. Wer gewölbte Nägel hat, ist stolz. Kurze Nägel deuten
auf Geduld, Rechtschaffenheit und vor Allem auf Ergebung bei
Unglücksfällen. Wer durchsichtige, roseurothe Nägel hat, verräth
einen heiteren, sanften und liebenswürdigen Geist. Verliebte mit
durchsichtigen Nägeln kennen in ihrer Leidenschaft keine Grenzen.
Wer dicke Nägel hat, ist halsstarrig und von schlimmer Gemüths-
art. Wer sehr gerundete und glatte Nägel hat, ist friedliebend
und versöhnlicher Natur. Wer die Nägel ungleich abschneidet,
ist schnell und entschlossen in seinen Handlungen. Menschen, die
sich nicht Zeit lassen, die Nägel ordentlich zu beschneiden, sollen
gewöhnlich ein trauriges Ende nehmen.

Den Spiegel der Seele nennt der Dichter das Auge; der Arzt kann es nun auch mit gleichem, vielleicht gar mit größerem Rechte den Spiegel des Körpers nennen. Einzelne Aerzte gelangen nach und nach dahin, sonst schwer zu erforschende innere Leiden einfach aus den Augen zu lesen. Auch die Fingernägel scheinen als deutlicher Verräther des körperlichen Befindens in Geltung zu kommen, und der Arzt wird bald mit besonders gutem Erfolge seinen Patienten buchstäblich „auf die Finger sehen". Die Form, Farbe, Festigkeit, der Sitz der Fingernägel werden einer genauen Betrachtung unterzogen, und daraus werden dann väterliches und mütterliches Erbtheil an Krankheitsanlagen bestimmt.

Daß bei vernachläſſigter Reinlichkeit sich unter den Fingernägeln ein häßlich aussehender und unter gewissen Umständen, z. B. bei Berührung mit blutenden Wunden, auch gefährlich wirkender Schmutz ansammelt, ist bekannt und eine bei vielen Leuten nur zu gewöhnliche Erscheinung. Interessant sind nun die mikroskopischen und pilzzüchtenden Untersuchungen, welche man neuerdings mit jenem Schmutze angestellt hat. Es fanden sich bei 78 Untersuchungen 56 Arten kugelförmiger Bakterien, 18 stäbchenförmige Spaltpilze, 3 Sarcinenpilze und 1 Stroßpilzart. Schimmelpilze waren reichlich vorhanden. Solche Ergebnisse von Untersuchungen mahnen zu einer um so pünktlicheren Pflege des von vielen Leuten im Punkte der Sauberkeit so gering geschätzten Fingernagels.

Wie in vielen anderen Dingen sind uns die Amerikaner auch in Bezug auf die Fingernägel um ein Bedeutendes voraus. Seit einigen Jahren gibt es in New-York eine Anstalt für die Behandlung der Hände, und Dandy und Modedame halten es für ihre Pflicht, sich wöchentlich zwei- bis dreimal die Fingernägel pflegen zu lassen. Der oder die Ankommende nimmt in einem Lehnstuhle Platz, an dem ein Tischchen angebracht ist, auf welchem Bürsten, Schwämme, Feilen und anderes Handwerkszeug des Nagelverschönerungskünstlers liegen. Zuerst werden die Fingerspitzen in Kölnischem Wasser eingeweicht und nach einiger Zeit abwechselnd mit Salbe und Puder gerieben. Nun folgt das Glätten, Feilen und Formen. Nach einer Stunde ist der Kunde fertig und bezahlt 1 Dollar (= 4 Mark), hat aber das erhebende Bewußtsein, schön gepflegte Fingernägel zu besitzen.

Eine andere Modethorheit, welche gleichfalls in Amerika in Aufnahme gekommen ist und in der bortigen Damenwelt viele Verehrerinnen besitzt, ist jene der vergoldeten Fingernägel. Ein französischer „Handkünstler" brachte diese Tollheit über den Ocean und macht ein ausgezeichnetes Geschäft. Je nachdem ein Nagel oder die Nägel einer Hand oder jene beider Hände vergoldet werden, kostet die Operation 1, 3 oder 5 Dollars. Ueber der Thüre des Künstlers prangt ein Schild mit der Aufschrift: „Hier werden Damen vergoldet". An den Wänden des Arbeits- zimmers steht eine große Zahl weicher bequemer Stühle, in der Ecke am Fenster das Operationstischchen, von einer Anzahl von Messern, Bürsten, Flaschen, Schwämmchen und anderen Geräth- schaften bedeckt. Zuerst werden die Nägel, welche vergoldet wer- den sollen, sorgsam gewaschen und gebürstet. Dann wird auf dieselben eine Lösung, deren Zusammensetzung das Geheimniß des Erfinders ist, aufgetragen und so die Unterlage für das Gold bereitet. Der vergoldete Nagel wächst, wie jeder andere, weiter, wird oben abgeschnitten, worauf unten an der Wurzel nach und nach wieder die natürliche Farbe erscheint; dann muß er immer wieder nachvergoldet werden. Beim Waschen geht die Vergoldung nicht ab, nicht einmal gewaltsam. Alles Reiben und Bürsten nützt nichts. Die Masse ist äußerst festhaftend. Das Unangenehme bei der Operation sind die vielen Vorbereitungen, die langen „Sitzungen"; zwei bis drei Stunden sind mindestens erforderlich. Uebrigens hat diese Mode, wie eine Amerikanerin selbst erklärte, eine große Bequemlichkeit im Gefolge. Lange Nägel werden sehr leicht schmutzig; durch die vergoldeten Nägel aber ist der Schmutz nicht zu sehen, und so braucht man weniger zu putzen und zu bürsten. Reinlichkeitsbeförderer ist also diese Mode offenbar nicht.

Uebrigens ist sie zum Theil schon überflügelt durch eine neue Narrheit, bestehend in der Bemalung der Fingernägel.

In einer Hauptstraße von Philadelphia findet man an einem eleganten Hause auf einem Metallschilde nachstehende Ankündigung: „Hier werden auf den Fingernägeln Porträts, Namenszüge und dergleichen angebracht. Preis von 25 Dollars aufwärts." Zieht man an jenem Hause die Klingel, so öffnet ein Negerjunge in rother, mit goldenen Treffen und Knöpfen besetzter Livree und führt den Ankömmling in ein elegant möblirtes Zimmer, in dem alsbald eine kleine blasse Frau in schwerem Seidenkleide erscheint. Dieselbe erklärt, daß sie in der That Porträts, sonstige Bilder, ganze Worte oder einzelne Buchstaben auf die Nägel der Finger eingraviren und hierfür von 25 Dollars an für zwei verschlungene Buchstaben bis zu 50 Dollars für ein Porträt, das eigene oder ein fremdes, berechne. „Ja, mein Herr, meine Kunst ist in der That neu, in Amerika sogar neu. O, es ist eine reizende, sinnige Kunst! Denken Sie sich, welches Glück für einen Liebenden, wenn er das Bild seiner Geliebten auf seinem Daumennagel mit sich herumträgt. Ich bearbeite die Nägel mit dem Stichel und rufe auf denselben das Bild durch Radirung unauslöschlich hervor."

Es ist in der That erstaunlich, wie weit es die Amerikaner bereits in der Civilisation gebracht haben, und da diese Art der Nagelverschönerung schwerlich noch zu überbieten sein dürfte, so wollen wir unsere Ausführungen über die Fingernägel hiermit schließen.   G. Pfeuffer.

Deutsche Frauen als Schöpferinnen der ersten deutschen Flotte. — Im Jahre 1840 bildete sich in Potsdam und Berlin je ein „Frauenverein zur Erwerbung preußischer Kriegsfahrzeuge", der im November 1848 zu einem verschmolz. Dank einer von demselben in Preußen veranstalteten Sammlung wurden 8000 Thaler erworben, eine große Landeslotterie brachte die zum Schiffsbau noch fehlende Summe bis auf 1000 Thaler zusammen; nur noch 1000 Thaler fehlten also, um den in Wolgast schon auf den Stapel gestellten Schooner vollständig auszurüsten. Dieses Geld wurde durch eine zweite Lotterie nicht nur mit Leichtigkeit aufgebracht, sondern man konnte auch noch 25,000 Thaler zu einer wohlthätigen Stiftung für die Unterstützung der Wittwen und Waisen der Marine verwenden. Das Beispiel dieser preußischen Frauen wirkte. In Wolgast bildete sich ein Comité „zur Erbauung vaterländischer Kriegsschiffe". Am 25. August 1853 fand die Taufe des Kriegsschooners statt, welche Prinz Adalbert,

der Admiral der preußischen Flotte, vollziehen zu dürfen sich aus-
gebeten hatte. Nicht „Frauengabe", wie die Bescheidenheit der
Frauen vorgeschlagen hatte, sondern auf allerhöchsten Befehl
„Frauenlob" wurde das Schiff genannt.　　　　　　　　D.

Angeborene Lebensart. — Erschöpft von langem Ritt er-
bat sich Friedrich der Große, als er während des siebenjährigen
Krieges in die Nähe von Liegnitz kam, von einer Bauersfrau
einige Aepfel. Obgleich sich die Frau sträubte, Geld dafür an-
zunehmen, bezahlte der König doch die Aepfel mit einigen Gold-
stücken. Da wünschte ihm die Frau, daß er bald wieder siegen
möchte. Sie würde sich dann freuen, ihn wieder zu begrüßen.
Und wirklich gewann Friedrich bald darauf die Schlacht bei
Liegnitz und kam nach einigen Wochen in dieselbe Gegend zurück.
Fast die ganze Einwohnerschaft des Dorfes hatte sich am Wege
aufgestellt, voran die Bauersfrau, welche ihm den Sieg gewünscht
und ihn jetzt lebhaft und mit wirklichem Anstand zu dem er-
fochtenen Siege beglückwünschte. Friedrich dankte leutselig und
sagte dann zu dem an seiner Seite reitenden Zieten: „Das muß
man sagen; die Schlesier haben doch eine angeborene Lebensart;
denk' Er sich daneben doch blos 'mal seine Prignitzer!"

„Oho," entgegnete Zieten, „bezahlen Eure Majestät einem
Prignitzer nur einmal jeden Apfel mit fünf Thalern, da wird er
noch ganz andere Kratzfüße machen!"　　　　　　　　E. K.

Massage bei den Feuerländern. — Die „Massage" oder
Knetkur ist sogar bei den Eingeborenen Feuerlands im Gebrauch.
Wenn dort Jemand länger krank ist, wird ein Mann gerufen,
der unter einigen seltsamen Gebräuchen ihm Hilfe bringen soll;
derselbe beschränkt sich aber im Wesentlichen auf eine kunstgerechte
Massage des Theiles, in welchem man den Sitz der Krankheit
vermuthet. Der Jakamusch, so heißt dieser Heilkünstler, hockt
neben dem Kranken nieder und improvisirt zunächst unter furcht-
barem Gesichterschneiden einen völlig unzusammenhängenden miß-
tönenden Gesang; dann beginnt er, immer singend, die Glieder
zu drücken und zu kneten und hält nur zeitweise inne, um erst
den Kranken und dann seine eigenen Hände anzublasen und diese
gegen das Feuer zu schütteln. Schließlich schneidet er mit einer
Muschel dem Patienten einen Büschel Haare ab und wirft sie

in's Feuer; damit ist die Prozedur beendigt. Ein solcher Jakamusch findet sich übrigens so ziemlich in jeder Familie, und man schreibt ihm keinerlei übernatürliche Gewalt zu. Er ist meist ein älterer Mann, und im Allgemeinen scheint das Familienoberhaupt diese Funktion auszuüben.   —bn—

Ein Rathschlag Kaiser Ferdinand's. — Kaiser Ferdinand von Oesterreich (gest. 1875) hatte nicht nur das gute Herz seines Vaters Franz I., sondern auch dessen echt wienerisch-gemüthliche Art sich auszudrücken geerbt, und davon wußte unter Anderen auch der Dichter Joseph Christian Freiherr v. Zedlitz (geb. 1790) zu erzählen. Derselbe hatte im Jahre 1837 um eine Anstellung im Staatsdienste nachgesucht, dieselbe auch, trotzdem ihm übel vermerkt wurde, daß er zu viel dichte, erhalten und Audienz genommen, um dem Monarchen für die gewährte Gunst seinen Dank zu sagen. Der Kaiser hörte des Freiherrn wohlgesetzte Rede ruhig an, dann aber tadelte er nicht die ihm bekannte Leidenschaft des neuen Beamten, sondern ertheilte ihm den Rathschlag:

„Schauen's nur, daß Sie was schaffen und lernen's Ihr Geschäft, denn sehn's, i dank's dem Vater noch im Grab, daß er mir's Regieren hat ordentlich lernen lassen."   E. Sch.

Besiegt. — Einst hatte Uhland sich mit seiner Gattin etwas veruneinigt und sie sprachen fast einen ganzen Tag lang nur in grollendem Tone zu einander.

„Frau," sagte Uhland, der zum ersten Male fühlte, wie ein beiderseitiges Brummen thut, endlich zu seinem hübschen jungen Weibe, „wenn sich zwei Eheleute zanken und Jedes davon meint im Rechte zu sein, wem glaubst Du steht es dann vor Allem zu, das erste Versöhnungswort zu sprechen?"

„Dem Besten und Klügsten," sagte sie und legte ihre Arme um seinen Hals.

Sie hatte ihn besiegt.   —du—